…ndelbaum *verlag*

Esther Dischereit

MAMA, DARF ICH DAS DEUTSCHLANDLIED SINGEN

Politische Texte

mandelbaum *verlag*

Gedruckt mit Unterstützung durch

Stadt Wien

mandelbaum.at • mandelbaum.de

ISBN 978-3-85476-873-9

Projektmanagement: ELKE SMODICS
Lektorat: HANS-ULRICH MÜLLER-SCHWEFE
Satz: KEVIN MITREGA
Umschlag: MICHAEL BAICULESCU
Druck: PRIMERATE, Budapest

Inhalt

7 Vorwort

16 Ich wollte unbedingt zu James Agee

19 Breads Bakery

47 Tödlicher Antisemitismus. Was geschah in Halle

56 Frankfurter Erklärung oder andere Belange

74 Geflüchtet Zugereist Eingewandert

95 Whats App Golem

103 »Sie hatten keine Empathie«
Rassismus in Ostdeutschland

110 »Man trägt es wie eine Handtasche«
Über »Jewish spaces« und die Rolle des Jüdischen
im offiziellen Kulturbetrieb

119 Blumen für Otello – Über die Verbrechen von Jena
Ein Werkstattbericht

141 Vorwärts und Vergessen
Reminiszenzen an Aufbau Ost, 1991/92

155 Von der Familie, vom unbeschriebenen Marshmallow
und über das Gutsein im Leben

165 In Memoriam Jürgen Fuchs

168 Unterwegs mit Freunden
In politischen, moralischen und literarischen Angelegenheiten

176 Im blauweißen Kleidchen

178 Vom Tempelberg aus gesehen

195 Selbst-Interview

200 Mama, darf ich das Deutschlandlied singen

214 Als Jüdin in Deutschland schreiben

224 Nachwort
Aleida Assmann
»Ich habe ein Wort und ein anderes Wort und sonst nichts«

230 Anmerkungen

Vorwort

Die Essays sind Bestandsaufnahmen, sie enthalten Überlegungen und Beobachtungen von gesellschaftspolitischen Angelegenheiten und stellen die Frage, wie demokratische und solidarische Prozesse vorankommen können. Sie handeln von deutsch-jüdischen Zuständen, davon, wie eine Israeli Bakery in New York zur Quelle des Wunderns werden kann, von der Aktualität rassistischer Strukturen bei Behörden und anderen Institutionen in Deutschland, von Erfahrungen der neunziger Jahre in Ost und West, von Flucht und Gewalt, von Israel und Palästina und von dem Anschlag auf die Synagoge in Halle im Oktober 2019. Inzwischen sind weitere Opfer rassistisch motivierten Mordens zu beklagen. Neun Menschen wurden in der Stadt Hanau am 19. 2. 2020 getötet, bevor der mutmaßliche Täter seine Mutter und sich selbst erschoss. In den Trauerreden wird der Rechtsextremismus als »Gift«, werden die Giftmischer*innen im öffentlichen Raum, die nationalistische und ethnisch-grundierte Hetze betreiben, als solche bezeichnet. Das ist richtig und wichtig. Allerdings ist in diesen Reden eine Undeutlichkeit zu hören, wenn wir »alle« betroffen sind. Das ist eine Sprechweise, mit der die nicht unmittelbar Betroffenen versuchen, sich an die Seite der Betroffenen zu stellen. Insoweit sich alle als Bürger*innen verstehen, ist das auch richtig. Bloß sind die einen mehr Bürger*in als die anderen und das ist schon viel zu lange so.

Von welcher Position aus und an wen gerichtet sprechen die als Minderheiten Bezeichneten? Ceija Stojka, Angehörige der österreichischen Lovara-Rom*nja, Aktivistin, Schriftstellerin und Malerin hat stattdessen immer wieder von »Wenigerheiten« gesprochen. Die Adressaten der »Wenigerheiten« – ein anderer Definitionsvorschlag spricht von »Lang-« oder »Kurz«heimischen – müssen die

Parlamente, müssen Judikative und Exekutive sein. Es sind die Institutionen, die Strukturen, die geändert werden müssen. Es ist vollkommen aussichtslos, den Geflüchteten Menschen, den Eingewanderten oder Schwarzen Menschen von seiner Geschichte oder Herkunft befreien zu wollen. Wozu auch? Ich möchte zum Beispiel nicht weniger jüdisch sein, als ich es bin.

Der Geflohene oder Eingewanderte Mensch, gleich welchen postmigrantischen Zustands oder der Arme Mensch wird mit diesen Attributen so behaftet, als handelte es sich um eine Charaktereigenschaft. In gewisser Hinsicht lastet auf diesen und anderen als Minderheit bezeichneten Gruppen die Zuschreibung des irgendwie Defizitären, wie dereinst eine Frau als im eigentlichen Sinn defizitärer Mann erschien. Wie das Problem zu beheben sei, wird möglicherweise dem Ressort Soziale Arbeit überantwortet. So, als wären diese alle behandlungsbedürftig. Und als müsste im Krisenfall diese Behandlung dann ausgeweitet werden.

Die Lage von Jüd*innen, Schwarzen Menschen, BPoC (Black and People of Color) und Eingewanderten Menschen, Geflüchteten Menschen, Rom*nja und Sinti*zze, queeren Personengruppen und anderen verlangt in einem existentiellen Sinn nach Bürger*innenrechten. Kommen sie in der Gesellschaft vor, als wären sie alle mehr oder weniger im Zustand des Geduldet-Seins oder sind sie in ihr »aufgehoben« und bilden den politischen Marktplatz, auf dem sie sichtbar und unübersehbar sind? Gründungen wie neue deutsche organisationen (ndo) und andere vermitteln bereits eine Idee davon, wie ein neues WIR in Deutschland aussehen könnte. »Wir sind von »hier«. Hört auf zu fragen! Postmigrantische Bewegung für ein inklusives Deutschland« lautet die Selbstbeschreibung des Netzwerks von rund 100 Vereinen, Organisationen und Projekten.

Damit solche Aufbrüche nicht weiterhin bei einer Wiedereinreise an der Banalität von Zollkontrollen am Flughafen scheitern – hier sind offenbar die Weiterbildungen zur Ungesetzlichkeit von Racial Profiling folgenlos geblieben –, werden Rechtspositionen benötigt. Staatsbürgerrecht, Kommunalwahlrecht, auch für Ansässige aus Nicht-EU-Staaten und bei der Verfolgung von Straftaten die Aufnahme von Rassismus, Diskriminierung und Antisemitismus als prinzipiell nicht auszuschließende Motive, wenn Angehörige solcher Gruppen zu Schaden kommen.

Karamba Diaby, der Bundestagsabgeordnete der Sozialdemokratischen Partei aus Halle, hatte wie im Schulunterricht dem Parlament zu erklären, dass eine Million Menschen afrikanischer Herkunft in Deutschland leben und dass sie Teil einer Einwanderungsgeschichte sind, die vor mehr als 400 Jahren begann. Er beließ es dabei und sprach nicht weiter darüber, inwieweit diese Einwanderung im Gefolge von Sklaverei oder sklavenähnlichen Zuständen erfolgte, und zur Beteiligung am Profit durch den Verkauf von Menschen führte. Die Wahrnehmung der Erzählungen dieser Vielen steht aus. Es sind Erzählungen, die nicht in einem einzigen Narrativ zusammenlaufen. Das ist auch gut so, denn die kollektiven Erzählungen, wie sie in der Ära nach 1945 in Deutschland gepflegt wurden, kreierten einen Unschulds- und Opfer-Mythos und hatten mit Fakten nichts zu tun. Die Bundesrepublik Deutschland baute auf: Waschmaschine, Staubsauger und VW. Verbrechen gegen die Menschlichkeit, Kriegsverbrechen und Mord blieben entweder gänzlich ungeahndet oder konnten verjähren. Die sogenannte »Gastarbeiter«-Generation brachte andere Erinnerungen mit, in denen das Leiden der Bevölkerung unter der deutschen Besatzung im Zweiten Weltkrieg aufgehoben ist, Bilder von Hinrichtungen, Massakern und Aushungern. Eine schreckliche Mitgift, mit der aus Jugoslawien, Polen, Griechenland, Italien stammende Menschen bei den ehemaligen Täter*innen und deren nächsten Generationen ökonomisch Abhängige wurden. So erzählt zum Beispiel die 1958 eingewanderte Angeliki Goutenidou in dem Film »Man lebt nicht nur vom Brot allein« (Die Unmündigen, Mannheim, 1992), wie ihre griechischen Kolleg*innen wohl gemerkt hätten, »dass sich die Situation hier geändert hatte, und so gab es nicht mehr diese große Angst, die vom Krieg ausgelöst worden war. … Trotzdem sagten wir manchmal: Hoffentlich verarbeiten die uns nicht zu Seife!« Was Holocaust bedeutete, wußten sie und die Furcht vor NS-Tätern in Deutschland begleitete sie auch fünfzehn Jahre danach. Diese Situation des Ausgesetzt-Seins, in der sie sich befanden, ist im »migrantischen« Wissen aufbewahrt. Aleida Assmann spricht in ihrem Nachwort von diesem Einwirken der Vergangenheit auf die nachfolgenden Generationen und darüber, wie notwendig es für die Demokratie ist, jenen Blick anderer sichtbar zu machen.

Nicht zu vergleichen mit der Zahl der nach Kriegsende von der Bundesrepublik aufzunehmenden über 13 Millionen Vertriebenen, in der DDR waren es etwa vier Millionen, ist die Zahl der Geflüchteten Menschen, die in den neunziger Jahren ankamen, wie auch derjenigen, die nach 2015 Teil der Gesellschaft wurden. Für sie geht es jetzt um »Dazugehören«. Der Fetisch von Herkunft und nationaler Identität zerbröselt vor der Bedeutung eines Papiers, das das Dazugehören gestatten möge. Der Schriftsteller Saša Stanišić schreibt auf, wie für ihn die Rebellion Anpassung hieß. »Überall, wo man mich haben wollte und wo ich sein wollte. Kleinsten gemeinsamen Nenner finden: genügte.« Hier passt es nicht als Antwort auf die Zumutungen dessen, was zu deutschen und anverwandten »National-« oder »Leittugenden« zu sagen wäre, dem Geflüchteten fröhlich zuzurufen, Desintegrieren sei die Losung der Stunde. Es ist das Angebot der vollen Staatsbürgerrechte, um das es gehen muss; um Wählen und Wählbarkeit auf allen Ebenen, Mitsprache- und Teilhaberechte, um das Recht eine Familie zu haben.

Die Auffassung von der Existenz der Vielen verschafft sich ihren Ausdruck als Alternative zum Rechtspopulismus und besteht darauf, dass die Vielen in unübersehbarer Weise Viele und Diverse bleiben und gleichzeitig in eben diesem Zustand ein WIR, ein unteilbares Wir sein wollen. Für verschiedene Aktionen und Demonstrationen galt und gilt die Botschaft »unteilbar«. Unter diesem Schirm kann sich jeder und jede dennoch partikular orientieren, während gleichzeitig der universale Anspruch leitendes Motiv eines »Wir« bleibt.

Damit können die Minderheiten sich von einer Position verabschieden, in der es darum ginge, etwas zu erlangen, worüber eine Dominanzgesellschaft längst verfügt. Sie können sich stattdessen selbst kollektiv als bereits die-Vielen-seiend begreifen und verlangen, dass ihre Gegenwart in den Bereichen der Politik und Kultur zur Kenntnis genommen wird. So schrieb eine Gruppe unter dem offenen Kollektivnamen Dear All an das Kulturreferat in München und teilte mit, dass sie erwartet, bei den Veranstaltungen der Stadt repräsentiert zu sein. Dear All oder die Vielen werden sichtbar handlungsfähig.

Die Erfahrungen als Beobachterin des Untersuchungsausschusses des Deutschen Bundestags zur Untersuchung der Verbrechen des Nationalsozialistischen Untergrunds (NSU) veranlassten mich zu einer Beschäftigung mit dieser Serie von rechtsextrem motivierten Morden, sodass ich alle anderen Arbeiten zurückstellte.

Das war im Februar 2005 noch anders gewesen. Meine Kolleg*innen beim Deutschen Gewerkschaftsbund brachen zu einer Gegendemonstration gegen eine Nazi-Kundgebung von Berlin nach Dresden auf, es war der 13. Februar, der Tag der Bombardierung Dresdens durch die Alliierten. Seit Jahren versuchten Gruppen der extremen Rechten das schmerzliche Datum in einen erneuten Volksgemeinschafts- und Opfermythos umzudeuten. Ab 2009/2010 stellten sich dann Zehntausende dagegen, verhinderten den Neo-Nazi-Aufmarsch, die Polizei mischte sich massiv ein und noch Jahre später schleppten die Aktivist*innen Prozesse mit sich wegen angeblicher Gewaltverherrlichung und Landfriedensbruchs. Ich ging damals nicht mit. Während meines Studiums zu Anfang der siebziger Jahre waren Themen, die mit Antifaschismus zu tun hatten, überwiegend von politischen Akteur*innen besetzt, die der Deutschen Kommunistischen Partei (DKP) nahestanden oder einer ihrer Unterorganisationen. Damit wollte ich nichts zu tun haben. Das Thema schien mir instrumentalisiert worden zu sein und es gab eigentlich keinen Weg, es aus dieser Umklammerung herauszulösen. Außerdem glaubten wir damals, dass die Revolution das vordringliche Ziel sei, eine Revolution mit einer diffus maoistischen Orientierung und gelegentlicher Sympathie für eurokommunistische Bewegungen.

Wir dachten ständig an das Große und Ganze und lebten für eine Vision; die Konzentration auf den nächsten Tag, den Ort, die Institution, das hielten wir häufig für reformistisch.

Dennoch, ab 1988 hatte ich öffentlich mit den literarischen Werken *Joëmis Tisch* und *Übungen jüdisch zu sein*, in Hörstücken und anderen Publikationen zu Antisemitismus und Rassismus Stellung genommen.

Diese Texte wirken auf mich so, als hätte ich auf einem öffentlichen Platz gestanden und mit dem ausgestreckten Finger auf jemanden gezeigt. Ich weiß, das schickt sich nicht. Aber mein jüdischer Mensch wollte weder geliebt noch gehasst werden. Dieser jüdische Mensch wollte sein, nichts anderes als sein. Offenbar braucht es eine bestimmte Lautstärke, um diese Selbstverständlichkeit von human kind für den oder die von Rassismus und Antisemitismus Betroffenen geltend zu machen.

Und wenn ich nun auf dem Marktplatz stehe und schreie, ist es dann nicht meine Aufgabe, mich gegen die zu wenden, die meine Existenzberechtigung angreifen? Muss ich nicht als Jüd*in in der ersten Reihe stehen, um mich gegen Antisemitismus zur Wehr zu setzen? Nicht die erste sein, die gegen die Angriffe der Rechtsradikalen aufsteht? Mein Freund Jürgen Fuchs, Dissident und Schriftsteller, inhaftiert in der DDR und dann in den Westen verbracht, sagte einmal auf die Frage, welche Verantwortung er habe, dass er gar nichts müsse, absolut gar nichts. Er könne auch über einen Aschenbecher schreiben, warum denn nicht. Diese Bemerkung beeindruckte mich, und ich habe sie für mich gebraucht. Ich muss als Jüd*in nichts, gar nichts, und es ist keineswegs eine mir quasi mit der Geburt zugewachsene Aufgabe, mich gegen Rechtsradikalismus zu wenden und zu engagieren. Obwohl es naheliegt, natürlich.

Nein, es war nicht mein wichtigstes Anliegen, gegen Nazis zu demonstrieren. Warum sollte das *meine* Aufgabe sein? Ist es nicht die Eure? Ist es nicht Eure Gesellschaft und wollt ihr sie nicht um Euretwillen verteidigen? Das erinnert mich an ein Gespräch, das ich einmal mit der Klassenlehrerin meines Kindes führte. Sie wollte von den Eltern eine Genehmigung dafür erhalten, mit ihrer Klasse die Kinder der nahegelegenen jüdischen Grundschule zu besuchen. Nie hatte sie um eine Genehmigung für andere auswärtige Anliegen nachgesucht. Ich weigerte mich an dem Abstimmungsverfahren teilzunehmen, weil ich nicht der Meinung war, dass ein Zusammentreffen mit Jüd*innen so behandelt werden konnte, als handele es sich um eine genehmigungspflichtige Auslandsreise. Die Zugehörigkeit der Schüler*innen wurde wie eine Exterritorialität behandelt. Ich konnte mich nicht einem Prozeß aussetzen, in dem es den Eltern erlaubt sein sollte, mit Nein zu stimmen. Kann sich da jemand abmelden, weil das Kind Jüd*innen nicht treffen soll? Die Lehrerin war enttäuscht und sagte mir, dass sie diesen Besuch doch für »uns« unternähme.

Andererseits muss ich mich wahrscheinlich als Jüd*in und Bürger*in wehren, wenn ich als Jüd*in und Bürger*in angegriffen bin.

Ich könnte hier noch lange weiter sprechen und erzählen, wie ich begann, mich wieder einzumischen, nachdem ich die kommunistischen und teils auch die gewerkschaftlichen Organisationen hinter mir gelassen hatte. Und so beteilige ich mich als Jüd*in, als Bürger*in und auch als Feminist*in. Meine literarische Arbeit wird von diesen Fragen dominiert, obwohl ich sehr gerne über die hellen Farben, über Liebe und ähnlich anstrengende Sujets schreiben würde.

Am Tag nach den Morden von Hanau war ich an jenen Plätzen, sah die Kioskverkäuferin noch eben in der Bar essen, und stellte mir vor, wie der Polizist an der Wohnungstür klingelte und den Kindern, dem Mann oder der Oma, die aufpasste, bis die Mutter von der Schicht kommen würde, die Nachricht überbringen würde. Wahrscheinlich spräche er von tödlichen Verletzungen, das Wort würde sich im Kopf wiederholen und der Verstand würde sich weigern, den Sinn des Wortes und des dazugesagten Adjektivs anzunehmen. Am nächsten Tag erhielt ich ein Mail, in dem eine von mir geschätzte jüdische Frau schreibt, ob ich nicht bemerkte, wie die Anteilnahme für die Getöteten, sie schrieb Muslime, so sehr von Herzen käme und wie dermaßen viele Menschen sie teilten, und wie routiniert und kalt es gewirkt hätte, als es um den Anschlag auf die Menschen in der Synagoge von Halle gegangen war. Ich schrieb zurück, hielt es für möglich, einen Unterschied zu sehen, erinnerte sie aber daran, wie sehr die Anfeindungen, Bedrohungen und Attacken eines jeden Tags gegenüber als muslimisch angesehenen Einrichtungen nicht beachtet worden waren und wie kränkend, demütigend und bedrohlich dies schon seit langer Zeit sei. Zum Schluss schrieb ich: Geh hin und du wirst verstehen. Alle diese Spaltungen, Gehässigkeiten – wessen wird ehrlicher gedacht –, alle diese Gedanken werden von dir abfallen und du wirst verstehen und da stehen und mit den Leuten weinen. Ich weiß nicht, ob meine Briefschreiberin hinging. Vielleicht noch nicht. Sie wird eines Tages gehen, davon bin ich überzeugt. Nur so entsteht das WIR, langsam, Wege werden gegangen, die nicht weiterführen oder sogar zurück. Das ist ständig so, auch ein fortwährendes Integrieren ineinander und zueinander findet statt, auch gegeneinander. Ich will mich hier als Bürger*in einmischen.

Es fällt auf, dass nach Straftaten infolge rechter Gewalt, wenn sie denn überhaupt in Ausmaß und Bedeutung erkannt werden, regelmäßig der Ruf nach Ausweitung der für die Sicherheit zuständigen Behörden ertönt, nicht jedoch der nach Stärkung der Zivilgesellschaft und ihrer Selbstorganisationen, die hier kompetent und aktiv sind. Im Gegenteil finden sich antifaschistische Archive und ähnliche Organisationen selbst als Gegenstand der Beobachtung durch den Verfassungsschutz wieder. Eine Erfolgsgeschichte ist die Ausweitung der »Sicherheitsarchitektur« nicht geworden. Doch die Selbstorganisation der Betroffenen und sie unterstützende Initiativen führten dazu, dass sich verschiedene Gruppen der Gesellschaft deutlich sichtbar behaupteten und in der Lage waren, aufeinander Bezug zu nehmen.

Wohin wollen die Akteur*innen, die Betroffenen und jene, die sich an ihre Seite stellen oder stellen wollen. Die Diskurse um

Identität, die Selbst-Organisationen der People of Color, Schwarzer Deutscher sowie der Sinti und Roma – mit der sicherlich längsten Geschichte einer Bürgerrechtsbewegung nach 1945, dies alles sind notwendige Prozesse. Der rechten und rechtsextremen Sammlungsbewegung, die sich parlamentarisch und außerparlamentarisch platziert, kann jedoch nicht mit einer Fortsetzung oder Ausweitung der Debatten um Identitäten begegnet werden. Eine Bürgerrechtsbewegung, die das Recht aller zu *sein* einfordert, kann sich Ideologismen nicht leisten. Sie kann auch auf Akteur*innen unterschiedlicher politischer Orientierung nicht verzichten. Bei Akzeptanz aller Unterschiedlichkeit käme es eben jetzt darauf an, die Gemeinschaft der Vielen zu stärken.

Sie kann sich möglicherweise nur in einer gewollten und bewussten Zusammenführung gegenüber einer weißen gesellschaftlichen Dominanz Gehör verschaffen und Positionen der Teilhabe gewinnen. Nichts deutet darauf hin, dass die Bewegung rasche Erfolge haben kann. Nur: Verzichten kann man auf diesem Weg auf niemanden. Black Lives Matter, Turkish Lives Matter, Romn*ja Lives Matter, Jewish Lives Matter. Wir müssen weitere Gruppen anführen, denen wir zugehören oder als zugehörig erklärt werden und die Anspruch darauf haben, geschützt zu sein.

Im Grunde geht es doch darum, dass der Bürgersteig allen gehört. Allen, die auf ihm gehen wollen und keine Gruppe kann beschließen, ob jemand da geht oder nicht. Das ist voraussetzungslos und nicht verhandelbar.

Ich bedanke mich bei Aleida Assmann, die das Nachwort für dieses Buch schrieb, bei Irit Dekel, Katharina Menschick, Kizer Walker für ihr Mitreden und Gegenreden und vielen anderen, die mich zu diesen Arbeiten anregten und mit mir diskutierten.

Esther Dischereit

Ich wollte unbedingt zu James Agee

Ich wollte unbedingt zu James Agee und Walker Evans, die 1936 durch den mittleren Süden der USA reisten. Der Schriftsteller und der Fotograf unternahmen eine Reise zur Erforschung bestimmter »normaler Notlagen«, »eine Anstrengung in menschlicher Wirklichkeit«, wie sie sagten. Franklin D. Roosevelt und New Deal.

Was wollte ich in Alabama? Und dem Mangel an Sozialversicherung?

Oder ich reise zum guten Leben als einer Alternative zur imperialen Lebensweise. Das ist täglich duschen und Lebensmittel kaufen zu jeder Tages- und Nachtzeit und aus allen Kontinenten dieser Erde und sehr, sehr wenig dafür bezahlen. Weil andere dafür bezahlen, andere, die irgendwo weit weg leben. Noch nie ist mir die Welt so zusammengerückt vorgekommen. Heuschreckenplage oder Bienensterben, ich bin ja ein Stadtmensch. 50 Milliarden Paket Hilfsfonds – ob es mit einem New Deal getan sein wird? Ich weiß es nicht. Millionen hungriger Menschen schauen auf meinen Teller aus Meißner-Porzellan oder Rosenthal-Geschirr, aber nicht Bollhagen, nicht Hedwig Bollhagen. Das war die DDR. Abwickeln, Warteschleife, das war in den neunziger Jahren und dann der Solidaritätszuschlag. Wer kauft mir Bananen dafür, dass ich das System überstehe?

Bloß nicht alles aufessen jetzt, das ist ein Unsinn. Umverteilen.

Jetzt müssen wir sicher einen Solidaritätszuschlag aufbringen: in Europa und außerhalb Europas.

Ich könnte auch Pudding kochen und auf den Straßen verkaufen und würde Leuten, die ihre Wohnung wegen Arbeitslosigkeit verlieren, ein Zimmer vermieten. Die Wertpapiere meiner Eltern taugen weniger als Papiertischdecken.

Es könnte einen Crash geben, in dem sich die Diktatoren

aller Länder noch einmal ihrer Waffenlager versichern und das Volk übernehmen wollen, andererseits haben viele Menschen den Geschmack der Freiheit schon einmal auf der Zunge gehabt. Den Geschmack der Freiheit aufgeben? Rosa Luxemburg schaute aus dem Fenster ihrer Gefängniszelle und beobachtete das Gedeihen eines Löwenzahns. Einer Pflanze, die emporwuchs ohne darum gebeten worden zu sein. Das Kapital frißt sich selbst auf, wenn wir es nicht daran hindern. Zumindest könnten wir, was das gute Leben betrifft, zum Subsistenzgedanken zurückfinden. Wenn ich zum Subsistenzgedanken zurückfinde, dann muß es Vermögenssteuern geben und eine Begrenzung des Profitstrebens. Mir fällt das Ahlener Programm der CDU, der christdemokratischen Partei, der Konservativen in Deutschland ein, als sie schrieben, »dass die Zeit der unumschränkten Herrschaft des privaten Kapitalismus vorbei sei.« Das Programm entstand unter dem Eindruck des Zweiten Weltkriegs. Bei den Älteren sind jetzt auch die Bilder des Zweiten Weltkriegs wieder erschienen, als die Züge nicht mehr fuhren, keine Wasserhähne tropften, weil es sowieso kein fließendes Wasser gab.

Deshalb hat die Deutsche Bahn wohl ihre Züge leer weiterfahren lassen, auch die U- und S-Bahnen in Berlin fuhren weiter und weiter.

Müssen sie wieder so vollgepackt sein wie ehedem? Überhaupt könnte man weniger arbeiten. Es ist ungesund, soviel zu arbeiten. Wie es auch ungesund für jegliche Natur ist, sosehr von Lärm, Gestank und Raubbau betroffen zu sein. Das können jetzt viele einsehen. Wenn ich nicht mehr verdienen muß, als ich gebrauchen kann, dann erhält die Arbeit für Andere buchstäblich mehr Wert. Ich könnte auch mein Mobilitätskonto einfrieren. Das Mobilitätskonto? Damit wird festgelegt, wieviel ich – sagen wir – in sieben Jahren – unterwegs sein kann.

Im achten Jahr, sorry, Entschuldigung, ich kann nicht kommen, es ist wie ein verordnetes Sabbatjahr. Da darf ich nicht fahren.

Arbeitszeitkonten gibt es schon lange. Warum kein Mobilitätskonto?

Vielleicht wird es so kommen, dass die, die eine Arbeit und eine Wohnung haben, eine lausige Minderheit sind. Eine beneidete kleine Clique. Ihnen wird ihr jährliches Weltreisekontingent nicht eingeschränkt werden, sie können weiter Emissionen über den Erdball schicken und Ausflüge zum Mond planen, weil die Antarktis schmilzt und die Bären in den Wäldern an Krankheiten sterben, die etwas mit der Wärme zu tun haben. Sie suchen das Leben anderswo. Der Gesellschaft ihre Krankenhäuser wieder zurückzugeben, bleibt ein frommer Wunsch. Die Krisengewinnler sind wohlauf und weigern sich, die Medikamente zugänglich und die Preise erschwinglich zu halten.

Wir suchen Ausreisepapiere zusammen, bitten Kontinente um Aufnahme, stellen Gesuche nach Einwanderung bei denen, die verschonter geblieben waren. Jetzt könnten die nationalen Grenzen fallen, weil die, die gehen oder wandern, ohnehin mehr sind als die, die nicht gehen. Vor allem die Jüngeren versuchen zu gehen. Mein Freund schreibt gerade ein Vorwort zu einem Opern-Buch. Das will mir unwirklich vorkommen. Wir erleben das Drama gerade, so schrecklich wie bei Béla Bartóks Herzog Blaubarts Burg oder Medea von Luigi Cherubini. Am Ende sind die meisten Mitwirkenden tot. Sie starben einen sozialen oder naturgewaltigen Tod oder von Mörderhand. Wir spielen mit, weinen über die Toten, als gehörten wir nicht dazu.

Im Tod ist es nicht mehr wichtig, ob ich schwarz oder jüdisch gewesen war, oder weiß.

Der Tod überwindet die Colorline, von der Du Bois sprach. Du Bois, der nach einem Besuch im Jahr 1949 in Warschau, da, wo das Warschauer Ghetto gewesen war, wußte, dass Rassismus nicht nur für Schwarze tödlich war. Bloß jetzt, ein dreiviertel Jahrhundert später, liegen auf der einen Seite mehr als auf der anderen.

Breads Bakery

Breads Bakery: Shabbat gegen Mittag, die Kunden stehen an, geduldig in einer Schlange. Die jungen Verkäufer*innen sind schnell und freundlich. Ich reihe mich ein. Ich will ein Chocolate Rugelach kaufen, das soll ungefähr so ähnlich schmecken wie Chocolate Babka, das beste Chocolate Babka in town, das ist hier auf einer Kreidetafel aufgeschrieben, Serifenschrift für New York. Ein ockergelbes Dreieck auf dem Schaufenster der Auslage, hinter der sich Challah-Brote auftürmen. Ich habe noch nie solch eine Menge strahlender Challah-Brote gesehen, mit und ohne Sesam, kleine, mittlere, große glänzende Challah-Brote. Die Schlange schiebt sich vorwärts. Ich sehe, dass hier Hamantaschen so niedlich angeboten werden wie Petitsfours. Kleine, gefältete Dreiecke wie Puppentaschentücher. Wie? Darf man die jetzt anbieten? Ach so ja natürlich, Purim war ja gerade. Ich habe den Gottesdienst im Temple verpaßt. Mela kam zu spät von der Arbeit: Poppy Hamantaschen Apple Hamantaschen Caramel Coconut Hamantaschen Pizza Hamantaschen 3 Stück für 6 Dollar und ein Hamantaschen-Menü 6 für 15 Dollar. Ich wusste nicht, dass Hamantaschen auch salzig zu haben sind. Der Strom der Kunden fließt weiter und weiter, dazwischen den Verkaufsraum überflutende Beat-Musik aus Lautsprechern. Sie kommt von da, wo sich die Backstube anschließt. Und von da, wo die neue Steige fertiggebackener Babkas hereingerollt wird. Ich spreche mühelos Babka. Ich habe noch niemals Babka gesprochen oder gekostet. Zwei Männer schieben, einer groß und stämmig, der andere sehr dünn und schmächtig. Ein sehr blondes Mädchen mit dicken, langen Zöpfen bietet Babka-Stückchen zum Kosten an. Sie lagern in kleinen und großen Kastenformen. Kaffee und Tee gibt es auch rückwärtig, da, wo es überbackene Bruschetta gibt, mit Tomaten, mit Avocado und Kichererbsen, oder Pilzen. Alles kosher. Steht nicht drauf. Selbstverständlich nichts Fleischernes hier. Beat-Musik. Best Babka in Town. Jerusalem-Baguette. Jerusalem Baguette? Oh, nichts Besonderes. Es ist einfach ein Baguette mit Sesam darauf. Ich verstehe. Hier ist Klein-Jerusalem, obwohl ich noch nicht einen Mann mit einer Kippa gesehen habe. Die Frau gegenüber, sieht bestimmt jüdisch aus, fast alle sehen jüdisch aus, bis auf den Schwarzen, dünnen Jungen, der eine neue Stiege heranrollt, aber besonders jüdisch sieht der dünne, blasse Junge an der Kasse aus, der für den Kaffee kassiert.

Er ist der Träger des ersten Wunders an diesem Tag. Ich möchte bezahlen. Er sagt etwas. Ich verstehe nicht. Die Beat-Musik, super, aber laut. Ich lächele, nicke. Wie ist dein Name? Ich sage meinen jüdischen Namen. Der blasse Junge nickt. Aha, ich bezahle beim Abholen. Eine sehr schöne junge Frau, noch ein Mädchen, mit dichtem, wundervollem schwarzem Haar und einem sanften Teint und selbstverständlich großen Augen gibt mir den Latte hinüber. Sie sagt meinen Namen. Ich nicke, sage, ich möchte bezahlen. Sie zeigt mir die Quittung. Sie sagt, es ist schon bezahlt. Ich zögere. Ich nehme den Kaffee. Ich gehe nochmals zurück, warte. Sie alle sind beschäftigt mit den nächsten Menschen, die Latte oder Cappuccino bestellen entweder für hier oder to go. Ich warte. Ich möchte nicht, dass wer anders eventuell gefragt wird, ob er oder sie bezahlen möge, der oder die schon gezahlt hat. Andererseits ist da gerade niemand zu sehen. Ein sehr großer, athletischer Mann fegt die Krümel unter den Tischen zusammen, vorbei am Strom der sich vor der Kasse aufreihenden Menschen. Andererseits hatte sie meinen Namen gewusst und mir die bezahlte Quittung gezeigt. Ich nehme das Wunder an und gehe zurück zu meinem Platz. Einige Wochen lang war ich immer wieder in die 13. Straße gegangen und hatte eastwärts die Bäckerei gesucht. Ich konnte mich einfach nicht daran erinnern, dass sie in der 16th Street war. Jetzt war ich da, und das ockergelbe Dreieck, meine Güte, dass ich das nicht sah: ein Ornament aus dreieckigen ockerfarbenen Hamantaschen, es ist nicht die Hälfte eines Davidsterns.

Ich war schon über dreißig, als ich das erste Mal Hamantaschen sah oder kostete.

Ich muss darüber nachdenken, was die Welt der Hamantaschen mit mir zu tun hat und wie sie hier alle sitzen, so als gäbe es nichts Selbstverständlicheres in der Welt, als bei einem jüdischen Bäcker in Manhattan zu sitzen und jüdisch zu sein.

Ein paar Schritte weiter bietet Farmers Market auf Union Square alles an: Organic Gemüse, Honig, Eier, Fisch, Blumen, Äpfel, Brot. Letzte Woche ging ich dahin, wie ich da oft hingehe, und sehe einen winzigen Davidstern über einem brötchengroßen, fast runden Backwerk. Darunter steht: Challah Bun: 2,50 Dollar. Unconventional by Nature Hawthorne Valley Farm. Unwillkürlich schaue ich mich um. Als ob ich mich vergewissern wollte, dass es sonst niemand gesehen hat. Es ist immerhin sehr klein das Davidsternchen. Damit dem Verkäufer und seinem Stand nichts passieren möge. Ich kaufe die Challah Roll. Ich habe noch nie in der Öffentlichkeit eine Challah gekauft, die auch so bezeichnet war. Manchmal hatte ich in Berlin etwas gesehen: es hieß Zopf. Ich habe eine undeutliche Erinnerung an Challah-Brote oder deutsche Zöpfe. Meine Mutter hatte es vermieden, Ausdrücke zu benutzen, die wir als junge Kinder vielleicht unvermutet in der Öffentlichkeit wiederholt und die uns kenntlich gemacht hätten. Ich wusste nicht, was wir essen an Freitagabenden. Und auch das hörte einmal wieder auf und war eine halbherzige Angelegenheit. Jetzt setzt sich ein Mann hin, er bringt zwei Zeitungen mit, beginnt zu lesen. Eine Schwarze Frau kauft Babka, und eine kommt herein mit blassem Teint und Sommersprossen, so durchsichtig wie Ritula einstmals gewesen war, diese blasse, nach Atem ringende Freundin, deren Mutter auch, und Vater auch.

In Queens auf der Grundschule vor Jahrzehnten war es voll gewesen mit jüdischen Schüler*innen, die hatten alle keine Großeltern gehabt, und die anderen Schüler wussten darum. Drei kleine, halbierte Zitronenscheibchen und ein Tomatenbrot, getoastet, dazwischen duften die Brote, wie ich schon sagte, Challah in glänzender Schönheit und das Mädchen mit der weißen

T-Shirt-Aufschrift True Love. Und eben Babka. Der Mann mit den vielen Zeitungen bietet der Frau mit dem Tomatenbrot ein Stück Zeitung an. Der große Lange kommt wieder mit dem Käppi auf dem Kopf und fegt und ist freundlich. Spricht mit dem Mann hinter mir, einem alten Mann mit einer sehr tiefen Stentorstimme.

Ich muss jetzt hier gehen. Bestimmt sind viele jüdische Menschen im Laden und welche vom nahegelegenen Markt. Oder welche vom nahegelegenen Markt und jüdische Menschen. Ein kleines Kind in einem Wagen, zwei größere in lilafarbenen Strickkleidern gehen vor und zurück, sie haben Tüten in der Hand. Breads Bakery. Logo: eine glänzendes Challah-Brot, oder es ist einfach nur ein Weizen- oder Weizenmischbrot oder etwas, das heißt Jewish Rye, Jüdisches Roggenbrot, also ein Roggenbrot, das Juden ins Land brachten. Nicht im Traum würde ich in Deutschland ein jüdisches Roggenbrot verlangen …

Das erste Mal rannte ich, ich rannte zu City Bakery. Da waren mir Rugelach zuerst aufgefallen. Ich hatte in einem polnisch-jüdischen Kochbuch wahrscheinlich ein Bild gesehen. Es schmeckte sehr süß. Später verliebte ich mich in salzige pretzel croissants. Meine Tochter schrieb aus Berlin, das sei doch nichts anderes als ein Laugencroissant. Ich war beleidigt: Nein, überhaupt nicht. Dann ging ich an einem Schreibwarenladen vorbei und suchte eine Feiertagskarte. Ein Ständer markierte die Karten: ein exorbitanter Davidstern. Trotzdem waren die Karten hier allesamt mit christlichen Osterhäschen oder Kreuz oder Eiern ausgestattet. Mit einer Ausnahme: Ich kaufte das sündhaft teure Passover-Welcome-Schild. Offenbar konnte man Elias damit grüßen und ihm bezeichnen, dass es der richtige Ort zur Einkehr wäre. 7,95 Dollar, sagte der Verkäufer und bastelte weiter an seinem Preismarkier-Gerät herum. Ein Rädchen war aus einer Gleitschiene ausgebrochen. Er unterbrach seine Arbeit, ohne das Gerät aus der Hand zu legen, und gab mir das Wechselgeld heraus. Sicher schaute er mir nicht hinterher.

Bei Barnes & Noble sitze ich vor dem Wandgemälde, die

Großen über mir und hinter mir, gewaltig: Isaac Singer, Franz Kafka, Pablo Neruda, Hughes, Ted Hughes?, Rabindranath Tagore. Eine unbekannte Dame an der Seite von Herrn Singer, die Herren mit Kaffeetassen, Pfeife, Zigarette, Bleistift und Buch, ein Tee, denkende Männer, die jüdischen Männer mitten unter ihnen. Heute hätte jemand Toni Morrison oder James Baldwin oder Philip Roth …

555, 7th Avenue. Ich gehe vorbei. Viele Leute. Ein Wochenende. Ein Hershey-Laden, da muss ich auch hineingehen. Als es in Deutschland noch nicht wieder Schokolade gab, der Krieg hatte die Schokolade zerstört, die Diktatur und die Schweizer Konten hatten die Schokolade eingeschmolzen in die Goldbarren des Unrechts, da war der Name Hershey bei uns zu Hause erschienen. Großvater und Großmutter schickten Quäker-Pakete und schrieben im Brief, sie würden Schokolade schicken. Hershey-Sirup, bitter, wie aufbewahrt in alten Regalen, wir waren enttäuscht, aber trotzdem, wir besaßen auch einen dünnen, kostbaren Riegel, den wir lange aufbewahrten. In riesigen Lettern war der Firmenname aufgeschrieben, er zog sich über die gesamte Fläche des dünnwandigen dunkelbraunen Rechtecks in silberner Farbe. Befreiungsschokolade, sagten wir, und ich wollte, dass sie mir schmeckte. Die Leute strömten in den Laden und kauften Schlabberhosen oder T-Shirts mit Aufdruck. Ich brauchte die Schokolade. Dann ging ich wieder zurück an diese Stelle, die ich in der hereinbrechenden Dunkelheit meinte nicht genau verstanden zu haben. Eine überlebensgroße Bronzeskulptur auf einem Stuhl vor einer Nähmaschine. Ich umrundete die Figur. Der Mann trug eine Kippa. Ein jüdischer Mann. Mitten in der Stadt steht ein jüdischer Mann. Ohne Shoah. Kein Gedenken. Ein Kleidungsstück vor sich, keine brennende Thora. Eine Hommage an die Leistungen der jüdischen Schneider in der Modeindustrie. Zuerst war ich erschrocken. Wie ich immer erschrocken bin, wenn ich die Jüdischkeit ausgestellt sehe. Unvorbereitet in der Mitte der Straße. Aus der Unsichtbarkeit ihres religiösen oder herkunftsmäßigen Zustands herausgehoben. Das bin ich nicht gewöhnt.

Ein in Ehren gewürdigter jüdischer Garment-Worker. Das gibt es in Deutschland nicht.

Hunter College. Eine Versammlung älterer Frauen, eine spielt Gitarre, Saxophon, ein Stock mit Schlüsseln daran, damit wird aufgestampft wie mit einem Schellenkranz. Die Schlüssel sollen an die Frauen und Mädchen erinnern, die starben, damals im Feuer, am 25. März 1911. Das schlimmste Feuer in der amerikanischen Industriegeschichte. Triangle Shirtwaist Factory, 23–29 Washington Place. 146 Beschäftigte wurden getötet, die meisten waren jüdische und italienische Migrantinnen, 16 Jahre bis 23 Jahre alt. Die Firmenleitung hatte die Türen verschlossen, um die Arbeiterinnen daran zu hindern, nichtvereinbarte Pausen zu machen.

Jahr um Jahr erinnern die Menschen daran und halten eine Demonstration des Gedenkens ab. Ein tragischer Tod, ein jüdischer Tod, ein Arbeiter*innen-Tod, ein Ausbeutungstod. Wenn das Jüdische verschwunden ist, dann sind die jüdischen Menschen eben auch aus der Unfallstatistik verschwunden. Das hätte ich mir denken können. Franz Kafka verdiente seinen Lebensunterhalt in der Arbeiter-Unfall-Versicherungsanstalt. Von einer jüdischen Arbeiterbewegung, besonders in Galizien, hatte ich in Büchern gelesen.

Gestern wollte ich zu einem Club gehen: North Square. Eine Sängerin, die ich kannte, trat auf. Ab 2 Uhr nachmittags für eine Stunde. Die Leute sitzen da, hören Jazz, essen zu Mittag oder ein spätes Frühstück. Ich suche die Adresse. Der Regen schwappt Klezmer-Musik durch die nassen Schleier. Neben dem Trottoir hat ein riesiger, ausgebauter Bus geparkt: The Jewish Village Bus. Es sieht aus, als stünde der Bus Menschen ohne Wohnsitz zur Verfügung. Ich weiß nicht, warum die Aufschriften hier so aussehen müssen wie für einen Kindergarten. Ich finde das peinlich, will damit nichts zu tun haben. Es ist eine Sekte. Die Männer tragen lange Bärte. Sie sehen aus, wie sie wahrscheinlich seit Jahrhunderten ausgesehen haben. Das wirkt skurril in der Mitte des digitalen Washington Square. Ich merkte, wie ich schneller ging. Und mich nicht lange aufhielt, um den Wagen anzusehen oder eben diese Männer. Stattdessen gehe ich wieder in ein Papierwarengeschäft. Es fällt mir schwer, genau zu verstehen, was hier neben kleinen Leselämpchen und Servietten noch angeboten wird. Kleine Anspitzer und dieses und jenes und ein hochpreisiges Sortiment Glückwunschkarten für Anlässe jeder Art. Ein herrliches Babyblau verkündet das Ende des Kindheitszustands: Bar Mitzwa. Ein herrliches Pink verkündet das Ende des Kindheitszustands: Bat Mitzwa. Das gab es nicht, damals nicht. Für Mädchen hat es nichts gegeben, damals nicht, früher nicht. Ansonsten ist das typographisch sehr traditionell gehalten mit einem runden Rahmen und Schleifchenbändern. Ich warte darauf, dass sich meine Aufregung wohl langsam legen möge. Ich kaufe die Karten nicht. Sie sind zu teuer und außerdem, was die Zuweisung der Geschlechter angeht, total veraltet. Trotzdem habe ich dann meine exorbitante Quittung in diesem Laden nicht nachgerechnet. Die beiden Verkäufer sprachen wahrscheinlich einen indischen Dialekt miteinander, den ich auch nicht verstand. Eigentlich hat es etwas für sich, dass ich genau weiß, hier werde ich nicht verstanden, und ich werde nichts fragen, jedenfalls nichts, was die Karten für jüdische Feiertage oder sonstige Bagel-Zustände betrifft.

Die Freundin sagt, ich werde es mögen: The Fiddler on the Roof. Ich gehe hin. Ich gehe zum Broadway. Jiddisch mit Untertiteln. Ich will das nicht erzählen. Es ist mir peinlich, dass ich dahingehe.

Pessach, was habe ich zu Pessach jetzt schon alles falsch gemacht?

Blumen liegen an dem Gebäude Triangle Shirtwaist Factory. Ein Kranz. Schon verblichen. Sie waren wohl niedergelegt worden an dem Tag, an dem jedes Jahr die Demonstration abgehalten wird. Die Blumen wachen darüber, dass sie nicht vergessen werden, und noch immer gibt es Frauen, die die Namen der zu Tode gekommenen Arbeiterinnen in Stoffe sticken.

Melissa hat in einem superneuen Kulturschuppen angeheuert. Der Schuppen ist ein riesiges Gebäude. Da ist es so schick, dass alle uniformähnliche Kleidung tragen. Ein Aufseher hat ihnen gesagt, wie sie Beschriftungen in eine Plastiklasche stecken sollen. Er war mißgelaunt und sagte zu den Leuten, wer das nicht richtig macht, kann gehen. Und das zweite Mal sagte er, wer das nicht richtig macht, dem schneid ich den Finger ab. Die Leute sind auch nicht versichert, weil sie alle nur mit einem Minimaldeputat an Stunden beschäftigt werden. In einer nahgelegenen Straße bin ich in einen Fundraiser für das ACLU Movement hineingelaufen. American Civil Liberties Union. Seit hundert Jahren die Wächterin über die Freiheitsrechte. Er sagte, dass die Organisation gerade eine Beschwerde beim Supreme Court eingereicht hat, weil das jetzige Krankenversicherungssystem dazu führt, dass die Frauen keine eigene Versicherung haben und deshalb nicht Eheverhältnisse aufkündigen können, wenn sie das wollen. Alles, was passiert, scheint in den Händen von Jurist*innen zu liegen. Der Mann versichert mir, dass die Organisation aus der Bürgerrechtsbewegung entstanden ist. Die hatte immerhin noch eine Menge Prediger.

Jetzt habe ich andere Pessach-Karten entdeckt, und ich habe sie gekauft. Dachte, es ist doch schön. Ich werde vom Fiddler erzählen. Ich weinte nämlich beim Fiddler.

Später habe ich den Bettauer-Film angesehen: Stadt ohne Juden. Jetzt war mir so, als weinten welche hinter mir. Der Film ist von 1924, und das Wien ist auch von 1924, und die Menschen um mich herum, da können auch noch welche von 1924 gewesen sein, obwohl es sicher nicht so war, aber ihre Kinder, die Kinder waren sicher da. Die, die das Seufzen und Schreien ihrer Eltern des Nachts mitanhörten, dann, wenn die Träume zurückkamen.

Bettauer wurde später von einem Nazi ermordet, der ging in sein Büro und erschoss ihn. Dabei hätte der Film so schön sein können, mit der Rückkehr des guten Juden, den die Leute mit Freude wieder empfangen. Nicht weil sie sich bekehrt hätten, das nicht, aber weil die Banken und anderes international aufgestelltes Kapital nicht mehr investierten. Und das wurde damit behoben.

Ich muss an die Kinder denken, die an der mexikanischen Grenze verschwinden, weil US-Behörden sie von den Eltern trennen und sie nicht zurückgebracht werden. Die Papiere sind nicht ordentlich geführt, und die Eltern wissen nicht, wohin die Kinder gebracht wurden, und die Kinder wissen nicht, wo ihre Eltern sind. Es ist eine fortdauernde Schuld, mit der hier gelebt wird. Eine Schuld an den Kindern und an den Eltern. Und jetzt gibt es 80 Jahre Kindertransport. Es ist eine traurige Erfolgsstory. Erfolg, weil die jüdischen Kinder wegen des Kindertransports überlebten, und traurig wegen der Eltern, die getötet wurden.

Ich verstehe nicht, warum ich unbedingt zu Izzy's Smokehouse gehen wollte. Ich habe das zufällig im Internet gefunden, und es war irgendetwas in der Beschreibung, dass ich dachte, da möchte ich hingehen. Die Straßen dorthin ziehen sich und wollen kein Ende nehmen. Unmittelbar hinter dem Botanischen Garten, dessen Gewächshäuser mir auch nicht gefielen und eigentlich fast gar nichts darin. Außer einigen Kirschbäumen, die in Blüte standen, sah die Gegend fast verlassen aus. So verlassen, dass ich mich an das neu erworbene Wort für ausrauben erinnerte. Das so klingt wie das Wort für Becher, so als würde ich, wenn ich ausgeraubt oder überfallen werde, einen gebechert bekommen. Ich war allerdings weniger gebechert als gehandicapped, weil ich keine Socken finden konnte, die bis zu den Knöcheln gehen und nicht überwältigend bunt sind. Also ging ich ohne Socken in den Schuhen und nach einer Weile mit einer Blase unter der Fußsohle. Ich ging zusammen mit Uriel, dem Sohn eines Freundes, dem ich nichts davon erzählen mochte. Stattdessen begannen wir über Eigentümlichkeiten unserer Roommates zu reden, von jemandem, der sein Geschirr im Zimmer behielt, und jemand anderem, der den heiß eingegossenen Tee in der Tasse nicht auf die Steinplatte gestellt haben wollte, weil der Stein dann Schaden nähme, oder von der Frau, die ihre Bestecke unter fast kaltem, fließendem Wasser abspülte, es aber nicht ertrug, dass eine Chickenpaste einmal mit einem ihrer Messer in Kontakt gekommen war. Da hätte auch die Desinfektion in der Spülmaschine nichts genützt, denn diese wurde aus Prinzip nicht benutzt. Ich konnte meine ID-Karte nicht auffinden, die mich zum Zugang zur Bibliothek berechtigte. Aus den gleichförmigen zweistöckigen oder einstöckigen Reihenbauten strömten allmählich immer mehr Kinder heraus. Die Mädchen mit Strumpfhosen, die Jungen in schwarzen Kleidern und mit einer Kippa. Die Männer machten sich an riesigen Familientrucks zu schaffen, aus denen sie Windelpakete, Toilettenartikel, Wasserflaschen und alles Mögliche in einer Menge beförderten, als würden sie irgendwo einen Kiosk betreiben oder einen Späti. Jedes Haus hatte einen vorgehaltenen Platz für diese Großfahrzeuge, die mit ihrer Schnauze bis auf den Bürgersteig ragten. Hier waren alle Leute weiß, eigentlich noch weißer als gewöhnlich, das machte die schwarze Kleidung bestimmt oder die fortwährende Erzählung, die sich bei mir im Kopf angelagert hatte, dass viele hier keiner Arbeit nachgingen, sondern den Tag im Cheder zubrachten, sodass sie nicht genug Sonne hatten. Allerdings war es in den letzten Monaten so kalt und trüb gewesen, dass niemand in New York genügend Sonne gehabt haben konnte.

Ich bezweifle, dass ich in einem der schönen Häuser hier wohnen könnte. Ich denke nicht, dass ich als eine Frau, die keine Perücke trägt, hier zugelassen sein würde. Crown Heights. Irgendwann hatte es ein Ende, und wir standen vor Izzy's BBQ Smoke House. Alles, was hier aus der Küche getragen wurde, war nicht nur ordnungsgemäß rituell geschächtet, sondern von einer chassidischen Instanz genehmigt worden. Es gab noch einen zweiten Wirtsraum, neben dem ersten gelegen und von der Straße aus durch eine eigene Tür zu begehen, der dunkel, halbleer und trostlos anzusehen war. Der Kellner hatte diese Möglichkeit offeriert. Wahrscheinlich konnte man hier Hochzeiten feiern. Sofort kehrten wir zurück in den winzigen, unverputzten Kneipenraum, der eher ausssah wie eine Schankbude, aber tatsächlich gab es hier Fleisch, Fleisch und nochmals Fleisch. Auf Blechtabletts mit Papierunterlage gereicht, das war sowieso das Beste, weil hier auch viele Kinder unter den Gästen waren. Es sah aus, wie ich mir die Wirtsstuben bei Scholem Alejchem vorgestellt habe, nur dass es eben keinen

Alkohol gab. Ein Mann aus den Amerikas bediente, ohne Kippa, und die junge Frau hinter dem Tresen war schwarz gekleidet, aber ging mit Uriel so um, wie ich die selbstbewussten Collegegirls woanders auch sprechen hörte. Ihre Hose war enganliegend, als hätte sie sie noch von der Pilatesstunde anbehalten. Die Frauen unter den Gästen trugen Perücken, die ihnen ein zerzaustes Aussehen verliehen, das sie älter machte, als sie wahrscheinlich waren und auch ein wenig heruntergekommen. Es scheint nicht einfach zu sein, eine gute Qualität zu bekommen.

Der nicht-jüdische Mann, der bediente, war sehr guter Laune. Alles an ihm war schnell und gelenkig. Er fischte nach einer Tüte, hockte sich blitzschnell unter den Tresen, drehte sich auf den Fersen, stand schon wieder und gab dem Kunden sein Paket. Das Mädchen sprach deutlich, laut und ebenfalls voller Energie, so als gehörte den beiden der Laden. Diese Mischung aus Brooklyn-Hype und Mittelalter und der penetranten Ausstrahlung des Glaubens mit Beilagen war etwas Ungewohntes. Oder Brooklyn-Hype und Westernflair, die stetig klingelnde Kasse.

Wahrscheinlich schmatzten wir und rieben uns dann die soßenbeträufelten Hände mit Papierservietten. Das Fleisch war hier der ungekrönte König. In prächtiger gesmoketer Fülle wurde es aufgeschnitten. Der Mann, der das machte, stand offenbar auf einer Erhöhung, und vor ihm gab es die fettbespritzte Glasscheibe, sodass das Fleisch als ganzes Stück über den Sitzenden auf seinem Klotz thronte, über unseren Köpfen, sodass wir ein wenig zu dem Stück aufsahen.

Kaffee oder Tee gab es hier nicht. Wir gingen weiter. Den rußigen Geschmack des zertifizierten Fleisches noch im Mund. Ein Papierfetzen wirbt für Yoseph David Ivry, in hebräischen und lateinischen Buchstaben. Official Court Interpreter und ein Übersetzer. Hebräisch, Französisch, Spanisch, Lateinisch, Yiddisch, Russisch. Ich könnte ihn anrufen und erfahren, wozu ich ihn genau brauchen könnte: 1 (718) 756-9264. Es will mir nicht aus dem Sinn gehen, dass es hier arrangierte Ehen gibt. Und wie steht es eigentlich um das Verhältnis von religiösem jüdischem

Gesetz zu säkularem Recht. Was soll eine Frau machen, die hier nicht mehr sein will?

Ich möchte in ein Café gehen. Kingston Street hinauf. Es gibt hier Kleidergeschäfte, die religiösen Bekleidungsstücke für die Männer, die schwarzen Mäntel, der Pelzhut, eine Menge billige Gefäße für den Ritus. Die Läden sehen aus wie im Suk, unausgepackte Ware steht in Massen herum. Ich denke unwillkürlich, warum. Ist das hier ein Durchgang, gehen die Leute bald weg? Warum ist es so hässlich hier?

Im »Fiddler on the Roof« sind am Ende auch alle gegangen, aber die Frau bleibt noch einen Augenblick und will die Stube kehren. Das Publikum lachte an dieser Stelle. Ist die Kingston Street an dieser Stelle des Stücks? Und wenn ja, wohin wollen sie alle? Wo werden sie den Messias suchen gehen? Es würde schrecklich werden für Israel, wenn diese Einwander*innen auch noch kämen.

Mir wollen einige Blicke merkwürdig vorkommen, sozusagen wie eine Frage, ob ich denn nicht verheiratet bin. Mit offenem Haar, obwohl schon älter. Und der junge Mann an der Seite ist doch sicher der Sohn. Einer fragt etwas. Sagt: Willkommen in unserer Community. Rabbi Menachem und Mendel Glukowsky verantworten die orangefarbenen Plakate, die Purim anzeigen und einen Family Fund, in den du bitte spenden mögest: CharityforIsrael.com. Um den Tisch sitzen sechs heilige Männer, und drei Frauen bedienen sie an der reich gedeckten Tafel. @thora.org und ein Crashkurs in Jüdischer Geschichte. Matanos L'evyonim: Für 100, 180 oder 360 Dollar kann man eine hungrige Familie in Israel adoptieren. Ah, schon wieder Mitzwa, das sind die guten Taten, die zu Purim zu vollbringen sind, von jedem und jeder übrigens, gleich ob jemand arm oder reich ist.

Ein anderes Plakat verbindet ebenfalls das Purim-Fest mit den Dollarscheinen, die seine Teilnehmer*innen an eine Jeschiva spenden mögen. Hier ist es die erste Männer-Jeschiva Hadar Hatorah von Chabad in Brooklyn. In den Einkaufsläden künden großformatige Fotografien Rabbi Schneersons von der Macht der Sekte hier.

Ich will sie nicht unterstützen. Andererseits möchte ich einen Kaffee trinken. Wir betreten eine Bäckerei, im hinteren, kellerartigen Dunkel stehen ein paar Metalltische. Die Tische sind voll besetzt, und es kommt mir so vor, als verstummten die Gespräche im Moment, in dem ich hineingeschaut habe. Wie im Hinterzimmer von »True Grit«, den die Coen-Brüder drehten. Während »A Serious Man« in der Gegenwart spielt, im 20. Jahrhundert, bei den Nachbar*innen, im Zeitalter der Universitäten, mit aufgeklärten Liebesbeziehungen und wo die Religion ein Ort fröhlichen Kiffens oder antiker Heimsuchung sein könnte.

Meine Tochter schreibt, sie möchte einen klitzekleinen Davidstern haben, der soll so und so zu ihrer Kette passen. Ich habe noch nie einen Davidstern gekauft und weiß überhaupt nicht, wen man da anspricht. Da fehlt mir die Übung. Im Internet lese ich nach, dass es sich um ein sehr passendes Bat Mitzwa-Geschenk handelt und aus diesem Anlaß gerne ausgesucht wird. Das kann ich wirklich nicht behaupten, dass ich davon wüßte. Wir haben unseren Magen David immer versteckt gehalten. Weißt du, wer um dich ist? Nein?! Das kannst du auch nicht wissen? Da sagt einer, er heißt Mengel mit Nachnamen, weißt du, ob er nicht aus einer Familie stammt, die Mengele geheißen hat? Ein anderer heißt Koch. Ach, es gibt so viele Kochs. Aber es gibt eben auch die Ilse Koch, die von Otto Koch, KZ-Kommandant Buchenwald. Wie kann ich einem begegnen, der Bernd Koch heißt?

Die Bäckerei, der Rabbi auf dem Becher, der Gemüseladen, das alles hat mich dermaßen verstört, dass ich heute morgen meine Zugangskarte zur Universität nicht mehr fand, und ich ließ mir eine neue machen: für 25 Dollar. Dafür waren die Tomaten gestern sehr billig. Der Mann, der sie verkaufte, merkte, dass ich das Münzgeld noch nicht richtig verstand, und sprach mir gut zu. Das sei am Anfang, nachdem er aus der Karibik gekommen sei, für ihn auch so gewesen. Jetzt habe er damit gar keine Mühe mehr. Hinter seinem fast schon im Souterrain gelegenen Laden spielt eine Horde Jungen, alle mit Kippa und Zizijot. Lang herabhängende weiße Fadenbündel. Sie tragen tagsüber den Tallit, sodass sie immer bereit sind zum Gebet. Ich denke daran, wie Kinder auf Spielgerüste hinaufklettern, und ich hätte Angst, sie täten sich etwas mit diesen langen, geknoteten Fäden. Die Vorstellung macht mich nervös. Der Mann aus der Karibik klopft an die Scheibe, die Kinder schauen, er winkt. Die Kinder sind seine Kunden. Die Tomaten waren sehr billig. Ich bin einmal mit Leuten aus dem Stamm der Tuareg in Marokko zusammengetroffen. Das ist schon sehr lange her. Ihr Anführer wollte meine zweijährige Tochter kaufen. Er bot drei Kamele. Wir lachten. Der Vater des Kindes teilte eine Melone mit ihm, dann sahen wir zu, dass wir unsere Tochter mitnahmen und den Ort rasch verließen. Die Sekte, ist sie ein Tribe, ist sie noch im anderen Zeitalter? Darf sie so bleiben, wie sie ist? Ich meine, sie interessieren sich nicht für mich und meine Worte, auch nicht für meine Sorgen, die ich mir darüber mache, dass sie einen parallelen Kosmos errichtet haben, in dem sie herrschen und nur sie, und die Säkularität hat hier gar nichts zu sagen, Menschenrecht, Gerichtshöfe. Es macht mich traurig und besorgt. Hier gibt es doch eine Übereinkunft darüber, dass die Verfasssung, The Constitution, das Recht aller sei. Welches Recht herrscht hier? Ein ockergelber Bus mit der Aufschrift Menachem's Sons parkt vor der Tür des Cafés. Darf ich da einsteigen? Darf eine Frau da einsteigen? Darf eine Frau mit offenem Haar dort einsteigen? In welchem Gefängnis gehe ich hier spazieren? Und muss meine Auffassung von Pluralität das hier alles ertragen? Oder geht mich das alles nichts an, solange die Menschen ihre Steuern bezahlen? Wahrscheinlich.

Ich wollte jetzt eigentlich von Moses Mendelssohn sprechen, und wie er noch immer nicht erreicht hat, wofür er so eloquent und fundiert eintrat: die Trennung von Religion und Weltlichem, von Religion und Wissenschaften. Und wie er noch immer geschmäht wird als Totengräber des Judentums, der den Zweifel in die Enge der Stetl-Stuben senkte und in die alleinige Bedeutsamkeit der religiösen Schulen. Ein Mann etwa gleichaltrig wie mein junger Begleiter taucht plötzlich neben ihm auf. Bist du jüdisch? Wer kann auf diese Frage schon so einfach sagen: nein. Hätte Uriel nein gesagt, der Mann wäre gleich gegangen. Uriel sagt nicht nein.

Uriel möchte niemals mehr in die Lage kommen, nein sagen zu müssen. Der junge orthodoxe Mensch läßt nicht locker, will ihn gleich mitnehmen, offeriert ihm die Bücher umsonst und den Segen und all das, was ein Mann brauchen könne, um der Gottgefälligkeit teilhaftig zu werden. Ich werde böse, ich sage, gehen Sie weg. Wir kaufen das nicht. Als wäre ich seine Mutter. Der junge Mann läßt schließlich von Uriel ab, er verschwindet so plötzlich, wie er gekommen ist. Uniform wie alle hier. Hut, Bart, schwarzer Mantel, weißes Hemd, Zizijot. Er kann jetzt berichten oder aufschreiben, dass er heute sein Bestes versuchte, um der Botschaft Rabbi Schneersons näher zu kommen.

Ich möchte einen Kaffee bestellen, in einem Café. Auch das Café sieht aus wie an einer Bahnstation gelegen, wo schon längst keine Züge mehr fahren. Metallstühle, Tische, Leute irgendwo im Hinteren, im Dunkel, da, wo es kaum Licht gibt, als spielten sie hier ein verbotenes Spiel. Tun sie aber nicht. Sie verstummen, als ich hineingehe. Ich gehe wieder zurück in den Laden, mit dieser riesigen, leeren Fläche vor dem Tresen, ein Mann auf einem barstuhlähnlichen Eisenhocker am Fenster lädt sein Handy auf; Pelzmütze und Handy. Und eben wieder ein Bild von Schneerson über der Eingangstür. Auf der Tapete kullern in schwarz-weißen Zeichenstrichen Laptops, Dreidel, Fahrrad, Challahs und Rabbi-Gesichter mit Hut, Brille und Bart über die Wand. Auch der Kaffeebecher ist mit diesem Rabbiner-Mann verziert. Was soll das? Die Verkäuferin zuckt die Schultern. Ein Rabbi eben. Ich hätte gerne einen Kaffee ohne Rabbi. Weiß nicht, ob ich bei Schneersons Kundin sein möchte. Uriel ist es egal.

Als ich East Houston entlang laufe, schlägt mir einer der ersten warmen Tage schon fast schwül entgegen. Ich habe mich heute mit Fa verabredet. Ich kenne sie schon lange, sie ist jüdisch, nicht irisch, wie ich anfangs bei ihrem Namen dachte. Am gestrigen Abend gab es eine Diskussion in einem Salon über einen Publizisten der Weimarer Zeit. Spectator. Ein Zuhörer meldete sich und sagte, ich bin ein Holocaust-Survivor. Spectator hatte sich vehement für die Rettung der Demokratie eingesetzt.

Es waren noch mehr alte Herren hier, die Holocaust-Suvivors waren. So viele, dass ich es kaum glauben konnte. Sie versammeln sich nicht in Berlin. Oder wahrscheinlich privat, sehr privat oder im VVN, dem Verband der Verfolgten des Naziregimes, dem die Bundesrepublik Deutschland den Status der Gemeinnützigkeit aberkannte. Aber hier haben sie sich eingefunden und sind dankbar dafür, dass der Herr des Hauses damit aufhörte, sie ausschließlich zum Holocaust-Gedenktag einzuladen, und dass er sie überhaupt als seine Gäste willkommen heißen möchte. Das muss man in Deutschland erstmal jemandem klarmachen. Juden und Türken nicht nur zum weltweiten Antirassismustag. Oder zum 27. 1. Wo die Türken dann beweisen müssen, dass sie die deutschen Lehren verstanden haben und Anteil nehmen, während sie ansonsten draußen vor der Tür stehen bleiben.

Es geht hier so weiter, und ich bin die Tochter eines Holocaust-Survivors. Outing. Und welche Wurzeln haben Sie? Wie? Keine Heimatgefühle nirgendwo? Das kommt eigentlich nicht vor und gilt als ungesund. Im Salon wird deutsches Brot serviert, dazwischen Hommos und Lachscreme auf Crackers, die aussehen, als wären sie eine gesellschaftsfähige Form von Matze.

Fa war auch noch nie bei Katz Deli, obwohl da eigentlich jeder und jede schon war.

Es ist ein Riesenbetrieb hier. Auf erhöhten Tresen stehen Männer und bedienen Kunden, die in Schlangen anstehen. Erinnert mich an eine Gastwirtschaft im Freien oder Oktoberfest-Bilder. Aber hier wird kein Bier ausgeschenkt. Hier gibt es Fleisch. Dünnes, rotglänzendes, triefendes Pastrami, aufgeschichtet, sodass es sich zwischen den beiden Roggenbrotscheiben hoch auftürmt, höher, als ich meinen Mund öffnen kann. Rechts und links fallen die Fleischstücke auf den Teller zurück, so als äße ich Spaghetti und hätte nicht ordentlich aufgerollt. Kein Sauerkraut zwischen Pastrami und Brot, eingelegte Gurkenscheiben auf einem Teller daneben.

Der Laden ist voll, alle Plätze besetzt, mit jüdischen Leuten, hier ist es kosher, mit chinesischen Leuten, hier ist es wie im Reiseführer. Eine Frau gegenüber balanciert ein Tablett mit einem tiefen

Teller Suppe. In der Mitte ein überdimensional großer Matzeknödel. Hätte ich das bestellt, hätte ich den Reuben, diesen Berg aus Pastrami, in halber Größe bestellt. Ich wusste gar nicht, dass das geht. Ich bestelle den Reuben, weil meine Schwester gerne Reuben aß. Aber ich habe ihn anders in Erinnerung, mit getoasteten Scheiben und Sauerkraut und French Fries an der Seite. Das hier ist ziemlich rustikal. Ich mache mir ja gar nichts aus Reuben, aber meine Schwester machte sich etwas aus Reuben. Einmal bestellte ich in einer kleineren Stadt, in der bestimmt nicht viele Juden zuhause waren, einen Blue Reuben. Er war tausendmal besser als in dieser kosheren Schankwirtschaft, in der es wahrscheinlich keinen Alkohol gibt, dafür Eistee aus der Maschine. Am Tisch nebenan haben sie einen ziemlich ungewürzt aussehenden Nudelauflauf vor sich stehen. Die beiden Frauen stochern darin. Ich hätte mir hier mal das Angebot an Leberwurst, Knockwurst, Blintzes, Platters, Omelets, Latkes und so weiter ansehen sollen. Wahrscheinlich ist es so: Die ostjüdische Küche kann nicht allen Leuten schmecken, untergewürzt ist gar kein Ausdruck. Aber hier, sieh den Aufdruck auf dem T-Shirt des Kellners, der alles in großen Wagen abräumt. Ich halte ihn an, damit ich die Telefonnummer aufschreiben kann: 1-800-4-Hot-Dog.

Send a Salami to Your Boy in the Army. Großmutter schickte ihrem Lovey eine Salami an die Front, 1944 und später. Die Jungs hatten sicher nichts Kosheres dort in der Schlacht in den Ardennen. 19.276 Amerikaner fanden den Tod. Danach überquerte Fas Großvater ungefähr bei Köln eine Brücke und wurde verletzt. Der Mann sagt, ich könnte auch seine persönliche Telefonnummer haben.

Auf den rötlich-weiß gescheckten Terrazzo-Boden ist ein Toastbrot gefallen. Aus einem übriggebliebenen Korb auf dem Tisch bedient sich der Mann mit dem Send a Salami-T-Shirt. Er stopft sich das Brot in den Mund, während er weiterschiebt. Ein sehr trockenes Brot. Ich sehe ihn an. Er lacht mit vollem Mund. Ich auch. Meine Hände triefen von Fett.

Auf dem Weg hatte ich Russ & Daughters passiert und überlegt, ob ich nicht lieber dahin. Aber dann bin ich doch zu Katz gegangen. Bei Katz empfängt einen ein Mann, der aussieht wie ein Türsteher. Der sagt als erstes: Du kommst ohne diese Papierschnipsel hier nicht wieder heraus. Dann händigt er einen Papierstreifen aus, der aussieht wie eine Kinokarte. Da streichen die Leute hinter dem Tresen dann an, was ich verzehrt habe.

An der New Yorker Universität steht auch ein Schild: Jewish Literarcy und Get in und you get a grant und wahrscheinlich die Bücher umsonst. Diese Art Erziehung, ich kann es mir schon vorstellen, das sind bestimmt auch Schneersons.

Jemand fragt, ob ich schon zu Seder eingeladen bin. Man muss zu Seder eine Einladung haben. Ja, ja, sagte ich, sogar zwei. Mehr als zwei Seder kann ich nicht verkraften. Glaube ich. Obwohl es auch schön ist. Früher kannte ich niemanden, der mich zu Seder eingeladen hätte, und in Berlin hätte mich auch niemand zum Seder eingeladen. So viele Juden gibt es da auch wieder nicht. Oder ich bin nicht die richtige Jüdischkeit, das kann auch sein. Meine Kinder denken, dass Seder langweilig ist, dass es endlos dauert und keinen Spaß macht. Das hängt damit zusammen, dass mein Neffe, als er uns einlud, alles besonders richtig machen wollte, und da dauerte es endlos, und Kichererbsen für Hommos hatte er ungekocht zu einem Brei vermahlen und gesagt, es sei köstlich. Das hatte auf eine Art, die ich nicht mehr beschreiben kann, mit der Nachspeise und mit Matzemehl zu tun. Seitdem haben die Kinder einen Pessach-Schaden, und sie glauben mir nicht, dass es woanders gut sein könnte und wollen keine Eier mehr in salziges Wasser tauchen oder Maror kosten.

Die Kinder der Kindertransports sind gekommen und ihre Kinder. In einer Powerpoint-Präsentation sagt die einladende Dame der New School, dass auf je 1.000 gerettete Kinder mehr als 10.000 getötete Kinder kommen. Meine Nachbarin flüstert mir zu, dass sie sich bedankt. Bedankt dafür, dass diese Dame den Überlebenden eine Mitgift anklebt. Die Schuld überlebt zu haben, während die anderen nicht. Weniger als ein Jahr lang, vor Ausbruch des Krieges, den Nazi-Deutschland am 1. September

1939 mit dem Überfall auf Polen begann, hatte es dieses Zeitfenster gegeben, in dem die Eltern ihre Kinder unbegleitet auf die Reise ins rettende Ausland nach England hatten schicken können. Warum spricht man darüber erst jetzt? Sagt eine, auch die Kinder der Nazis, die ja unter ihren Mörderfamilien litten, würden jetzt sprechen. Sagt eine Frau auf dem Podium, wissen Sie, das ist jetzt einfach unangemessen. Zu dieser Geschichte einen Vergleich zu ziehen. Ich war einen Moment lang unsicher geworden, ob die Sache eigentlich wirklich in New York stattfand und nicht in einer der Städte in Deutschland. Dort war ich daran gewöhnt, dass sich auch Jüdische Kulturtage damit beschäftigen, wie die Täterkinder ihre Aufarbeitung gestalten.

Gestern hatte mir Fa einen Link gesendet, mit dem wir die Zahl der getöteten Amerikaner nachlasen. Aus einem Grunde stolperten wir über die Angaben zu den Ardennen, wo auch ihr Großvater verwundet wurde. Mehr als 20.000 Tote steht hier, das sind ja mehr als bei der Landung in der Normandie. Mehr als an D-Day.

Anderntags gibt es eine Art Holocaust Soap im Lincoln Center. Die verschickten Kinder springen mit Koffern über die Bühne, Schild mit Nummer an einem Bändel um den Hals bezeichnen sie. Die 90 Jahre alte Lore Segal liest aus ihrem Buch. Sie beschreibt die letzten Minuten mit ihren Eltern, die sie niemals wiedersah. Und wie die Eltern das Kind auf diesem Weg begleiten, jedes seine Hand haltend. Das Kind hört mit, als die Eltern sagen, entweder Shanghai oder Brasilien, und das Kind denkt, oh, sie planen alles ohne mich. Und es zieht seine Hand zurück und ist gekränkt. Die Eltern bekamen die Visas nicht.

Ich war lange unterwegs gewesen und machte an einer Art Steh-Buffet halt. Das Chili con Carne war gut und scharf gewürzt. Auf den Tischen stand zwischen zwei Plastikscheiben festgeklemmt: Hier können Sie Ihren Sederteller bestellen. Ich möchte die Karte mitnehmen. Der Kellner sagt, das können Sie nur online nachschauen. Ich schaue online nach. Mitten am Broadway sagt mir ein Geschäft, es wolle jüdische Festlichkeiten ausrichten. Mir ist, als hätte ich mich bekennen müssen. Dabei gibt es hier französische Weißbrote, in allen Größen, rund und länglich, Quiche, so dick und hoch gebacken, dass sich zwei ein Stück teilen. Die großen Brote wirken wie ein Schmuck für diesen Laden, der mit seinen drei Kassen ein hohes Durchlauftempo hat, und trotzdem sind sie hier sehr freundlich und zuvorkommend. Der Kellner, der fragt, ob er abräumen darf, sieht aus, als wäre er aus Tunesien oder Marokko. Auf jeden Fall müssen sie alle schon länger im Land sein. Wer weiß, wann der Travel-Ban auf sie fällt, nachdem die Leute aus Iran, Syrien, Libyen, Jemen, Somalia, Nord-Korea und Venezuela betroffen sind. Seit 2017 erhalten sie keine Einreise-Visa mehr. Sie können ihre Lieben weder da noch da besuchen. Damit sollte es mehr Schutz vor Terror geben, allerdings hatte es aus diesen Ländern keine Terroristen in Great America gegeben. Eine anti-muslimische Aktion.

Irak und Sudan hatten ursprünglich noch auf dieser Liste gestanden. Dass damit gegen Flüchtlings- und Anti-Folter-Konventionen verstoßen wird, hatten die Demonstrierenden an den Flughäfen in New York, Wasington D. C. und anderswo im Land deutlich gemacht. Ich habe für später trotzdem keine Haggada-Texte besorgt, in denen die Fassung wie sie im Buch Exodus der Thora überliefert ist, mit Refugee-welcome und anderen Forderungen zum Beispiel nach Queer-Räumen weitergeschrieben wurde.

Wir gehen einen jüdischen Büstenhalter kaufen. 157 Orchard Street, berühmt für Korsetts. Auch dieses Geschäft sieht aus wie ein Laden im Suk von Jerusalem, ein winziger, fensterloser Schlauch führt in das Ladeninnere. Rechts und links hinter dem Verkaufstresen türmen sich Pappschachteln, beschriftet, manchmal halb herausgezogen, oder der Karton ist ein wenig beschädigt, so als wartete diese Ware schon lange auf Kundinnen. Im winzigen Schaufenster steht ein Torso. BH und Unterhose verkaufen sie nicht mehr, aber das Stück wollen sie auch nicht hereinholen. Das Staubige trügt. Weiter oben – beinahe wird die Decke berührt – sind Korsetts drapiert in glitzerndem Grün und Gold. Accessoires, die Bar-Tänzer*innen benötigen würden? Hier kommen sie wahrscheinlich nicht hin, um einzukaufen. Hinter dem Tresen steht ein großer, dickbäuchiger Mann, weißes Hemd, Zitzen, schwarze Hose, Pejes und eine Kippa. Am schmalen Tresenende sitzt eine noch junge Frau, mit sehr weißem Gesicht, in einer Art Sackkleid, mit einer schwarzen Langhaarperücke. Ich vermute, dass ihre echten Haare genauso aussehen. Eine kleinere, Schwarze gedrungene Frau beginnt zu fragen. Was denn genau? Wie soll ich das wissen. Ich sehe nichts.

Alles ist in diese undurchlässigen Schachteln gepackt. Auch sie trägt eine Perücke, irgendwie rothaarig, glatt. Hinter der jungen Frau gibt es einen Wandvorhang und einen Spiegel. Ich probiere. Ich habe mich vollkommen geirrt, was die Größe betrifft. Keines der beiden Stücke passt. 65 Dollar zusammen, hatte der Mann gesagt, special price. Ein beiges, flammenartig verziertes Stück und ein schwarzes Teil, das mir zuerst wie ein Sport-BH vorkommen will. Aber dann sehe ich die Applikation der schwarzen Blumen an den Trägern. Die Frau mit der Langhaar-Perücke wird zu Hilfe gerufen. Sie schaut mich an. Ich drehe mich um, noch einmal von vorne. Sie hat kein Meterband. Sie schaut nochmal, sagt 34c. Jetzt kommt eine weitere Kundin nach hinten, an mir vorbei. Sie verspricht nicht hinzugucken. Ich höre sie und die mit der rothaarigen Perücke reden. Sie habe dermaßen viel Erfolg mit ihrem Korsett. Sie liebe enge Kleider, und das wäre am Wochenende bereits fantastisch gewesen. Jetzt möchte sie ein zweites Korsett haben. Die Frau kann ihr zeigen, wie sie es machen muss. Wie man das schließt, wenn man das alleine machen muss. Die Kundin sagt, dass es schwierig war, damit zurechtzukommen, als sie während des Empfangs auf die Toilette ging. Die gedrungene Rothaarige murmelt, dass sie das verstehe.

Der dicke Mann hinter dem Tresen zieht beim Sprechen die Töne nach oben. Es klingt, als würde einem ein Loddel etwas nachrufen. Er will mir für zwei schwarze Büstenhalter einen Preis machen. Er sagt, 80 Dollar für beide, das ist doch gut. Wieder zieht er die Stimme süßlich nach oben, als hätte er mir beim Anziehen zugeschaut. Hier ist allerdings alles blickdicht, auch die

Strümpfe der Frauen. Ich sage, Sie könnten eigentlich auf den Preis von 60 Dollar zurückkommen, oder? 65 Dollar, sagt er. Ich sage, gut, 65 Dollar. Ja, aber das andere Stück war eine andere Ware, sagt er, hier sind es jetzt 80 Dollar, das ist ein guter Preis für beide Stücke. Ich sage, nein. Dann nehme ich ein Stück. 41 Dollar für den einen, sagt er. Der Laden schließt um 18 Uhr und macht am Freitag um 15 Uhr zu.

Alle drei Gestalten sind einer Erzählung von Max Brod entsprungen, außer dass Max Brod sicher keine African-amerikanischen Juden oder Verkäuferinnen kannte.

Der hochgezogene Ton des Mannes folgt mir ein paar Straßen weiter. Bei Dean & DeLuca auf Broadway werde ich einen Kaffee trinken. Dean & DeLuca ist im besten Sinne italienisch, voller Delikatessen und sehr groß. Die Waren sind appetitlich geordnet, ein Fest für die Augen. Einen kleinen oder großen Kaffee? Ich sage, einen großen Kaffee bitte. Die Verkäuferin braucht meinen Namen. Mirjam. Sprechen Sie Hebräisch? Ich antworte: Eigentlich nicht. Sie schaut mich weiter an. Ich sage ihr, trotzdem bin ich jüdisch. Und dass mich noch nie jemand auf dem Broadway so etwas gefragt hat. Sie sagt, es ist bestimmt ihr erstes Mal Passover in New York. Ich sage nein. Und sehe ihr Namensschild. Hagar wünscht mir einen schönen Seder. Ich bedanke mich.

Später dröhnt der Chabad-Lubawitsch-Propaganda-Wagen an mir vorbei, der von den zu erwartenden Wohltaten des Messias kündet. Schon am Tag vorher hattte der West-Village-Mitzwa-Wagen am Northern Square Matze Soup angeboten. Meine Begleiterin möchte hier essen. Ich nicht, auf keinen Fall. Ich finde die Männer wahrscheinlich unattraktiv. Auf Union Square hat sich heute ein kosherer Stand platziert. Babette erzählt mir ununterbrochen von einem wunderbaren Brotstand. Und schließlich auch von Breads Bakery, die einzigen, die hier in Marktnähe einen Kaffee haben. Das ist wirklich eine Merkwürdigkeit. Sie sagt, die Israeli Bakery. Ich sage, warum Israeli, das ist eine jüdische Bakery. Sie sagt, sie heißt Israeli Bakery. Ich werde nachschauen oder im Laden fragen. Das verstehe ich jetzt nicht.

Ich hatte meiner Besucherin Lea von dem Laden in der Orchard Street erzählt. Sie hatte gesagt, sie würde eigentlich einen Büstenhalter brauchen. Als ich schließlich losging, textete sie mir, dass sie ihre Pläne ändere und doch nicht einkaufen wolle. Ich weiß jetzt nicht, ob es ihr zuviel wurde, der Zusammenhang von Orthodoxie und Büstenhalter.

Auf Union Square sehe ich so viele Kippa tragende Männer wie nie zuvor.

Am Nebentisch sagt die Frau, die vor ihrem i-Pad sitzt, ins Telefon, dass sie nur eine kleine Gesellschaft sind, mit ungefähr zehn Leuten. Dann spricht sie darüber, dass es ein Freitagabend ist, auf den der erste Sederabend trifft. Sie bemerkt, dass ich mithöre. Am Nebentisch. Wir schauen uns freundlich an. Dann schultert sie ihre Tasche und stakt auf High Boots davon.

Ich nehme den Salat aus der Sonne. Die Blätter sind schon gewaschen und geschnitten. Vor mir war ein Mann an der Reihe. Er füllte seine Tüte, zahlte, ging weg. Ich gebe meine Tüte auf die Waage. Einer der Standleute versucht mir etwas zu sagen, zögert, beginnt noch einmal, sagt, dass er eine besondere Beziehung zu diesem Salat habe, also gerade eben zu jenen Blättern. Er habe sie persönlich heute morgen geschnitten, gerade diese, und wisse nun, dass ich … Ich sage, dass ich sie essen werde. Ja, diese Beziehung, dass er weiß, er hat sie geschnitten, und nun gehen sie von ihm hinüber zu mir, sie … Er bricht ab, ist ein bisschen verlegen, sagt, daran musste er einfach denken. Ich sage ihm, ich werde an ihn denken, wenn ich ihn esse. Ich weiß dann, wer den Salat persönlich geschnitten hat. Er verschwindet im Dunkel des Wagens. Der andere Mann nimmt mein Geld entgegen.

The Jewish Society hat an diesem Mittwoch vor Pessach auf ihrem Marktstand schon lange keine Matzesplitter mit Charosset mehr anzubieten. Die Leute vom Stand sind gegangen, aber sie ließen auf der Tischdecke ein gekochtes Ei liegen, Bitterkraut und andere Symbole, die auf den Sederteller gehören. Ein Gruß an die Vorübergehenden.

Ich frage mich, wann dieses Wundern wohl vorübergehen

würde. Wann es für mich gewöhnlich sein würde, jüdische Menschen um mich herum zu wissen, zu hören, zu mögen oder nicht zu mögen. Die Sache ist ein Selbstversuch. Er funktioniert überhaupt nur, weil ich aus Deutschland komme. Da wo es eine Jüdischkeit gab, aber das jüdische Leben wie mit einer Patina von gestern daherkommt. Als Anstrengung für eine Gewöhnlichkeit, die mir noch niemals begegnet ist. Und als eine Übung darin, wie ein Tag sein könnte, an dem die Entdeckung des Jüdischseins durch welche, die es nicht sind, weder Besorgnis noch Furcht noch Vorsicht auslösen würde. Als würde ich mit jüdischem Gleichmut durch die Gegend gehen.

Babette ist bei einem anderen Seder eingeladen. 30 Leute werden da kommen.

Ich hatte gedacht, ich müsse mich um sie kümmern, damit sie, die Mutter von zwei erwachsenen Töchtern, nicht alleine zuhause sitzt. Als ich sie schließlich traf, hatte sie schon zwei Seder hinter sich gebracht mit wieder anderen Leuten und keine Lust mehr auf Matze. Drei Tage lang Matze sind genug, sagte sie.

Die Leute, die meine Gäste durch den Abend leiten sollten, waren rund 30 Jahre jünger als sie und nahmen es sehr genau. Ich war natürlich froh, dass sie diese Rolle übernahmen. Sie hatten ihr eigenes Haus zuvor auf den Kopf gestellt, sämtliche Brotkrumen oder Mehlsorten außer Mazzemehl entfernt und waren entschlossen, mindestens eine Woche lang nichts anderes zu essen als Matze. An diesem Abend gab es einige kleinere Dissonanzen, weil Karen darauf bestand, dass bei ihr zuhause, und das waren die echten Babylonier – sie und ihr Mann Dennis stammten aus dem Irak und ihre Familien waren in den 40er Jahren eingewandert –, die Babylon niemals verlassen hatten, die Sache mit dem Eintunken in Salzwasser ganz anders war, da hatten die Babylonier stattdessen Zitronensaft hingestellt. Sie tupften auch nicht mit dem Finger in das Rotweinglas und ließen für jede Plage einen Tropfen auf den Teller fallen. Karen machte es umgekehrt. Sie ließ jede Plage in das Rotweinglas fallen, und am Ende wurden alle hinweggetrunken.

Mir war der Zusammenhang von Seder und Kartoffeln völlig unbekannt. Am nächsten Tag ging ich zu einer Familiengesellschaft, bei der es sehr amerikanisch zuging. Die Anwesenden unterhielten sich sofort über ein Hockey-Team, dem ihre patriotische Liebe galt. Der Hausherr sah aus, als wäre er gerade vom Feld gekommen, und die Mutter aus einem Work-Out, allerdings war auf dem blauen T-Shirt, das sie trug, alles aufgemalt, was zu einem anständigen Sederteller gehört. Festlich gekleidet war hier nur das dreijährige Mädchen, das in einem langen Tüllkleid an der Hand seiner Mutter durch die engen Stuhlreihen ging. Der Hausherr versteckte Matze für alle anwesenden Kinder, das war auf jeden Fall schon einmal ein Regelverstoß. Die Großmutter, die beiden erwachsenen Enkel, die Tochter der Großmutter, ihr Mann, ein befreundetes Paar mit einem erwachsenen Sohn, der offenbar eine Verbindung zu der dritten Enkelin hatte. Die beiden verband ihr Downsyndrom, sie redeten undeutlich oder überlaut, auch sie lasen mit in der Haggada, mit Mühe, aber mit Erfolg. Der Hausherr half ein bißchen mit. Später küßte der eine ganz flüchtig die andere auf den Mund, und dann ging es weiter mit einer Art Unterhaltung, die ein bißchen wie ein Unterricht wirkte, wenn die Tischgäste anworteten. Alles drehte sich um die Plagen, die der Herr den Sklavenhaltern des Volkes Israel gesandt hatte, besonders um einen dicken, schweren Frosch, der in der Mitte der weißgedeckten, langen Tafel saß und wahrscheinlich die Zierde eines Vorgartens hatte sein sollen. In der Hälfte des Textes klappten alle die Bücher zu. Jemand muss sie dann eingesammelt haben. Plötzlich waren sie nicht mehr da.

Das ist genug, sagten die Gäste und waren es so gewohnt. Day Dayenu war nur mehr als Refrain bei allen angekommen. Es war ihnen recht. Einer der Anwesenden, ein Lehrer, hatte sich die Plagen als Fingerpuppen auf die Finger seiner Hände aufgesteckt und streckte sie wie im Puppentheater hinter einer Tischplatte in die Höhe. Danach war alles bald zuende.

Bevor alle zur Tafel gerufen worden waren, hatte die Frau des Hauses gechoppte Leber auf den Tisch gestellt und Matze, und der Herr des Hauses schenkte aus einer Flasche eine klare Flüssigkeit ein, die er Tequila nannte. Wahrscheinlich war es Wodka. Von den 28 Gästen konnte einer die Schriftzeichen auf den Papptellern lesen, und manchmal wusste er, was sie bedeuteten. Ein anderer konnte alles, der war aber noch nicht da, er sagte, dass er ein Israeli sei, aber eigentlich ein Russe. Seine Frau stammte aus Lettland, und die beiden sprachen zuhause Jiddisch. Die Tischkarten waren handgeschrieben. Schräg links von mir las ich das Wort »Bubbe«, Großmutter. Es fiel mir ein, dass meine Tochter begonnen hatte, mich so zu rufen, als sie einmal einen Jiddisch-Kurs belegt hatte, für den sie dann nicht genug lernte. Im Leben von anderen noch eine leibhaftige »Bubbe« – sie hätte ihre Freude daran gehabt.

Merkwürdig so unter den Leuten zu sitzen, und sie sind fast alle auch jüdisch. Nichts mehr ist anders oder zu verheimlichen, ich spiele Dazugehören. »Verstehst du, Babette«, sage ich zu ihr. »Es ist diese Merkwürdigkeit in Europa.« Sie sagt: »Das war immer schon so. Mir hatte mein Vater strengstens aufgetragen, nirgendwo etwas zu sagen. Ich bin in Brooklyn geboren. Nie wurde ich von jemandem nach Hause eingeladen, als ich später in der Schule war. Ich verstand nicht, warum. Die Antisemiten waren überall.« Ich stelle fest, dass ich auf Mylife Babette googlen kann, ich kann erfahren, ob sie ein einwandfreies Führungszeugnis hat, ob sie Verkehrsdelikte begangen hat und Strafzettel erhielt, dass sie Doktorin der Psychotherapie ist. Vor zwei Jahren hat sie sich von ihrem kubanischen Freund getrennt. Er war sechs Jahre jünger als sie, ein Albtraum diese Beziehung, aber trotzdem. Babette sagt, ihre Tür stünde offen, wenn er ein Flugticket kaufen würde. Aber das werde nicht geschehen. Ihr Vater hatte als Jurist einen Harvard-Abschluß und trotzdem nirgendwo eine Arbeit finden können. Er begann Geschäfte zu machen. Mehr oder weniger betrügerisch. »Vater wollte nur Juden um sich herum dulden«, sagte Babette. Das war ungefähr 1943, als sie mit sechs zur Grundschule ging. Am Wochenende holt ihr Vater sie in sein Bett. Der Mann, den die Mutter danach heiratet, der Stiefvater wiederholte das. Babette schreibt ein Buch, in dem sie alles beschreibt, Mißbrauch und die Elektroschocks später in der Psychiatrie, sie läßt nichts aus. Das Buch erscheint, Babette Becker ist 81 Jahre alt und betreibt ihre Praxis für Psychotherapie. Ihren Ph.D. hat sie irgendwie dazwischen gemacht, zwischen alleinerziehender Mutter, Lebensmittelmarken vom Sozialamt, prekärer Arbeit und einem Mann, der Ökonom war und nichts zum Leben beitrug.

Ich bin ein bisschen besorgt. Ich wohne mit einer Frau zusammen, die für wenige Tage verreist ist. Ihr gehört das Apartment, und wir haben nicht darüber gesprochen, ob es sie stört, wenn ich einen mit Weizenmehl gebackenen Kuchen im Kühlschrank habe. Fleisch, nein, das nicht. Nichts soll mit ihren Bestecken in Berühung gekommen sein. Ich kaufe kein Fleisch oder Pappteller und Plastikbesteck. Aber den Kuchen hatte ich schon gekauft, und jetzt ist er da, und ich bin jetzt auch nicht mehr glücklich über den Kuchen.

»Die Israeli Bakery hat übrigens schon wieder Brot im Angebot. Sie hatte die ganze Zeit Brot im Angebot. Nur an einem Tag gab es zusätzlich auch etwas aus Matzemehl zu kaufen.« Babette sagt, dass sie unmöglich länger als drei Tage von Matzen leben kann. Sie mache das machmal, wenn ihr nach Diät zumute sei. Es bleibt eine Merkwürdigkeit, wie mein Tischnachbar auf Long Island strahlte, als ihm die Gastgeberin eine Schüssel voller Matzeklöße mitgab, ein grobes, fad schmeckendes, trockenes, ziemlich fest gewordenes Zeug. Auch dieses Zimmes hier hat mit dem Auflauf nichts zu tun, über den Heinrich Heine einmal ein Gedicht schrieb. Das hier ist ein Pantsch aus Süßkartoffelbrei mit pürierten Karotten. Ich kann mich erinnern, dass es eine ähnliche Kost im Krankenhaus gab. Zimmes, ich habe schon Schwierigkeiten mit diesem Gericht, wenn es aus geschnittenen Karotten, Pflaumen, Muskat, Zimt und weiteren Gemüsesorten besteht, mich schaudert, wenn es verkocht ist. Und es soll ja vorgekocht sein, damit das christliche Dienstmädchen bloß noch das Feuer des Herdes anmachen muss und im Hause niemand an Rosch ha schana oder Shabbat arbeitet. Mit diesem Gericht verhält es sich ein wenig so wie mit der Ladenästhetik der jüdischen Besitzer von Crown Heights. Unspektakuläres Ergebnis, steht bei Wikipedia. Eine höfliche Ausdrucksweise. Ein grauenhaftes Gericht, es könnte genügen, um sich vom Glauben abzuwenden. Eigentlich wollte ich noch darüber lamentieren, dass ich mich lange Zeit nicht zu gefillte Fisch verstehen wollte. Angeblich gehöre das zwingend dazu. Zu Seder. Ich kann nur sagen, bei meiner in Deutschland übriggebliebenen Mutter nicht, an keinem Tag. Das ist ein bißchen wie mit Schneerson, er verbreitet sich über die ganze Welt, und dann vergessen die Leute, dass sie bei einer Sekte zu Gast waren.

An diesem Pessach-Tisch in dem Apartment, dessen Besitzerin ich nicht fragte, ob der Weizenmehl-Kuchen in ihrem Kühlschrank stehen dürfe, nahm stattdessen auch noch die Urgroßmutter aus der Ukraine Platz.

Die Leute, die meine Gäste durch den Abend leiteten, sprachen von ihr. Stellvertretend für sie argumentierten sie mit Karen, die bemerkte, zu den wirklichen Babyloniern zu gehören, und da war es eben so und so gewesen. Ich war mir sicher, dass der gefillte Fisch eher zur Ukraine gehörte. Das Problem hatte sich jedoch erledigt, weil die Wohnungsbesitzerin Vegetarierin war und der gefillte Fisch, egal ob rituell oder nicht, für die Tafel ausschied ebenso wie das Hühnchen-Rezept derer, die den Ritus kompetent begleiteten. Am Ende waren die meisten doch Amerikaner*innen und gleichzeitig welche, die sich an diesem Abend wie im Raum der Jahrtausende bewegten, für einen Moment feierlich innehielten und Juden waren.

Tödlicher Antisemitismus. Was geschah in Halle

Der Attentäter von Halle in Deutschland erschoss am 9. Oktober 2019 zwei Menschen und versuchte neun weitere Menschen zu ermorden. Er war gekommen, um die in der Synagoge während des höchsten Feiertags Yom Kippur zusammengekommenen jüdischen Menschen zu töten. 51 Menschen hatten sich versammelt. Der Täter wollte mit einem Maschinengewehr bewaffnet in die Synagoge eindringen und schleuderte vier Brandsätze über die Mauer des angrenzenden jüdischen Friedhofs. Die hölzerne Tür war sehr schwer, und der Mörder konnte sie mit seiner Waffe und seiner Munition nicht aufsprengen. Als es dem Täter nicht gelang, Jüd*innen zu töten, tötete er andere Menschen. Kevin S., der in einem Döner-Imbiss war. Kevin S. wurde für den Täter sozusagen der, dem das Türkische, das Eingewanderte, mutmaßlich das Muslimische anhaftete. Als »Nahöstler«, sagte der mutmaßliche Täter Stephan B. später, habe er den erschossenen Handwerker verwechselt. Er wurde für und anstelle von jemand anderem erschossen. Jana L., eine nicht-jüdische Hallenserin, die der Täter erschoß, während er die Besucherinnen und Besucher der Synagoge meinte, ist vielleicht anstelle der jüdischen Menschen gestorben und weil sie eine Frau war.

Katrina Turner, eine Vertreterin der African-American Community in Charlottesville, brach in Tränen aus, als sie 2017 nach dem Einmarsch des Ku-Klux-Klan in die Stadt über ihre Erinnerung an den Tag berichtete, an dem Heather Heyer, eine Gegendemonstrantin, getötet wurde und zahlreiche weitere Menschen verletzt wurden. Katrina Turner wiederholte ihren Satz zweimal: »... dass eine Weiße für uns gestorben ist.« Die Ku-Klux-Klan-Anhänger hatten bei ihrem Einmarsch die Parole skandiert: »The Jew will not replace us«. »Der Jude wird uns nicht verdrängen.« Die Figur »Jude« steht hier dafür, dass die Herrschaft der Weißen bedroht sei. In diesem Sinne avanciert das Jüdisch-Sein zum »Anders-Sein« schlechthin und wird verdichteter Ausdruck aller Bestrebungen, die ein »arisch« gesundes, reines Menschenbild stören könnten.

Der »Jude« wird in diesen Milieus auch zum Repräsentanten linker politischer Positionen, für queere, feministische und diverse Weltanschauungen, einschließlich vorgeblich Verderben bringender Menschlichkeit wie der Aufnahme von geflüchteten Menschen und der Absicht, mit Muslimen in friedlicher Nachbarschaft leben zu wollen. Diese Muster sind samt und sonders bekannt, und es hatte diese Leute historisch auch nichts daran gehindert, jüdische Menschen als rote Gefahr zu sehen, während sie gleichzeitig als kapitalistische Blutsauger gebrandmarkt wurden.

Den Anschlag in Halle unterscheidet von den Taten in Pittsburgh, Christchurch und in Frankreich nicht der ideologische Fanatismus, nicht die Kaltblütigkeit, sondern die Tatsache, dass der Anschlag in einem Land stattfindet, in dem die »Endlösung« unter den Nazis Staatsangelegenheit war. Das Bild von Menschen, die in einer Synagoge gefangen sind, wird überlagert von Menschen, die in eine Synagoge getrieben wurden. Hinter ihnen wurden die Ausgänge versperrt, und die Einsatzkommandos der Deutschen zündeten sie an.

Nachdem Millionen jüdischer Menschen getötet oder vertrieben worden waren, musste nach 1945 jedwedes politische Establishment die wenigen Übriggebliebenen erst tolerieren und später gelegentlich hofieren. Deutschlands Bundeskanzlerin Angela Merkel erklärte angesichts des Anschlags: »Wir sind froh über jede Synagoge, über jede jüdische Gemeinde und über alles jüdisches Leben in unserem Land.« Bundespräsident Frank-Walter Steinmeier erklärte am Tag nach dem Anschlag auf einer Veranstaltung zur Begehung des 10-jährigen Jubiläums des jüdischen Studienwerks ELES: »Mit großer Überzeugung und aus vollem Herzen (…) Ja. Wir wollen die jüdische Gemeinschaft in unserem Land.« Und weiter: »Wir verurteilen Angriffe auf jüdische Bürger. Und wir begreifen den Antisemitismus als Angriff auf uns alle, auf unsere liberale Ordnung, auf unser Zusammenleben in einer Gesellschaft, die stolz ist auf ihre Vielfalt, die sich bewusst entschieden hat, nicht im Gleichschritt zu marschieren.« Ich muss zugeben, dass ich nicht undankbar dafür bin, dass hier nicht mehr von jüdischen »Mit«-Bürgern die Rede ist und für die Bestimmtheit, mit der ein antisemitischer Mordversuch als antisemitisch bezeichnet wird.

Diese öffentliche Wertschätzung hat die islamische Community mit etwa 4,5 Millionen Zugehörigen in Deutschland bis heute nicht erfahren. Eine Aufmerksamkeit für angezündete Moscheen oder bespuckte Kopftuch-Träger*innen läßt auf der politischen Bühne mit Ausnahme sehr weniger Politiker*innen auf sich warten. Der Geschäftsführer des im Jahr 2013 gegründeten islamischen Studienwerks Avicenna Hakan Tosuner ist es, der auf jener ELES-Veranstaltung sagt: »Gerade in Anbetracht des tragischen Ereignisses von gestern ist der jüdisch-muslimische Schulterschluss bedeutender denn je. Egal ob Synagogen oder Moscheen angegriffen werden; egal ob Personen mit Kopftuch oder Kippa physisch oder verbal attackiert werden, wir müssen uns miteinander solidarisieren.«

Vielleicht ist es unpassend, diese Gedanken jetzt vorzutragen. Aber es bleibt eine Tatsache, dass diese Bedrohung weder erst jetzt offenbar geworden ist, noch dass sie andere Bürger*innen leider nicht auch beträfe. Die Sinti*zze und Angehörige der Roma-Minderheiten sind einer Kontinuität von Bedrohung ausgesetzt, die es auch für diese Minderheit nötig macht, eine besondere Schutzmauer vor dem Eingang ihres Zentrums in Baden-Württemberg zu errichten. Vier Tage nach Halle erhielt der Vorsitzende des Verbands, Daniel Strauß, eine Anschlagsdrohung auf seinem Privat-Handy: »Nach Halle ist jetzt euer Kulturhaus dran. Bis bald.« Auch diese Minderheit ist in Deutschland, Österreich und den Balkan-Ländern dem Rassenwahn der Nationalsozialisten zum Opfer gefallen.

Die öffentliche Verurteilung des Terrorakts von Halle ist wichtig und hat einen spezifischen historischen Bezug. Sie demonstriert, dass wir uns nicht in nationalsozialistischer Kontinuität bewegen, sondern in der Demokratie, die mörderischen Antisemitismus ächten will.

Die konsequente Unterschätzung extrem rechter Gewaltbereitschaft konterkariert solche symbolischen Verurteilungen, und sie erscheinen wie bloße Lippenbekenntnisse. Seit der Zuwanderung geflüchteter Menschen im Jahr 2015 hat sich medial und politisch ein Bedürfnis entwickelt, Antisemitismus jenen »Fremden« zuzuordnen und damit die mehrheitsdeutsche Gesellschaft quasi zu exkulpieren. Dafür gab und gibt es wissenschaftlich keine Belege.

Ich komme zurück zu jenem Satz des Bundespräsidenten: »Ja. Wir wollen die jüdische Gemeinschaft in unserem Land.« Es fällt vielleicht auf, dass ich diesen Satz nicht umwidmen könnte auf die Gemeinschaft der Rom*nja und Sinti*zze, die islamische Gemeinschaft oder die türkische Community. Es gibt ihn als Universalbehauptung gegenüber allen Bürger*innen nicht, da bleibt er ungesagt und würde, wenn er gesagt worden wäre, nicht stimmen.

Ich muss zugeben, dass ich persönlich auch nicht nach solch einem Satz verlange. Es muss überhaupt niemand froh oder nicht froh darüber sein, dass es mich gibt. Ich bin da, gleichgültig, ob jemand darüber froh ist oder nicht. Steht es staatlichen Repräsentanten zu, mich wie ein Mündel willkommen zu heißen? Legitimiert sich diese Haltung durch die Zugehörigkeit zu einer Mehrheit? Im Kern handelt es sich um die Umkehrung der Haltung, über jemanden unfroh zu sein und sie oder ihn »nachhause« zu schicken, wie Donald Trump es mit den demokratischen Abgeordneten Ilhan Omar, Rashida Tlaib, Alexandria Ocasio-Cortez und Ayanna Pressley tut, denen er abspricht, »richtige« Amerikanerinnen zu sein. Die ehemalige deutsche Integrationsministerin und Bundestagsabgeordnete Aydan Özoğuz wurde von AFD-Politiker Alexander Gauland zur »Entsorgung« empfohlen, sein Parteigenosse redete im Zusammenhang ihrer Person von »dahinscheren, wo sie hingehören«. Der Gegner soll niedrig, die »Rasse« als »fremd« gebrandmarkt werden. Dieser Sprachgebrauch des legalen politischen Arms des rechten und rechtsextremistischen Milieus setzt sich fort im Kampf um den öffentlichen Raum, um die politische Meinung des Anderen. Antifaschistische Projekte und linksstehende Intitiativen, Buchhändler und andere, werden mit Brandsätzen und Morddrohungen angegriffen. Allerdings war es erst der nur fünf Monate zurückliegende Mord an dem christdemokratischen Regierungspräsidenten der Stadt Kassel Walter Lübcke mutmaßlich durch den Neonazi Stephan E., der – mit Verzögerung – einen Aufschrei im politischen Establishment zur Folge hatte.

Walter Lübcke war der Verpflichtung nachgekommen, sich um Schutz suchende Menschen zu kümmern, die ins Land gekommen und vor Diktatur und Bürgerkrieg geflohen waren. Er hatte offenbar die Gefühle der Rechtsextremisten verletzt, als er davon sprach, wer solche Wertvorstellungen nicht teile, dem sei es unbenommen, Deutschland zu verlassen.

Diesem Mord vorausgegangen ist die Mordserie des NSU (Nationalsozialistischer Untergrund), dessen Opfer neun Menschen aus Einwandererfamilien und eine Polizistin geworden sind, Bombenanschläge in Köln mit zahlreichen Verletzten; bekannt geworden 2011. Im Prozess in München, der 2018 zu Ende gegangen ist, wurde Beate Zschäpe zu lebenslanger Haft verurteilt, das Strafmaß war in den Augen der Angehörigen entlastend für die weiteren Angeklagten. Es war deutlich, dass sich das Gericht bemüht hatte, den Täterkreis auf das Kern-Trio und das unmittelbare Umfeld zu beschränken. Weitere Ermittlungen waren unterblieben, zum Beispiel im Zusammenhang mit der 10.000 Adressen umfassenden Zieldatenliste der Rechtsextremisten, die aufgefunden worden war und auf der 233 Ziele mit Bezug zu jüdischem Leben auszumachen waren sowie eine weit darüberhinausgehende Anzahl von Zielen mit Bezug zu Einwanderer-Communities und Zielen, die Politiker*innen und Parteien betreffen.

Antisemitisch motivierte Straftaten sind spätestens seit 1980, seit der Ermordung des Rabbiners und Verlegers Shlomo Lewin und seiner Lebensgefährtin Frida Poeschke, Brandanschlägen auf die Erfurter Synagoge, den Verletzten in Düsseldorf-Wehrhahn und an anderen Orten bekannt: 1980, 1992, 1996, 2000, 2003 … Trotzdem wird fast gebetsmühlenartig nach jeder rechtsextremistischen Gewalttat wiederholt, es handle sich um Einzeltäter. Erst nach und nach wird eine Gefährdung durch die gewaltbereiten, neonazistisch verfassten Netzwerke wahrgenommen. Bereits am 15. November 2018 hatte auf Einladung des Innenministers von Sachsen-Anhalt, Holger Stahlknecht, zu diesem Zeitpunkt auch Vorsitzender der Innenminister der Länder, das Büro für demokratische Institutionen und Menschenrechte (ODIHR) der OSZE auf einer Veranstaltung mit »hochrangigen Vertreter*innen aus Polizei, Justiz, Verfassungsschutz und Politik einen umfassenden Leitfaden ›Antisemitische Hassverbrechen bekämpfen – jüdische Gemeinden schützen‹ vorgestellt und dessen Bedeutung für die lokale Situation diskutiert.« Ich zitiere aus dem Hintergrundpapier der Mobilen Opferberatung für Betroffene rechter, rassistischer und antisemitischer Gewalt in Sachsen-Anhalt vom 4.4.2020. Deutlich und dringlich war darauf hingewiesen worden, dass es notwendig ist, jüdische Einrichtungen und Synagogen an allen hohen Feiertagen zu schützen. Ohne Resonanz bei den staatlichen Behörden. Einen Arbeitsplan des anwesenden Ansprechpartners für jüdisches Leben in Sachsen-Anhalt und gegen Antisemitismus, Dr. Wolfgang Schneiß, für das Jahr 2019 zu diesem Thema gibt es nicht. Ebenfalls anwesend war Dr. Felix Klein, Beauftragter der Bundesregierung für jüdisches Leben in Deutschland und den Kampf gegen Antisemitismus. Noch im August 2019 zählte das Bundeskriminalamt 41 Gefährder. Die Zahl gewaltbereiter Rechtsextremisten wird mit 12.700 angegeben. Ihre Sympathisanten sollen mehr als doppelt so viele sein. Mindestens neun Anklagen gegenüber NSU-Unterstützer*innen stehen aus. Über 500 Haftbefehle gegen Neonazis sind nicht vollzogen.

Es ist an der Zeit, dass die Sicherheitsapparate in unabhängigen Kommissionen untersucht werden, weil sie es nicht nur unterlassen, gegen Rechtsextremismus vorzugehen, sondern möglicherweise darin selbst verstrickt sind. Zahlreiche Vorfälle in der Polizei in Hessen, Thüringen und in der Bundeswehr deuten auf diese

Möglichkeit hin. Die Nebenklagevertreterin für die Familie des ermordeten Enver Şimşek, Seda Başay-Yıldız, wurde, unterschrieben mit »NSU 2.0«, mit Todesdrohungen überzogen. Im Chat von Polizeibeamten aus Frankfurt am Main, die im Verdacht stehen, ihre Adresse an den »NSU 2.0« weitergegeben zu haben, fanden sich Verherrlichungen Adolf Hitlers. Damit beziehen sich die Akteur*innen nicht nur auf rassistische und eliminatorische Versatzstücke der NS-Ideologie, sondern per se auf eine antisemitisch konnotierte Todesdrohung. Ein Pegida-Anhänger drückte diesen Zusammenhang einmal aus, als er sagte, *6 Millionen* Muslime seien doch wirklich zuviel. Eine Zahl, mit der die Ermordung der Juden in Europa während der Shoah bezeichnet wird.

Die Täter und Täterinnen des nationalsozialistischen Regimes blieben weitgehend straflos. Diese Kultur der Straflosigkeit hat sich im Zusammenhang des Rechtsextremismus im demokratischen System fortgesetzt und verbreitet. Das ist das eigentliche Problem. Die antifaschistischen Initiativen und Archive verfügen über umfangreiches Recherchematerial. Ihnen ist es zu verdanken, dass nicht alles unter den Teppich gekehrt werden kann.

Die AfD streitet als politischer Arm der Gewalttäter*innen ab, mit den Taten etwas zu tun zu haben. Dabei sind sie es, welche die ideologischen Brandsätze seit langem legen. Auch aus den Reihen der FPÖ sind immer wieder judenfeindliche Bemerkungen zu hören, und die Leugnung, dass es sich hier um ein ideologisches System handelt, folgt auf dem Fuß. Das sind unglaubwürdige Kaschierungen einer nazifreundlichen Haltung.

Die Bürger*innen können verlangen, dass gegen die rechtsextremen Brandstifter*innen, gegen ihre geistigen Ziehväter und -mütter, gegen ihre Netzwerke ermittelt wird. Eine Koketterie mit solchem Gedankengut ist nicht nur geschmacklos, sondern angesichts der Brutalität des Milieus der Anfang vom Ende.

Initiativen wie »unteilbar« oder »wir sind die vielen« machen klar, dass sie dem völkisch gefärbten »Ihr seid die Fremden« ein »wir« entgegensetzen. 35.000 Menschen demonstrierten im August 2019 in Dresden für diese Haltung.

Wenn ich auf jenen Satz verzichte, der Satz, der vereinfacht lautet »Ich bin froh, dass es Sie gibt«, so verzichte ich dagegen ganz und gar nicht auf das Aufgehobensein als jüdischer Mensch in der Gemeinschaft derer, die sich als Protagonist*innen der Vielen, der Gesellschaft der Vielen, Unteilbaren oder ähnlicher Initiativen sehen. Bei der Einweihung des Baum-Denkmals für die Ermordeten des NSU in Zwickau am 3. November 2019 fanden neben der Oberbürgermeisterin Pia Findeiß (SPD) auch die weiteren Redner*innen einschließlich eines Sprechers von Tribunal »NSU-Komplex auflösen« kein Wort zum Anschlag und den Morden in dem zwei Stunden entfernten Halle. Das im Jahr 2017 in Köln ins Leben gerufene unabhängige Bündnis zur Untersuchung und Anklage im Zusammenhang mit den NSU-Morden führte 2019 in Chemnitz eine weitere antirassistisch orientierte Veranstaltung durch und nahm auch in Zwickau an der Zeremonie teil.

Jetzt könnte ich in Anlehnung an die unterbliebenen Ermittlungen staatlicher Behörden gegen den NSU den Vorgang als ein *Versehen* bezeichnen. Ist es ein Versehen, dass die Bedrohung der jüdischen Menschen und damit sozusagen der jüdische Mensch »invisible«, also unsichtbar wurde? Oder ist es eben jene Form von Antisemitismus, die uns in vielen anderen Zusammenhängen ebenfalls begegnet. Nicht willentlich, nein, natürlich nicht.

Wohin? Wie weiter?

Wenn ich die Liste der Opfer rechter Gewalt in Sachsen-Anhalt ansehe, finden sich viele Menschen darunter, die wahrscheinlich keine Bindestrich-Herkünfte haben, sondern deutsch-deutscher Herkunft sind. Opfer einer Willkür, Opfer als Pauperisierte, Opfer als solche, die Nazis widersprachen. Sie alle gehören aufgehoben in die Solidarität derer, die sich für Betroffene rechter, rassistischer und antisemitischer Gewalt einsetzen. Es wäre gut, diese Arbeit nicht nur als fortdauernde Bewegung der Abwehr oder Betreuung anzusehen, sondern als Teil einer Bürgerrechtsbewegung. Wohin wollen die Akteure, die Betroffenen und jene, die sich an ihre Seite stellen oder stellen wollen? Die Diskurse um Identität, die Selbst-Organisationen von People of Color oder BPoC, Schwarzer Deutscher oder von Rom*nja und Sinti*zze, mit der sicherlich längsten Geschichte einer Bürgerrechtsbewegung der jüngeren Geschichte nach 1945, dies alles sind notwendige Prozesse. Der rechten und rechtsextremen Sammlungsbewegung, die sich parlamentarisch und außerparlamentarisch platziert, kann jedoch nicht mit einer Fortsetzung oder Ausweitung der Debatten um Identitäten begegnet werden. Eine Bürgerrechtsbewegung, die das Recht aller zu *sein* einfordert, kann sich Ideologismen nicht leisten. Sie kann auch auf Akteure unterschiedlicher politischer Orientierung nicht verzichten. Bei Akzeptanz aller Unterschiedlichkeit käme es eben jetzt darauf an, die Gemeinschaft – der Vielen – zu stärken.

Sie kann sich möglicherweise nur in einer gewollten und bewussten Zusammenführung gegenüber einer weißen gesellschaftlichen Dominanz Gehör verschaffen und Positionen der Teilhabe gewinnen. Nichts deutet darauf hin, dass die Bewegung rasche Erfolge haben wird. Nur: Verzichten kann man auf diesem Weg auf niemanden. Black Lives Matter, Turkish Lives Matter, Jewish Lives Matter, Rom*nja und Sinti*zze Lives Matter, Muslim Lives Matter …

Im Grunde geht es darum, dass der Bürgersteig allen gehört. Allen, die auf ihm gehen wollen, und keine Gruppe kann beschließen, ob jemand da gehen darf oder nicht. Das ist voraussetzungslos und nicht verhandelbar.

Frankfurter Erklärung oder andere Belange

Vor wenigen Wochen erschien die »Frankfurter Erklärung in Solidarität mit den Betroffenen rechter, rassistischer und antisemitischer Gewalt«. Frankfurter Erklärung klingt nach Paulskirche und dem Ort, an dem zum ersten Mal in deutschen Landen ein frei gewähltes Parlament zusammentrat. Das war von 1848 bis 1849. Seither ist die Frankfurter Paulskirche ein Symbol der demokratischen Bewegung in Deutschland, eines der raren Symbole, was etwas aussagt über den Zustand der demokratischen Bewegung. Seither wird der Ort für Gedenkveranstaltungen und repräsentative Feierlichkeiten genutzt. So war es auch dieser Ort, an dem der Schriftsteller Martin Walser seine Rede zum Friedenspreis des deutschen Buchhandels hielt, in der er von der »Auschwitzkeule« sprach. »Erfahrungen beim Verfassen einer Sonntagsrede« hatte die Rede geheißen und die Verleihung des Preises war damit begründet worden, dass es dem Schriftsteller gelungen sei, »den Deutschen das eigene Land und der Welt Deutschland erklärt und wieder nahegebracht« zu haben. Der damalige Präsident des Zentralrats der Juden in Deutschland Ignatz Bubis war anwesend und schloß sich dem Applaus nicht an. 1.200 Gäste aus Kultur, Wirtschaft und Politik hatten sich mit Beifall erhoben. Es folgte die sogenannte Walser/Bubis-Debatte, an der sich viele Intellektuelle beteiligten. Das war im Jahr 1998. Sätze wie »Ich verschließe mich Übeln, an deren Behebung ich nicht mitwirken kann. Ich habe lernen müssen, wegzuschauen« werden durch den Dichter geäußert. Die Berichterstattung über die Pogrome von Rostock-Lichtenhagen (1992), die sich gegen Asylsuchende richteten, sei angeblich aufreißerisch gewesen, und dieses prangert der Dichter an. Das empörende Ereignis verschwindet hinter einem behaupteten Sekundärphänomen, eine Form der Stellungnahme, wie sie mir auch im Fall Gurlitt aufgefallen ist. Hier hebt die Darstellung zu Eingang einer Ausstellung in Berlin 2018 darauf ab, dass und wie die Presse zu diesem Fall Stellung genommen habe. Der Fall selbst – es geht hier um Raubkunst, um Profit durch die Aneignung von Kunst, die als »artfremd« erklärt und durch die Nazis beschlagnahmt worden war – tritt in den Hintergrund, die Ungeheuerlichkeit des Vorgangs verschwindet oder wird relativiert durch die Eröffnung einer Debatte über das angeblich schädliche »Wie«. Wobei – da bin ich mir ziemlich sicher – die Hartnäckigkeit der Presse einen Anteil daran gehabt haben dürfte, dass die Sammlung schließlich beschlagnahmt wurde. Und dabei bleibe ich ganz entschieden, diese Beschlagnahmung war unerläßlich geworden, um den Verdacht, es handle sich um Raubkunst, abzuklären. Es ist ja nicht so, dass es auf diesem Gebiet bislang besonderen Eifer der deutschen Behörden gegeben hätte, den Geschädigten wieder zu ihrem Eigentum zu verhelfen.

Mehr als zwanzig Jahre später erscheint es von besonderer Absurdität, dass ein Intellektueller und Schriftsteller wie Martin Walser andere Intellektuelle als »Treuhänder des Gewissens« schmähte, bis schließlich jener Satz fiel: »Jeder kennt unsere geschichtliche Last, die unvergängliche Schande, kein Tag, an dem sie uns nicht vorgehalten wird.«

Die damals geführte Auseinandersetzung erscheint in der Rückschau seltsam entrückt geführt worden zu sein. Denn sie fand in einem politischen Klima statt, in dem sich die Beteiligten allesamt einem demokratischen Milieu zugehörig fühlten. Und diese Zugehörigkeit für sich reklamierten.

Mit der AfD und deren thüringischem Fraktionsvorsitzenden Björn Höcke wird nun – mit Deckung von Alexander Gauland, dem Fraktions- und stellvertretenden Parteivorsitzenden – das Reden über den Holocaust in einem Ausmaß folgenreich, wie es noch bei der Walser/Bubis-Debatte nicht vorstellbar war. Jener Björn Höcke ist bereits 2017 als Ehrengast von Donald Trump empfangen worden. Was hat er am 17. 1. 2017 auf einer Veranstaltung der Junge Alternative für Deutschland in Dresden gesagt? Höcke hat über das Denkmal zur Erinnerung an die Ermordung der Juden Europas in Berlin als ein »Denkmal der Schande« gesprochen, darüber, dass die Erinnerungspolitiken eine »dämliche Bewältigungspolitik« darstellten, und er hat eine »erinnungspolitische Wende um 180 Grad« gefordert. Alexander Gauland legte ein Jahr später nach: »Hitler und die Nazis sind nur ein Vogelschiß in über 1000 Jahren erfolgreicher deutscher Geschichte.« Mit dem gleichzeitig nationalistischen und populistischen Auftreten der AfD in den Parlamenten der Länder und des Bundes werden Rede- und Denkfiguren in durchaus anderer Weise bedrohlich, als wir das vor zwanzig Jahren der Wirkmächtigkeit einer Rede des Schriftstellers zuschrieben.

Diese Partei ist durch die Wahlergebnisse handlungsmächtig geworden, ihr Auftreten zielt auf die Demontage des Rechtsstaats ab. Ich erwähne, dass die Bundesregierung die Äußerungen Alexander Gaulands und Björn Höckes verurteilte. Martin Walser hatte gesagt: »Manchmal, wenn ich nirgends mehr hinschauen kann, ohne von einer Beschuldigung attackiert zu werden, muss ich mir zu meiner Entlastung einreden, in den Medien sei auch eine Routine des Beschuldigens entstanden. … Kein ernstzunehmender Mensch leugnet Auschwitz; kein noch zurechnungsfähiger Mensch deutelt an der Grauenhaftigkeit von Auschwitz herum; wenn mir aber jeden Tag in den Medien diese Vergangenheit vorgehalten wird, merke ich, dass sich in mir etwas gegen diese Dauerpräsentation unserer Schande wehrt. Anstatt dankbar zu sein für die unaufhörliche Präsentation unserer Schande, fange ich an wegzuschauen. … bin fast froh, wenn ich glaube, entdecken zu können, dass öfter nicht mehr das Gedenken, das Nichtvergessendürfen das Motiv ist, sondern die Instrumentalisierung unserer Schande zu gegenwärtigen Zwecken.«

Die in ihrem Kern verharmlosenden und relativierenden Bemerkungen über die Unpässlichkeit eines Schriftstellers werden im Munde der Realpolitiker*innen von der Rechten und der extremen Rechten zu Brandsätzen. Und so sind sie auch gemeint. Die Verfassungsschutzämter prüften, ob sie die Partei oder deren rechtsextreme Mitglieder beobachten. Teils wurde eine Beobachtung eingeleitet. Wir haben es mit einer rechtsgerichteten Sammlungsbewegung zu tun.

Ich komme zurück zur Frankfurter Erklärung. Sie ist überschrieben mit »Solidarität mit den Betroffenen rechter, rassistischer und antisemitischer Gewalt«. Die Erstunterzeichner*innen sind die Bildungsstätte Anne Frank, Zentrum für politische Bildung und Beratung Hessen, Frankfurt a. M., der Bundesverband Türkische Gemeinde in Deutschland (TGD), Esther Dischereit als Mitinitiatorin, Republikanischer Anwältinnen- und Anwälteverein (RAV e. V.), Türkische Gemeinde Hessen, Verband der Beratungsstellen für Betroffene rechter, rassistischer und antisemitischer Gewalt e. V. In der Erklärung wird ein Ende der Bagatellisierung von rechts, rassistisch und antisemitisch motivierten Straftaten durch politisch Verantwortliche verlangt sowie die Anerkennung der Tatsache, dass es ein strukturelles Problem des rechten Gedankenguts und des Rassismus im hessischen Polizeiapparat gibt. Es wird eine umfassende und transparente Aufklärung aller rechts, rassistisch und antisemitisch motivierten Gewalttaten verlangt sowie eine Untersuchung über die Rolle der Polizei und des Landesamts für Verfassungsschutz. Eine unabhängige Untersuchungskommission wird gefordert. Des weiteren geht es um die Einrichtung einer Beschwerdestelle für polizeiliches Fehlverhalten, einer Anlaufstelle, die dringend außerhalb der Polizeibehörden angesiedelt und unabhängig sein soll.

Was ist der Hintergrund? Um das verständlich zu machen, muss ich von mehr als ein Jahrzehnt zurückliegenden Ereignissen berichten. Ereignissen, die dennoch erst im November 2011 offenbar wurden. Ich spreche von der Mordserie des sogenannten NSU. Dabei handelte es sich um eine als Zelle operierende Gruppe dreier Täter*innen, die seit 1998 eine Serie von Morden an Einwanderern verübte, – ein weiteres Opfer ist eine Polizistin –, zwei Bombenanschläge mit zahlreichen, teils Schwerstverletzten und eine Reihe von Raubüberfällen. Ich habe in meinem Buch »Blumen für Otello. Über die Verbrechen von Jena« die Geschichte der Ermordeten und ihrer Familien zum Thema gemacht. Gleichzeitig ist das Buch ein Libretto. Ich habe diese Arbeit unmittelbar nach Bekanntwerden der rassistischen Mordserie begonnen. Bis zu 13 Jahren lang waren die Hinterbliebenen und Überlebenden im Unklaren darüber gelassen worden, wer die Täter waren. Sie waren sogar verdächtigt worden, selbst in die Mordtaten verwickelt gewesen zu sein. Ein rassistisch motiviertes Mordmotiv war durch die Ermittlungsbehörden ausgeschlossen worden. Dies hatte zahlreiche, auch soziale Folgen nach sich gezogen, und die Betroffenen waren ohne Anteilnahme, ohne Empathie geblieben. Ich wusste aus der Erfahrung des Schweigens und Verschweigens der Ermordeten im Holocaust, dass es für die Überlebenden einen Unterschied macht, ob sie und ihr Schicksal im öffentlichen Raum sichtbar sind und ob sie Anteilnahme erfahren oder nicht. Es hat in Deutschland viele Jahrzehnte gedauert, bis die Getöteten der Shoah im Gedenken der Gesellschaft, in der Erinnerung der Gesellschaft, im Denken und Sprechen im öffentlichen Raum einen Platz erhielten und bis es zu symbolischen Gesten der Entschädigung kam, zuletzt für die überlebenden Kinder, die Kinder, die unbegleitet auf die Flucht geschickt worden waren, und ab 1. Januar 2019 für die Kinder des Kindertransports, die nunmehr, nach dem 80. Jahrestag des ersten Kindertransports einen Entschädigungsfonds in Anspruch nehmen können.

Die Betroffenen der rassistischen Morde waren nicht nur nicht getröstet worden, sondern wurden selbst outcasts, soziale underdogs, obskure »Milieu«-Zugehörige und fielen einer sozialen Ächtung anheim. Niemand kann das wiedergutmachen. Dies alles kam mit dem Offenbarwerden des sog. NSU-Trios ans Licht. Unendlich lange waren die Angehörigen alleingelassen worden. Das ist der Hintergrund dieser Arbeit. Ich zitiere nach dem Buch »Blumen für Otello Über die Verbrechen von Jena«. Ich erweiterte die Liste um die Morde und Anschläge nach 2011, die ebenfalls rechtsextremen Tätern zuzurechnen sind.

18.12.1998	Edeka-Markt Chemnitz. Beute: rund 30.000 DM, Raubüberfall
23.06.1999	»Taschenlampen-Bombe« Nürnberg, in Gaststätte eines türkischen Betreibers, ein 18jähriger türkischer Mann schwerverletzt
06.10.1999	Postfiliale Chemnitz, Beute: 5.787,59 DM, Raubüberfall
27.10.1999	Postfiliale Chemnitz, Beute: 62.822,70 DM, Raubüberfall
09.09.2000	Mord an Enver Şimşek in Nürnberg
30.11.2000	Postfiliale Chemnitz, Beute: 38.902,00 DM, Raubüberfall
19.01.2001	Bombe Probsteigasse Köln, iranisches Geschäft, eine Schwerverletzte
13.06.2001	Mord an Abdurrahim Özüdoğru in Nürnberg
27.06.2001	Mord an Süleyman Taşköprü in Hamburg
05.07.2001	Postfiliale Zwickau, Beute: 74.787,80 DM, Raubüberfall
29.08.2001	Mord an Habil Kılıç in München. Fünf Jahre später: Anschlag im Olympia-Einkaufszentrum in München, neun Menschen sterben, zahlreiche Verletzte
25.09.2002	Sparkasse Zwickau, Beute: 48.571,00 Euro, Raubüberfall
23.09.2003	Sparkasse Chemnitz, Beute: 435,00 Euro, Raubüberfall
25.02.2004	Mord an Mehmet Turgut in Rostock
14.05.2004	Sparkasse Chemnitz, Beute: 33.175,00 Euro, Raubüberfall
18.05.2004	Sparkasse Chemnitz, Beute: 73.815,00 Euro, Raubüberfall
09.06.2004	Bombenanschlag in der Keupstraße, Köln, 22 Verletzte

09. 06. 2005	Mord an İsmail Yaşar in Nürnberg
15. 06. 2005	Mord an Theodoros Boulgarides in München
22. 11. 2005	Sparkasse Chemnitz, versuchter Raubüberfall
04. 04. 2006	Mord an Mehmet Kubaşik in Dortmund
06. 04. 2006	Mord an Halit Yozgat in Kassel
05. 10. 2006	Sparkasse Zwickau, versuchter Banküberfall. Ein Angestellter erleidet lebensgefährliche Verletzungen.
07. 11. 2006	Sparkasse Stralsund, Beute: 84.995,00 Euro, Raubüberfall
18. 01. 2007	Sparkasse Stralsund, Beute: 169.970,00 Euro, Raubüberfall
25. 04. 2007	Mord an Michèle Kiesewetter in Heilbronn, Martin A. überlebt schwerverletzt
07. 09. 2011	Sparkasse Arnstadt, Beute: 15.000,00 Euro, Raubüberfall
04. 11. 2011	Sparkasse Eisenach, Beute: 71.915,00 Euro, Raubüberfall

02. 06. 2019	Mord an Walter Lübcke, bei Kassel
09. 10. 2019	Anschlag auf 51 Synagogenbesucher*innen in Halle. Mord an Jana L. und Kevin S.
19. 02. 2020	Mord an Gökhan Gültekin in Hanau
19. 02. 2020	Mord an Sedat Gürbüz in Hanau
19. 02. 2020	Mord an Said Nesar Hashemi in Hanau
19. 02. 2020	Mord an Mercedes Kierpacz in Hanau
19. 02. 2020	Mord an Hamza Kenan Kurtović in Hanau
19. 02. 2020	Mord an Vili-Viorel Păun in Hanau
19. 02. 2020	Mord an Fatih Saraçoğlu in Hanau
19. 02. 2020	Mord an Ferhat Unvar in Hanau
19. 02. 2020	Mord an Kaloyan Velkov in Hanau
19. 02. 2020	Mord an Mutter von R. in Hanau

Şimşek	Andere Stimme:	385	Ordner Ermittlungen
Boulgaridis	Andere Stimme:	108	Ordner Ermittlungen
Özüdoğru	Andere Stimme:	73	Ordner Ermittlungen
Taşköprü	Andere Stimme:	221	Ordner Ermittlungen
Kılıç	Andere Stimme:	96	Ordner Ermittlungen
Turgut	Andere Stimme:	177	Ordner Ermittlungen
Yaşar	Andere Stimme:	90	Ordner Ermittlungen
Kubaşik	Andere Stimme:	26	Ordner Ermittlungen
Yozgat	Andere Stimme:	249	Ordner Ermittlungen

Michèle Kiesewetter
Andere Stimme: 995 Ordner Ermittlungen

Abdurrahim, Süleyman, Habil, Mehmet
İsmail, Theodoros, Mehmet, Halit

1 Tochter – meine Tochter / unsere Tochter; 1 Tochter, meine Tochter; 1 Tochter, meine Tochter; 3 Kinder, meine Kinder / unsere Kinder; 2 Kinder, meine Kinder; 3 Kinder, meine Kinder / unsere Kinder; Papa / Mama – meine Eltern, Papa / Mama, meine Eltern – die Ehe war zuletzt nicht so sehr gut – kennen Sie jemanden, dessen Ehe gut ist … ja – schön. Die Ehe meines Papas war auch gut.

49 Jahre, 31 Jahre, 38 Jahre, 25 Jahre, 50 Jahre, 41 Jahre, 39 Jahre, 21 Jahre, 22 Jahre – einer fehlt. Ich möchte nicht, dass einer fehlt. Es fehlt einer.

Es fehlen viele. Es fehlen 170.

Es war Enver.

Es waren nicht 170. Sie irren sich. Es sind …

Änderungsschneider, sagt man besser Schneider? Nein? Also: Metallarbeiter, nebenberuflich Schneider: Nürnberg. Kistenstapler oder Einkäufer oder Fahrer, am besten einfach Gemüsemarkt. Gemüsemarkt: Hamburg. Besitzer eines Lebensmittelgeschäfts, genaugenommen Mitbesitzer, die andere Hälfte gehört der Ehefrau – am besten: Lebensmittelgeschäft München; Träumer, da ist einer Träumer gewesen – vom Land: träumt in Rostock. Imbiss-Besitzer – wo ist der Imbiss-Besitzer her? Geschäftsmann aus München, klingt wie Business Man. Blumenhändler, Großhändler oder Geschäftsmann, da macht jemand Geschäfte, oder Handel, vielleicht An- und Verkauf, vielleicht was anderes; Kiosk – wissen Sie, ohne das Kiosk wäre die Gegend tot, ohne jeden Treffpunkt – der! Kiosk – das klingt nach Lutscher und Coca Cola oder Bier: am besten: Kiosk, Kiosk, oder Trafik. Dortmund; Internet-Café, war das auch Dortmund? Ich gehe selten in ein Internet-Café.

Es war Kassel.

Wenn ich verreise, gehe ich in ein Internet-Café. Ich war einmal in Dortmund auf dem Bahnhof. Damals war Sturm, und ich kam nicht weiter.

Es folgen 170 weitere Namen. Wo sind die Namen? Müssen Sie wirklich alle Namen aufführen?

Ja, ich führe alle Namen auf.
Es wurde angenommen, dass sich zwei der Täter selbst umgebracht und angezündet haben, während eine dritte Täterin und weitere Helfershelfer vor Gericht angeklagt wurden. Der Prozeß begann im Jahr 2013 und endete nach fünf Jahren im Jahr 2018 in München.

Die Angehörigen und Überlebenden waren enttäuscht von diesem Urteil, weil es ihrer Meinung nach vor allem keine weiteren Ermittlungsansätze darüber lieferte, inwiefern jene Täter einem Netzwerk zugehörig waren, wer ihre Väter, Brüder und Geliebten als Ziele ausgesucht hatte und inwiefern staatliche Stellen, insbesondere die Polizei und der Verfassungsschutz, Kenntnisse von den mörderischen Vorhaben hatten und diese nicht nur nicht verhindert, sondern eventuell beteiligt waren. Auch das Strafmaß erschien ihnen ungerechtfertigt niedrig. Die Familien und Überlebenden wurden vor Gericht von Anwält*innen vertreten, die ihren Protest mittrugen. Für die Familie des Mordopfers Enver Şimşek vertrat die Nebenklage Anwältin Seda Başay-Yıldız. Sie ist über 40 Jahre alt und sagte über sich selbst, sie sei vor der Übernahme dieses Mandats vollkommen unpolitisch gewesen. Erst im Laufe des Verfahrens machte sie sich die Auffassung zueigen, dass die Ermittlungen der Polizei, die über einen derart langen Zeitraum die Familien der Mordopfer selbst zu Tatverdächtigen gemacht hatten, rassistisch gewesen seien. Sie machte auch Versäumnisse in der Ermittlungspraxis öffentlich. Ich wiederhole: Im Jahr 2000 wurde Herr Şimşek ermordet, noch im Jahr 2011, also in dem Jahr, in dem das Täter-Trio bekannt wird, melden sich erneut Ermittlungsbeamte bei der Witwe, um sie oder andere Familienangehörige der Tat zu überführen. Die Familie wurde zersetzt. Bis heute hat sich niemand entschuldigt. Seda Başay-Yıldız führte in ihrem Plädoyer am 09. 01. 2018 aus: »95 % der Menschen in diesem Raum werden nie verstehen, was es heißt, wenn die Polizei eines Landes nicht in der Lage ist, Sie unabhängig von Ihrer Herkunft zu schützen.« Und weiter sagte sie: »Die Polizei hat die Aufgabe und die Pflicht, jeden Bürger dieses Landes unabhängig von seiner Sprache, Herkunft, Geschlecht und Staatsangehörigkeit zu schützen. Und genau das hat sie nicht getan.« Sie sagte weiter: »Kann sich der NSU wiederholen? Diese Frage ist vermessen und suggeriert, dass der NSU Geschichte sei. Woher wissen wir das? Wäre nicht mehr Demut angebracht? Wäre es nicht mutig und ehrlich zu sagen: Wir wissen es nicht? Noch mutiger wäre es für manche hierzulande sogar zu sagen: Wir wollen es gar nicht so genau wissen.«

Mit der Veröffentlichung der 10.000er Zieldatenliste scheint sich diese Annahme zu bestätigen. Es handelt sich um eine im Brandschutt des Hauses in Zwickau in Sachsen gefundene Liste. Hier lebte das Täter-Trio mehr als ein Jahrzehnt unbehelligt. Die

Täterin Beate Zschäpe zündete das Haus an, um Spuren zu verwischen.

Während also die Anklage in München dabei blieb, einzig ein Täter-Trio anzunehmen, und vier weitere als Helfer verurteilte, zeugt diese Liste von einem landesweit agierenden Netzwerk, das mögliche Ziele für weitere Morde in ganz Deutschland ausspähte, darunter befanden sich eine Organisation für Jugendliche, die sich als queer verstehen, Adressen von Organisationen der türkischstämmigen Community, ein weiterer Kioskbetreiber türkischer Herkunft und zahlreiche weitere Institutionen und Einzelpersonen. Bei einem Mann fand sich der Vermerk: alles gut, Sicht gut, Mann aber über sechzig. Weiterhin: gewerkschaftliche Büros, Büros christdemokratischer und sozialdemokratischer Abgeordneter, ein Staatsanwalt, mehrere Polizeidienststellen zum Beispiel in der Stadt Stuttgart. Benannt wurden allein 233 Einrichtungen und Personen, die mit jüdischen Angelegenheiten zu tun haben. Es ist bislang nicht bekannt, dass hier weitere Ermittlungen eingeleitet würden.

Ich komme zurück zur Frankfurter Erklärung. Sie ist eine Antwort auf die Todesdrohungen, die nunmehr Seda Başay-Yıldız, die Vertreterin der Nebenklage, ihre zweijährige Tochter und ihre Eltern erhalten haben, unterschrieben mit »NSU 2.0«.

Die Täter kannten den Namen der Tochter, die Adresse des Kindergartens, den sie besucht, und die Privatanschrift der Eltern.

Inzwischen ist eine weitere Todesdrohung gegen Mustafa Kaplan in Köln übermittelt worden. Auch er vertrat im NSU-Prozeß Überlebende des Bombenanschlags in Köln. Seda Başay-Yıldız wurde weithin bekannt, auch weil sie einen mutmaßlichen Gefährder, bzw. mutmaßlichen Leibwächter Osama bin Ladens vor Gericht vertrat und gegen dessen illegale Abschiebung klagte. Başay-Yıldız hatte dazu gesagt: »Auch Terroristen haben Rechte.« Sicherlich werden dies alle rechtsstaatlich denkenden Menschen unterschreiben können. Es ist ja kaum etwas Schlimmeres vorzustellen, als dass Behörden nach Gutdünken verfahren oder: Mitglieder der Gesellschaft beschließen, wen sie töten möchten.

Als den Versuch, organisiertes Lynching zu betreiben, würde ich diese Todesliste ansehen. Insofern gibt es nichts, das es rechtfertigte, hier nicht mit großem Nachdruck Ermittlungen anzustellen. Başay-Yıldız wandte sich an den Rechtsstaat, um Schutz vor Verfolgung zu erlangen. Der Rechtsstaat nahm zunächst die Drohungen nicht ernst und begann dann, auf Druck von Presse und Öffentlichkeit, zu ermitteln. Sie hatte sich an die Polizei gewandt, und nunmehr ist offenbar geworden, dass sechs Polizeibeamte aus Frankfurt am Main wegen Nähe zum Rechtsextremismus vom Amt suspendiert wurden. Sie hatten in einem Chat Hitler-Bilder ausgetauscht und den Nationalsozialismus verherrlicht. Sie stehen im Verdacht, ihnen bekannt gewordene private Daten von Seda Başay-Yıldız abgerufen zu haben, sodass nicht auszuschließen ist, dass der Täterkreis (NSU 2.0) eben aus jener Institution stammt, von der sich die Anwältin Başay-Yıldız Schutz für ihre Familie und sich selbst erhoffen durfte.

Andere Vorfälle, die ebenfalls auf rechtsstaatliche Gesinnungsschwierigkeiten hindeuten, gab es auch im Bereich des Militärs. Ich möchte an dieser Stelle erwähnen, dass ich in einem Jahrgangsbuch der Navy in Annapolis, das im Jahr 2017 zur Kenntnisnahme auslag, grinsende Kameraden sah, von denen sich einer ein Hakenkreuz für das Abschlussfoto aufgemalt hatte. Ein dickes, schweres Buch in einem kostbaren Ledereinband.

Was wir einstmals als Austausch von Gesinnungen angesehen haben mögen, die kontrovers zu diskutieren waren, mutierte zu mörderischen Taten und der Verbreitung von Angst und Schrecken gegen alle möglichen Betroffenen, so unter anderem auch im Frankfurter Raum gegen mehrere linke Projekte, die angezündet wurden. Nur durch Zufall kam es nicht zu weiteren Toten.

Die Verbindung der Ideologieträger*innen, ihrer parlamentarischen, populistisch-demagogischen Vertretung mit Täter*innen, die offenbar bis weit in die demokratische Struktur hinein Platz genommen haben, bedeutet eine tödliche Gefahr für Einzelne und Gruppen, für die Verfasstheit demokratischer Zustände.

Deshalb muss es jetzt darum gehen, einen Rechtsstaat, den wir immer wieder kritisierten, weil er uns nicht demokratisch genug war und ist, dringend gegen seine Beseitigung von rechts zu verteidigen. Hierbei spielt es eine zentrale Rolle, ob die Polizei, die Justiz, die Geheimdienste selbst Zündmaterial auslegen, beispielsweise, indem sie angeben, V-Personen zu benötigen, die selbst Straftaten anregen und begehen, oder ob sie sich der Transparenz und Kontrolle durch das Parlament stellen müssen. Sie entwickeln ein Eigenleben, eine Logik der Apparate, die fern vom geltenden Rechtsverständnis liegt, und das legt den Schluss nahe, dass die Eignung ihrer Beschäftigten unter dem Gesichtspunkt ihres demokratischen Selbstverständnisses infrage zu stellen ist.

Deshalb ist die Einrichtung einer von der Polizei unabhängigen Meldestelle und einer Anti-Rassismus-Kommission nach dem Muster der britischen Mac-Pherson-Kommission, die rassistische Strukturen in den staatlichen Institutionen untersucht und entsprechende Kompetenzen hat, zwingend.

In diesem Zusammenhang habe ich mich auch mit den Vorgängen von Charlottesville, Virginia, im August 2017 beschäftigt. Später hat es gegen die Stadt Chemnitz eine ähnlich geartete Verabredung von etwa 5000 gewaltbereiten Hooligans gegeben. In Charlottesville gab es einen Schlachtruf der Rechtsextremen: The Jew doesn't replace us. Fackeln tragend, oder mit der Fahne der Konföderierten, gewaltbereit und mit dem Gebrüll aus Hunderten von Kehlen, in Ku-Klux-Klan-Kutten oder mit netten T-Shirts. Was soll das heißen? Wer ist »us«? Die Weißen, die Zukurzgekommenen, die Immerzukurzgekommenen, reiche Geldmänner wie Mr. Trump, sind die alle »weiß« und »us«? Ist dann der Jude der »Nicht-Weiße«? Wie man die Sache dreht und wendet, der »Jew« wird das inkarnierte »Böse«, das an allem Schuld-Seiende. Ist der Jude der, der den Weg freimacht, damit es eine nicht-weiße Minorität zu einer Majorität schafft?

Gegen Rechtsextremisten ist es möglicherweise mit friedlichen Demonstrationen der Bevölkerung, auch wenn sie oft hartnäckig, mühevoll und bewundernswert auf die Beine gestellt werden, nicht getan. Selbstverständlich taten wir das in Frankfurt am Main gerade erst im Januar des neuen Jahres 2019, und es kamen mehrere hundert, die Berufskammern, der Bundesanwaltsverein erklärten sich solidarisch und viele weitere.

Es scheint notwendig zu sein, dass sich diejenigen Menschen, die sich demokratisch verstehen, in all ihrer Diversität zusammenfinden. Diese Diversität ist mühevoll errungen, aber es ist mir wichtig zu sagen, dass der ISD, die Organisation Schwarzer Deutscher in Deutschland, sich deutlich an die Seite der Opfer und Überlebenden der Verbrechen des NSU stellte und aktiv »anwesend« ist. Deutlich hat sich auch der Zentralrat der Juden in Deutschland geäußert. Eine Stellungnahme wie sie im Zusammenhang der Aufnahme von Asylsuchenden im Jahr 2015 leider nicht nur nicht vorgelegen hat, – sondern – stattdessen betonte die jüdische Gemeinschaft, es bestünde durch die Aufnahme der vor allem aus Syrien flüchtenden Menschen eine Gefahr für die eigene Community.

Der Präsident der Bundesrepublik Deutschland, Frank-Walter Steinmeier, suchte im Februar 2019 das Gespräch mit jener Anwältin, mit Seda Başay-Yıldız, er sprach mit der Polizei, symbolische Gesten, die wichtig sind. Die Ermittlungen dauern an.

Es besteht die Gefahr, dass wir über den zahlreichen legitimen Selbstsetzungen – Identitäten genannt – zu keiner Gemeinsamkeit finden, obwohl mir jetzt unbedingt auch ein demokratisches Establishment willkommen ist, so skeptisch man sein mag. Dass der thüringische Landtag für die Familien der NSU-Opfer eine Entschädigung beschlossen hat, auch das gehört zu einer Symbolik des öffentlichen Raums, die für ein Zusammenleben wichtig ist. Es war und ist wichtig, dass die hier federführende Sozialdemokratin Dorothea Marx unaufgeregt und kompetent seit Jahren weiß, wie ein politischer Wille Gesetz werden kann, und das möglichst umgehend.

»Gemeint sind wir alle« hatte das erste Frankfurter Flugblatt geheißen.

Im Flugblatt werden auch linke Hausprojekte in der Stadt Hanau und in Frankfurt am Main benannt. Sie wurden Opfer von Brandstiftungen. Ich denke über den Satz weiter nach: Gemeint sind wir alle.

Eigentlich habe ich zum Beispiel mit diesen Projekten nichts zu tun. Ich möchte möglicherweise auch selbst keines gründen. Aber es müsste doch ausreichend sein zu finden, dass es *sein* darf. Dass das Anzünden von Häusern verboten ist, dass dabei der Tod von Menschen inkaufgenommen wird. Und dass die zahlreichen Brandstiftungen gegen Asylbewerberunterkünfte Mordanschläge sind, und dass es verboten ist, jemand anderem nach dem Leben zu trachten. Um diese Aussage richtig zu finden, muss ich überhaupt keine Meinung zu Asylangelegenheiten oder linken Wohnprojekten haben.

Dass der Mensch, der Türk*in ist oder türkischstämmig, der Mensch, der Jude oder Jüd*in oder jüdischstämmig ist, sein darf, dazu dürfte es keiner besonderen Verständigung bedürfen. Das muss eine Selbstverständlichkeit sein. Noch nicht einmal verlange ich, gemocht zu werden. Aber sein – das Recht zu sein –, das muss es doch geben. Niemand beschließt, wer auf dem Bürgersteig gehen darf und wer nicht. Das ist nicht verhandlungsfähig. Dieser Bürgersteig gehört uns allen. Und so gehen wir hier, einzeln, in Gruppen und jeder, wie er möchte, oder jede, wie sie möchte. Dieses fundamentale Recht wird von den rechtsextremen Täter*innen bestritten. Sie wollen den Raum definieren gegen all jene, die nicht ihrer Ideologie angehören.

Es ist absolut ernst zunehmen, was gegen Seda Başay-Yıldız geschah. Sie wurde nicht nur als Frau angegriffen, die aus einer Einwanderer-Familie stammt, sie wurde nicht nur als Frau angegriffen, die Rechtsanwältin ist und ihren Beruf ausübt, sie wurde auch als Mutter und Tochter angegriffen. Hierin sehe ich einen besonders niederträchtigen Akt. Und ausdrücklich appelliere ich an das Mitgefühl der Frauen, auch als Mütter und Töchter.

Nach Ende der nationalsozialistischen Diktatur schien spät, aber doch eine Periode der »Bewältigung« nationalsozialistischer Verbrechen eingesetzt zu haben, und dazu gehörten auch immer wieder neu aufflammende Diskurse über Antisemitismus und was darunter genau zu verstehen sei. Wir lernten zu unterscheiden zwischen primärem und sekundärem Antisemitismus. In den Stadtvierterteln verlegten Bürger*innen Stolpersteine zur Erinnerung an die in der Shoah Ermordeten. Aus einem Bezirk hörte ich die Meldung, dass alle Opfer erfasst und keines ausgelassen worden sei.

Neben dieser »Bewältigung« ist der gegenwärtige, täglich neu sich artikulierende Rassismus geradezu untergegangen. Nichts ist so schrecklich wie die Shoah.

Heute stehen die Überlebenden des Brandanschlags von Mölln, durch den im Jahr 1992 die Kinder Yeliz Arslan, Ayşe Yilmaz und deren Großmutter Bahide Arslan starben, öffentlich neben Esther Bejerano, die das KZ Auschwitz-Birkenau überlebte. Sie sprechen gemeinsam gegen Rassismus und Antisemitismus.

Bitte sehen Sie es mir nach, sollten Ihnen meine Ausführungen nicht genügend »jüdische« Belange tangiert haben. Ich sehe sie tangiert in dem Maße, wie die Demokratie überhaupt wie ein Fossil, etwas Überflüssiges oder eine bürokratische Hydra angegriffen wird, und zwar von Leuten, die längst mehr als Worte in ihrem Gepäck tragen. In diesem Sinne sind die jüdischen Belange die Belange der türkischstämmigen und anderen Minoritäten oder die von Menschen anderer Glaubensrichtungen. Auch das wurde von den Bürger*innen von Charlottesville eindrücklich demonstriert.

Der amtierende Präsident hatte die Bürger*innen von Charlottesville 2017 alleingelassen und von Gewalt von beiden Seiten gesprochen. Das war falsch, wie es auch jetzt falsch ist, Einwander*innen und Asylsuchende zu dämonisieren und von einer Krise an der Grenze zu Mexiko zu sprechen. Ich beziehe mich auf die Ausführungen in der Rede des Präsidenten State of the Union und den legitimatorischen Begründungszusammenhang für den State of Emergency, den die Regierung der Vereinigten Staaten im Februar 2019 erklärte. Auf Union Square in New York demonstrierte neben den TRUMP must GO- und NO-NO-NO PENCE Must Go-Schildern eine Frau. Ich höre im Vorübergehen, wie sie jemandem erklärt, warum sie da steht. Sie wiederholt, sagt mehrmals: Ich bin Kind einer Mutter, die den Holocaust überlebte. Ich muss das tun und mich für Flüchtende einsetzen. Auch Melissa ist hier, Tochter einer Mutter, die mit dem Kindertransport aus Wien als unbegleitetes jüdisches Kind gerettet und später in den USA eine berühmte Kostümbildnerin für Theater und Film wurde: z. B. »12 Angry Men« (1957), »Die Geschworenen«, trägt ihre Handschrift. Sie kam ziemlich erschöpft auf die Rally. Da wusste sie noch nicht, dass sie am nächsten Tag neben einer Witwe aus Honduras sitzen würde, die gegenüber den Behörden Beweise dafür abzugeben hatte, dass ihr Mann ermordet wurde. Viele Stunden haben sie gesprochen, und es hat ihr sehr leid getan, dass ihr Spanisch kaum ausreichte und sie bei so viel Schmerzhaftem nachfragen musste.

In der Tat besteht jetzt eine Krise, weil Tausende unter unwürdigen und gefahrvollen Bedingungen an der Grenze warten müssen, obwohl sie das Recht haben, um Asyl nachzusuchen. Wir vergessen auch nicht, dass die US-amerikanische Asylgesetzgebung eine Antwort darauf darstellt, dass einstmals jüdische Flüchtlinge abgewiesen wurden, ein Akt, dessen sich die US-amerikanische Gesellschaft schämte.

Es gibt historische Situationen, in denen wir jenes »Wir« bedürfen: im öffentlichen Reden, in der Verteidigung der Rechte, in dem Anspruch auf Teilhabe. Es ist in diesem Sinne bedeutsam, dass es im Jahr 2018 in Deutschland zu einem regelrechten Vertrag des Landes Baden-Württemberg mit der Minderheit der Sinti*zze und Rom*nja gekommen ist. Hier wird die Partizipation auf eine verlässliche rechtliche Grundlage gestellt und die Bürgerrechtsbewegung dieser Minderheit anerkannt. Ihre Vertretung wird mit garantierten finanziellen Mitteln ausgestattet. Unter besonderer Berücksichtigung der Tatsache, dass die Minderheit der Sinti*zze und Rom*nja durch das NS-Regime der Verfolgung und dem nationalsozialistischen Völkermord ausgesetzt war. Ich zitiere: »Dieses Unrecht ist erst beschämend spät politisch anerkannt … worden. Auch der Antiziganismus ist noch immer existent und nicht überwunden.« Das Gesetz versteht sich in Anerkennung der Verpflichtungen, die auf europäischer Ebene zum Schutz nationaler Minderheiten bestehen. »Die Sinti und Roma gehören seit mehr als 600 Jahren zur Kultur und Gesellschaft des heutigen Landes …«, heißt es in der Präambel.

Wie können andere Minderheiten Schutz und Partizipation erhalten? Der Vertrag fußt auf dem erklärten Willen, »gemeinsam das gesellschaftliche Miteinander unter Achtung der ethnischen, kulturellen, sprachlichen und religiösen Identität« zu verbessern und gegen Diskriminierung zu wirken. Er kann möglicherweise als ein Modell auch für andere gesellschaftliche Minderheiten gelten.

Die Begriffsbildung ist hier schon längst nicht mehr adäquat, um die sich verändernden gesellschaftlichen Verhältnisse zum Ausdruck zu bringen. Vormalig als Minderheiten Bezeichnete sind im Zusammenhang von fortdauernden Migrationsbewegungen wachsend nicht mehr Minderheit, sondern in ihrer Diversität vielerorts Mehrheit. Die Stimmen, die diesen politischen Zustand vertreten sehen wollen, werden lauter, und eine Reihe »neuer deutscher« Organiationen zeugt davon. Fast alle haben sich zu Fragen der Diskriminierung positioniert und sprechen davon, dass sie von institutionellem Rassismus betroffen sind. Das wäre auf einer politischen Ebene der erste Schritt: die Existenz von Diskriminierung und institutionellem Rassismus festzustellen, damit Aufklärung stattfinden kann.

Trotz zahlreicher Untersuchungsausschüsse auf Länder- und Bundesebene scheinen wir in bezug auf die Morde des NSU gegenüber den Schweigenden und Verhinderern auf verschiedenen Ebenen festzustecken. Gegenüber Rechtsextremisten ist das fatal und fahrlässig. Deshalb ist es so bewunderungswürdig, dass die Zivilgesellschaft in den USA über Organisationen verfügt, die als unabhängige Stimmen fungieren und Bügerrechtsfragen machtvoll vertreten können: Ich meine die American Civil Liberties Union ACLU und andere Organisationen. Einrichtungen, die uns in Deutschland fehlen.

Geflüchtet Zugereist Eingewandert

Rahel wohnt über die Straße um die Ecke. Sie hat eine Art Untergeschoss unter ihrer Wohnung, in dem sie lange Zeit einer Mutter mit zwei Kindern Unterkunft bot; am Anfang waren die Kinder allein bei Rahel, es gab eine Trennung zwischen Vater und Mutter, die Kinder wurden vorausgeschickt, bis die Mutter, aus dem Sudan kommend, nachfolgen konnte. Jetzt sind die drei ausgezogen, haben sich in Berlin-Kreuzberg niedergelassen, das jüngere Kind geht in einen Kindergarten, der von Adefra gegründet wurde, einer Initiative für Schwarze weibliche Subjekte – heißt es auf der Homepage.

Rahel … eigentlich könnte sie … sie nimmt einen jungen Mann auf. Er ist nur wenig älter als ihr Sohn, der seit dem Wegzug des Bruders vielleicht ohnehin wieder einen »Bruder« gebrauchen könnte. Maher kommt, spricht kaum etwas, scheint mundfaul zu sein und ist völlig unpolitisch. Sie lebt jetzt mit ihm, die drei passen nicht zusammen. In ihrer einzigen Küche sitzen sie jetzt dicht aufeinander. Die Behörde trägt die Kosten für die Miete bis zu 300 Euro. Rahel fürchtet sich seit Jahren davor, ohne qualifizierten Abschluß nicht weiterarbeiten zu können. Sie hat den Nicht-Abschluss-Knall, und ihre papiernen Versuche bilden Stapel von vielen hundert Blättern auf ihrem Schreibtisch. Mahers Zimmer ist preiswerter als Massenunterkünfte. Rahel hat sich von Berufs wegen um Geflüchtete gekümmert, schon im Balkan-Krieg. Immer schon. Ihr Jüdisch-Sein hat auch damit zu tun, sagt sie. Außerdem sagt sie, dass sie sonst immer nur »Nullachtfünfzehn«-Geflüchtete gekannt habe. Jetzt ist es anders: Jetzt sind es Studierte. Sie bietet Maher eine Freikarte an fürs Theater. Maher sagt, nein danke.

Ich bekomme ein Mail von Gh. Zwei Freunde aus Syrien, aus S., halten seit vielen Monaten in einem kleinen bayerischen

Dorf aus. Sie können jetzt einen Deutschkurs machen; sie könnten einen Deutschkurs machen, wenn sie eine Lehrerin oder einen Lehrer im Ort fänden. Es gibt keinen Lehrer im Ort. Die nächste Stadt ist weit weg. Ein Auto haben sie nicht, gehört nicht zur Sozialunterstützung, ein Fahrschein für die Bahn auch nicht. Sie gehen die Hauptstraße herauf und hinunter. Liegen auf ihren Betten, hören Musik mit ihren Handys oder versuchen per Internet Nachrichten von Zuhause zu erhalten. Sie sind anerkannte Asylbewerber, sie haben einen Status, der sie zum Bleiben und zum Reisen berechtigt, sind angewiesen auf soziale Unterstützung. Die Wohnung meiner Nachbarin im nächsten Stock wurde schon vermietet, gerade eben, wie schade. Sie hat sie an Israelis gegeben. Da kommen auch viele. Viele junge. Die beiden müssen da weg, schreibt Gh. Sie werden verrückt, sagt Gh. Ich rufe eine Dame an, die eine Wohnung in Kreuzberg vermietet; sie lebt in Italien, arbeitet dort, wollte eigentlich in Berlin leben, jetzt nicht mehr, führt eine Praxis – ich sage, möchtest du nicht an Asylbewerber vermieten – sie schreibt, leider, leider müsse sie die Wohnung so teuer wie möglich vermieten, um auf ihre Kosten zu kommen … Alessandra ist ein überlebendes Kind, ein Holocaust Child Survivor.

Gh. spricht mit Rahel. Eigentlich hat sie jetzt nur noch ein Zimmer frei. Nach Gh.s Besuch: Die Freunde werden kommen, alle beide. Meine Tochter sagt, sie müsse früher weg heute und Leuten das Gepäck transportieren. Immer hat sie für Leute ein Gepäck zu transportieren. Ich will, dass sie jetzt dableibt. Sie sagt, die beiden sind jetzt da, und sie hat gesehen … ach so, sage ich. Sie braucht Thermoskannen. Sie organisiert einen Teestand für die Wartenden vor der Aufnahmestelle. Lange Schlangen stehen da. Meine Designer-Kanne habe ich kaum benutzt, genaugenommen nie. Soll ich die Kanne geben? Ich gebe ihr drei Kannen. Normale Haushaltskannen. Ich bin keine Feldküche. Warum hat sie unbedingt die Nachtschicht ab 23 Uhr nehmen müssen?

Die beiden ziehen bei Rahel ein. Rahel sagt, das sind gute Leute, und endlich ist was los in ihrem Haus. Die beiden wuchten die zurückgelassenen, schweren Möbelstücke herum, tragen die Dinge heraus und herein. Die Sache mit dem Teeausgeben wird eingestellt. Es kamen nurmehr 30 Geflüchtete zum Anmelden heute. Manche schlafen hier. Im Zelt. Mitten in Berlin. Zigtausende sind zwar registriert, konnten aber noch keinen Asylantrag stellen. Wo sollen sie einen Schlafplatz finden, soziale Unterstützung bekommen? Sie stellen sich am Morgen sehr früh an. Am Anfang kamen fast nur Männer. Jetzt kommen auch Frauen und Kinder. Allein im Januar 2016 sollen 55 Prozent der Neuankömmlinge Frauen und Kinder gewesen sein. Das wären 34 % mehr als 2015. Von den 85.000 unbegleiteten Minderjährigen, die im vorigen Jahr gekommen sind, gelten 10.000 als in der EU vermisst, schätzt Europol, die europäische Polizeibehörde. »Wir wissen nicht, wo sie sind«, sagt Europol-Chef Rob Wainwright. Von einem weiß ich es. Vor wenigen Tagen: Ein 17jähriger Junge aus Ägypten. Sprang aus dem fahrenden Zug bei München. Fahnder hatten ihn schon einmal nach Österreich zurückgeschickt. Als sie ihn erneut mitnehmen wollten, hat er das Fenster geöffnet. Seine Mutter wird einen Brief öffnen. Sie wird nicht wissen, wo der Streckenabschnitt genau ist, an dem ihr Sohn starb, und ob der Zug angehalten wurde und ob ihn noch jemand im Arm gehalten hat.

Während im vorigen Herbst noch 10.000 an einem einzigen Tag über die Grenze kamen, wurden es dann Tausende, jetzt sind es 150. Das kann sich wieder ändern. Wenn das Wetter besser wird und sich das Mittelmeer beruhigt. Italien rechnet mit 50.000 Menschen. Dazu kommen Rückkehrer*innen. Menschen, die in Österreich abgelehnt wurden und es in Italien versuchen wollen. Fast alle Menschen, die hier ankommen, legten in Libyen ab. Der Weg: Lampedusa – Sizilien.

Gh. war für ein WG-Casting gekommen, hatte ein Blech mit Kuchen mitgebracht. Eine weiße Wohngemeinschaft hatte beschlossen, jemanden von »woanders« zu nehmen. Keine »Kartoffel«-Leute. Sie war nach Deutschland gekommen, nachdem ihr Freund durch eine Autobombe ums Leben gekommen war.

Sie hatten den arabischen Frühling gewollt, demonstriert, gesprochen, gesungen. Ihr Vater war ein kleiner Beamter im öffentlichen Dienst, bevor ihn jemand als Assad-Gegner denunzierte. Er selbst hatte sich niemals geäußert, ging seiner Arbeit nach, weiter nichts. Jetzt leben Gh.s Mutter und Vater von dem, was die Kinder gelegentlich schicken. Die beiden Schwestern und ein Bruder leben bereits in Deutschland, eine ist Journalistin, und Gh. sagt, sie will nicht in ein Asylverfahren. Sie will ja zurückkehren und aufbauen eines Tages. Sie hat einen Aufenthaltsstatus zum Studieren. Eine deutsche Freundin der Schwester bürgte dafür, dass sie dem Staat nicht zur Last fallen würde. Ich kenne sie, sie hat keine feste Anstellung, lebt einigermaßen prekär. In den Erzählungen meiner überlebenden Mutter – damals, nach 1945 – hatte das Wort »Affidavit« einen magischen Klang. Für meine Mutter kam es zu spät, das Wort. Sie hatte kein Affidavit und kam auch nicht mehr heraus aus Nazi-Deutschland. Später wird Gh. mich fragen, ob ich auch bürgen kann für ihre beste Freundin. Ich sage ja. Ein zerknautschtes Ja. Ist dann nicht mehr nötig, sie hat es nach Frankreich geschafft.

Gh. hat anfangs zwei bis drei Jobs, deutlich weniger als der gesetzliche Mindestlohn, bis sie ein Stipendium einer Stiftung bekommt. Gh. lernt den Tag lang. Sie will Biochemikerin werden, und sie will die Prüfungen bestehen. Ein bißchen verdient sie sich jetzt dazu, wenn sie Arabisch-Unterricht gibt. Außerdem ist sie in einer Gruppe Mitglied, die erreichen möchte, dass geflüchteten Menschen in Deutschland der Zugang zur Universität erleichtert wird. Sie sagt zu mir »Mutter« und zu meiner Tochter »Schwester«. Sie ist 20 Jahre alt. Einmal in der Woche telefoniert sie nach Hause. Sie kann die Eltern nicht besuchen, das würde die Eltern gefährden. Und die Eltern können nicht heraus. Geld dafür würde es auch nicht geben. Wenn ISIS dorthin käme: Gh. macht eine Handbewegung, einen Schnitt an ihrem Hals. »Wir sind Drusen.«

Am Abend bin ich zu einer Geburtstagsfeier eingeladen. Viele sind in diesen Saal gekommen, der einstmals zum französischen Viertel gehörte, damals, als die Alliierten noch in der Stadt waren. Bei Elke S. läutet das Handy. Sie steht auf, sagt, ich muss langsam gehen. Sie steht auf einer Liste, auf der sich Leute registriert haben, die Menschen, die nachts in Bussen ankommen, aufnehmen. Die Behörden haben ja geschlossen, vermitteln nichts, arbeiten nicht. Sie wäre gerne noch geblieben, sagt: »Aber ich nehme keine Männer, ich nehme nur Frauen oder Familien. Es kann keiner von mir verlangen, fremde Männer aufzunehmen.« Unter den geflüchteten Menschen sind die jungen Männer in der Überzahl. Damals noch.

Später lasse auch ich mich auf die Liste setzen. In vielen Monaten meldet das Handy nur einmal: »Bitte in einer Stunde zu LageSo kommen.« Die zentrale Aufnahmestelle in Berlin ist das Landesamt für Gesundheit und Soziales. Ich habe im Büroraum für zwei Leute Platz. »Leute, die sich kennen«, hatte ich geschrieben. Sie müssen in einem Bett schlafen. Ich kreuzte an: Männer. Und: Kinder. Heute habe ich kein Auto, das hat meine Tochter mitgenommen. Wie komme ich da in der Nacht hin und bringe die Leute am nächsten Morgen zurück? Das Mobiltelefon meldet: »Entwarnung.« »Nur drei Busse heute.« Ich lösche die SMS.

In einem Satzstudio bespreche ich Einzelheiten für eine Zeitung, die wir machen. »Der Blick des Anderen«, ein Festival in Wien. Sechs geflüchtete, unbegleitete, minderjährige junge Männer stehen auf der Bühne. Die Regisseurin sagt, sie haben keine Fahrkarten, um zu den Proben zu kommen. Sie sind außerhalb untergebracht. Irgendwo draußen. Sie bekommen nichts. Die Abholung muss organisiert werden. In der Probe will sie, dass sich die Schauspieler die Hände geben, das gehört zur Rolle. Sie meint, die Jungen aus Afghanistan seien darüber erschrocken. Wegen der Mädchen. Sie glaubt, dass sie alle abgeschoben werden und dass es ihnen aber niemand sagt. Niemand ist hier älter als 17 Jahre. Meine Tochter wollte ab ihrem achten Lebensjahr nicht mehr mit Jungen … Die haben noch nie ein Theater gesehen, sagt die Regisseurin. Ich denke an die deutsch-deutsche Parallelgesellschaft. Da sind einige, die haben noch nie ein Theater ... Die Anerkennungsquoten für Asylbewerber*innen liegen im Augenblick bei fünfzig bis sechzig Prozent. »So hoch wie nie«, sagt mein Freund, der bei der damaligen Beauftragten für Migration, Flüchtlinge und Integration Aydan Özoğuz arbeitet. Sie war die erste nicht deutsch-deutsche Besetzung dieser Stelle. Die Quote ist höher als während des Balkankriegs. Es ist Recht und Gesetz, dass die Menschen als Kriegsflüchtlinge oder Verfolgte aufgenommen werden. Genfer Flüchtlingskonvention oder Asylrecht. Es geht nicht um Ermessen oder Auslegung. Es geht um Recht.

Die Typographin geht alle 14 Tage in ein Café, das eine Künstlerin angemietet hat. Sie bietet Kaffee, Tee und Kennenlernen. Sie ist Ukrainerin. Die Typo-Kollegin ist begeistert von einem 13jährigen. Alle quatschen, und irgendwie ist es auch komisch, diese Fremdheit, und dann brechen sie in schallendes Gelächter aus. Also: Sie geht alle vierzehn Tage mit Fremden sprechen und lachen. Einmal war ich in einem Lach-Yoga. Komischer kann dieses Unternehmen auch nicht sein.

Rahel sagt, sie kann heute nicht kommen. Ein befreundeter Dokumentarfilmer und Martin W. kommen wahrscheinlich. W. ist ein Schauspieler. W. ist berühmt. Der Dokumentarfilmer will wahrscheinlich einen Film mit den neuen Bewohnern machen, und W. kann vielleicht überhaupt etwas für sie tun. Ich bin neidisch, weil die beiden, die Freunde von Gh., Martin W. kennenlernen. Ich wollte Martin W. schon immer gerne kennenlernen.

Mit Nehmat kann ich auch nicht sprechen. Sie ist 67 Jahre alt, war in Syrien eine sehr wichtige Journalistin mit einer scharfen Zunge, bis der Muhabarat, einer der syrischen Geheimdienste, hinter den Decknamen kam und sie flüchten musste. Dann Türkei, dann Schlauchboot, Mittelmeer. Nehmat kann nicht schwimmen. Ich kann sie heute nicht sprechen. Jemand macht einen Film über sie. Ich weiß nicht, ob sie in Damaskus in Yarmuk lebte, dem Viertel der Palästinenser. Nehmat glaubt, dass die Behörden Intellektuelle besonders schikanieren. Mein palästinensischer Freund, der sicher seit mehr als zwanzig Jahren in Deutschland lebt, glaubt das nicht. Ich auch nicht. Wahrscheinlich schikanieren die Behörden alle.

Die Sache mit Nehmat brachte mich dazu zu überlegen, wie wahnsinnig es ist, dass sie jetzt hier in Deutschland ist, in Berlin, hier, wo Tausende junger Israelis auch leben. Welche, die weg sein wollen von da, woher sie kommen. Die Schriftstellerin Lizzi Doron will auch lieber hier sein; nachdem sie über die Vertreibung der Palästinenser*innen aus Ost-Jerusalem geschrieben hatte. Wenn Nehmat zurückkehren könnte in das Land ihrer Eltern, hätte sie nicht diese gefahrvolle Reise auf sich nehmen müssen. Da, wo sie herkommt, leben heute etwa 400.000 Siedler*innen. Dazu kommen noch 250.000 in Ost-Jerusalem. Tendenz steigend.

Die leben dort illegal. Das weiß jeder, die UN, die Menschen in der Welt. Die leben da illegal und haben eine funktionierende Infrastruktur errichtet. Da hätten die Rückkehrer*innen und Flüchtenden gar keine Probleme. Die Israelis könnten ihr Gesicht wahren. Sie gewähren nicht das Recht auf Rückkehr, aber nähmen die Leute aus Yarmuk auf. Und was wäre mit den illegalen Siedler*innen? Die müssten zurück nach USA, daher, woher sie gekommen sind. Da müssten die USA mit ihren eigenen Fundamentalisten fertig werden, und die jungen Israelis, die jetzt auswandern, hätten vielleicht auch wieder Hoffnung. Mein Freund M. sagt, ist es nicht sowieso Sache der Amerikaner, nachdem sie die Kriege geführt haben, sich um die Kriegsfolgen zu kümmen? Frank-Walter Steinmeier, der deutsche Außenminister, sagte neulich, er könne diese Sichtweise nicht von der Hand weisen. Ich erinnere mich noch daran, als die Sowjets in Afghanistan einmarschierten. Ich fand es empörend. Später kamen die Taliban. Sie waren es, die Verderben über das Land brachten, und wer könnte behaupten, dass ihre Schreckensherrschaft die bessere Option war. Wenn die Siedlungen in Israel geräumt zur Verfügung stünden für die Flüchtlinge, würden nicht nur die Fluchtrouten kürzer, ich würde besser über Israel sprechen. Das wäre auch gut.

Es gibt eine verbreitete Auffassung in Deutschland, dass die Vereinigten Staaten an den meisten schrecklichen Umständen in der Welt schuld seien. So sagt mein Physiotherapeut Herr Erdmann, dass die Internetserver aus Großbritannien und USA millionenfach »Willkommen«-Meldungen in die Welt gesendet hätten. »Da weiß man doch, woran man ist und wer da wen fertig machen wollte.« Sagt Herr Erdmann. Das ist auch ein Relikt der beleidigten Besiegten. Oder aber einer Dämonisierung US-amerikanischer Potenz, der Nation werden quasi magische Kräfte zugeschrieben, wie sie mir durch die Golem-Figur bekannt sind, von der unbestritten ist, dass sie der Literatur und der jüdischen Mystik entspringt und nicht der Welt der Wissenschaft oder des nachweisbaren Realismus entstammt. Mich persönlich beunruhigt die Präsenz von Herrn Putin in Syrien sehr. Da nützen auch Pussy Riots in Los Angeles nichts. Es kann ja auch nicht alles stimmen, was die Leute sagen. Dafür war der VW-Skandal gut. Wir hörten, dass die Richtlinien für Abgasnormwerte in den USA strikter gehandhabt werden als in Deutschland. Das hatten wir auch nicht geglaubt. Aber das führt jetzt auf Abwege.

Io. besucht ihre Schwester. Die ältere bringt den Mädchen, die unbegleitet geflüchtet sind, HipHop bei, die jüngere geht mit ihnen einkaufen. An der Kasse tut Io. so, als sähe sie nicht, dass die Mädchen statt eines warmen Mantels schicke Schuhe kaufen. Sie zahlt, es ist kein privates Geld, das ist die soziale Unterstützung.

Sie redet über ihren Arbeitskollegen, und dass sie …, nicht, dass da, aber … sehr nahe sind sie sich schon … Io. ist schon in Frankfurt am Main geboren; mit sechzehn Verwandten in zwei Zimmern, geflohen im Balkankrieg; die Mutter hat Zeit ihres Lebens als Ärztin in Deutschland niemals eine Arbeitserlaubnis erhalten. Als kleines Kind erzählte Io. von »Granata« und vom Dino-Biss am Haus der Großeltern. Sehr, wirklich sehr, möge sie ihren Arbeitskollegen, nicht dass es zu etwas gekommen sei … aber da ist schon … da ist … bloß, dass er Moslem ist, sagt Io.

Die Unbedenklichkeitsprüfung in Berlin-Wilmersdorf muss sein. »Wilmersdorf hilft« ist ein Riesenunternehmen, gegründet und betrieben von Leuten, die inzwischen ihr Leben selbst darin verbringen. Freiwillige, junge Leute, ein Effizienzbetrieb, der seinesgleichen sucht. Sie haben eine exorbitante Logistik: Wissen genau, wann sie Betten benötigen, wieviel, woher zusätzliche; und morgen werden wir Windeln brauchen, sie schicken es aus, sie posten, sie schaffen es. J. ist mit einem Ph.D. aus den USA gekommen, hat jetzt keine Zeit, muss zum Gesundheitsamt, damit es als unbedenklich bescheinigt wird, wenn sie Essen ausgibt. Hunderte Essen am Tag.

J. hat die Unbedenklichkeitsprüfung bestanden. J. gibt auch einen Kurs Deutsch für Fortgeschrittene. Einmal hat sie gewollt, dass alle frei reden, nicht orientiert am Lehrbuch. Das wird sie nicht wiederholen, sagt sie. Sie ertrug die Schilderungen nicht, die ihre erwachsenen Schüler – hier sind merkwürdigerweise fast alle Doktoren – erzählten. Den Tod des Kindes mitansehen … J. gehört zur dritten Generation nach der Shoah. Sie kehrt zum Lehrbuch zurück.

Köln, wegen Köln kippen viele meiner lieben Bekannten weg. Einer schreibt, er habe Töchter im vergewaltigungsfähigen Alter, und deshalb müßten die … die … die mal sehen, woran sie sich hier zu halten haben. In kleinen Gemeinden gehen die Geflüchteten mit gesenktem Kopf und schämen sich. Als ob wir nicht immer schon Angst besonders um unsere Töchter gehabt hatten … immer schon diese Angst, die uns begleitete, wenn wir sie ausgehen sahen. Und wir darauf verzichteten, sie überall abzuholen. Ich lese mein Gedicht: »Fass mich nicht an / mir ist zum Kotzen / ich kann nicht / Komm nicht im Dunkeln / an mein Bett / ich schreie / Zeig mir dein Gesicht / niemals niemals / ohne mich zu fragen / Und wenn ich sag / dass es nicht geht / dann ist es so / verstanden.« Erschienen 2001 in *Rauhreifiger Mund oder andere Nachrichten*. Meine Freundin aus Ramallah postet. Immer schon, seit Jahrzehnten, gehe sie verhuscht und eilends über die Straßen, weil es in ihrer Gesellschaft normal sei, Frauen zu belästigen. Sie ist sehr empört über die Arabern und Moslems geltende ethnisierende Zuschreibung. Ich unterschrieb einen Aufruf gegen Rassismus und Sexismus.

Die Schweizer*innen verhindern jetzt, dass ihre Kolleg*innen mit zwei Pässen ausgewiesen werden, wenn sie ohne Fahrschein fahren oder sonstige geringfügigere Delikte sich haben zuschulden kommen lassen. Was ist denn, wenn wer sich mit wem auf dem Schulhof prügelt? Jetzt hat man sich auf Demokratie besonnen, auf Recht, auf die Herrschaft des Rechts gegen die Herrschaft des Blutes oder des Bodens. Wir sind erleichtert.

Andere nicht. In Zirndorf verläßt ein Schwarzer Pfarrer seine Gemeinde, weil er die ständigen Morddrohungen nicht mehr ertragen kann. Die Gemeinde stellt sich hinter ihren Pfarrer, aber viele eben auch nicht, und die Formen werden militanter. So als holte Deutschland nicht nur den Ku-Klux-Klan nach, von dem wir schon seit den sogenannten NSU-Morden in Baden-Württemberg wussten. Der Mann ließ sich nichts zuschulden kommen. Er ist Schwarz, sonst nichts.

Pro Tag gibt es durchschnittlich 3,3 Straftaten gegen Asylbewerberheime. Die Generation »Terror«, die sich seit den Ausschreitungen gegen Asylbewerberheime in den neunziger Jahren weitgehend straflos konstituieren konnte, zeigt sich unverfroren. Sie sind in der »Kultur der Straflosigkeit« (wie die Journalistin Heike Kleffner diesen Zustand bezeichnet) aufgewachsen. Ich sehe Ju.s Mutter bei einer Lesung. Die Autorin ist einer fundamentalistischen jüdischen Sekte aus Williamsburg in New York entkommen. Sie beschreibt eine Welt chassidisch patriarchaler Dunkelheit. Sie wird in Berlin gefragt, ob sie nach alledem noch immer eine Jüdin sei. Während die junge Schriftstellerin und Mutter geduldig erklärt, dass sie mit ihrem Sohn in die Synagoge gehe, dass sie die Stadt liebe und manchmal zu faul sei, in die Synagoge zu gehen, murmelt Ju.s Mutter, ob ich wisse, dass es 600 Straftaten mit antisemitischem Hintergrund im Jahr gebe. Ich sage nichts.

Bevor die Gruppe mit den Teekannen anrückt, gibt sie die gesammelten Medikamente ab. Die beiden Diakonie-Vertreterinnen, die die Freiwilligen jetzt abgelöst haben, lehnen ab. Bei manchen ist das Datum abgelaufen, und die Gesetze erlauben nicht, dass jemand nichtverschriebene Medikamente entgegennimmt. Ich bringe die Medikamente nach Wien, in ein Erstaufnahmehaus. Sie werden freundlich angenommen und fachgerecht sortiert. Ein paarmal die Woche kommt eine Ärztin vorbei, auch ein freiwilliger und zusätzlicher Dienst. 800 Menschen sind hier in einem ehemaligen Ministerium untergebracht. Das Ministerium hat nicht genügend Sanitäranlagen. Finanzbeamt*innen duschen nicht auf der Arbeit. Die Leute bekommen Chips, dann kommt ein Bus und bringt sie in ein Schwimmbad.

Auch hier regieren die Freiwilligen. Team Österreich. Man kann vorbeikommen, ohne Anmeldung geht das auch. Sehr viele Helfer sind mehrsprachig, haben selbst einen Flucht- und Migrationshintergrund. Ein Student türkischer Herkunft ist sehr müde im Unterricht. Er hatte die Nachtschicht in einem Haus für Geflüchtete. An der Universität richten wir Kurse für Deutsch ein. Soviel Deutsch, wie jetzt gebraucht wird ... In UNIKO haben sich alle Universitäten Österreichs zusammengeschlossen mit dem Ziel, geflüchteten Menschen mit anerkanntem Status den Zugang zur Universität zu erleichtern. Jedes Semester erhalte ich eine Excel-Tabelle. Hier kann ich eintragen, welche Veranstaltungen ich im kommenden Semester öffne und für wie viele Menschen. Die Rechten haben eine Klage gegen dieses Verfahren eingereicht wegen unzulässiger Vorzugsbehandlung. Noch immer sind die mangelnden Deutschkenntnisse eine hohe Barriere. Die duscharme Unterkunft ist gekündigt worden. Jetzt haben wir Angst, dass die Geflüchteten wieder nach irgendwohin ganz weit draußen verbracht werden. In eine Massenunterkunft, aus der sie nicht wegkommen. Weil sie kein Geld und keine Fahrkarte haben und im Nirgendwo sind. Soviel Abschreckung wie möglich. Gestern war ein Mann aus dem Irak da und hat so lange mittels Handy mit der Helferin hin- und hergesprochen – mit der Übersetzungshilfe –, bis sie verstanden hat, er will nach Hause. Wir sind einmal als Kursgruppe zum Helfen dagewesen. Alle fragen nach einer Wohnung, nach einem Zimmer, wie kommen sie da weg? Ich suche jetzt nach einem emeritierten Rektor oder einer Rektorin. Jemandem, der sich begeistern ließe von einer Idee, die in den

USA schon einmal Realität wurde: Black Mountain College. Ein Ort, wo die Geflüchteten aus Wissenschaft und Kunst zusammen mit Einheimischen arbeiten konnten – ein Experimental-Labor, und gleichzeitig auch fürs Erste eine Art Notbehelf. Es bot den Geflüchteten aus Nazi-Deutschland und Europa eine erste Bleibe und Arbeit. Zusammen mit amerikanischen Künstler*innen entstand eine aufsehenerregende Synthese aus Künsten und Wissenschaft, die bis in die 50er Jahre Bestand hatte. Merce Cunningham, Albert Einstein: die Liste der berühmten Lehrenden ist lang. Ein solches »Black Mountain College« in Europa, das würden wir jetzt brauchen. Noch sind die Mittel für ein solches College nicht da. Ein wenig sind wir schon auf dem Weg dahin mit der Studenteninitiative »Noborderacademy«, die sich in englischer Sprache weltweit an Geflüchtete richtet. Dozenten in englischer Sprache unterrichten. Zusätzlich. Das ist ehrenamtliche Arbeit. Auch an dem kleinen Institut, an dem ich arbeite, richteten wir Sprachnachhilfekurse ein. Jeder kann kommen, keine Einschreibung an der Universität nötig. Für zertifizierte Verfahren müssen sich die Leute allerdings einschreiben. Und es kann sehr lange dauern, bis der Status geklärt ist und sie sich einschreiben können. Ein Jahr. Ein Jahr, in dem einem nichts erlaubt ist; nicht arbeiten, nicht reisen, nicht den Wohnort wechseln, nicht…

Der Akkordeonist vom Klangforum Wien muss nach Deutschland. Im Hauptbahnhof kommt alle 15 Minuten eine Durchsage. Der Zugverkehr von Salzburg nach Deutschland ist eingestellt. Er nimmt den Zug über Passau. Anhalten. 45 Minuten Wartezeit. Die Grenzpolizei geht jeden Waggon ab und holt die geflüchteten Menschen heraus. Vor einer Woche fuhr er hier schon einmal, und zwei junge Männer legten sich auf den Boden, deckten sich zu und taten so, als seien sie ein Möbelstück. Die Grenzbeamten sahen darüber hinweg. Der Akkordeonist kaufte den beiden Brötchen und Kaffee. Sie wollten nach München.

Jetzt geht das nicht mehr. Die Identifizierung bei der Einreise und die Weiterleitung danach wird ohne Pardon durchgezogen. Eine Zeitlang schickten die Österreicher Busse los mit den Menschen Richtung Deutschland, bei Nacht und in der Kälte, und kippten ihre menschliche Fracht auf die Felder vor der Donau. Menschen sprangen bei Schnee und Eis ins Wasser. Wenige Monate später. Am Wiener Flughafen Schwechat räuspert sich eine Angestellte der Fluglinie Austrian Airlines ins Mikrophon. Wegen der soeben erfolgten Aufhebung des Schengen-Abkommens in Europa werden alle Passagiere gebeten, gültige Reisedokumente bei sich zu tragen. Das Mikrophon wird abgestellt. Als Passagiere ihre Ausweise vorlegen, wendet sich die Stewardess ab. Dafür hat die Abfertigung keine Zeit. Die Wirtschaft befürchtet Einbußen, Verzögerungen, wirtschaftlichen Schaden. Berufstätige im kleinen Grenzverkehr brauchen jetzt mehr als doppelt so lange für ihren Arbeitsweg. In der Zeitung steht, man hoffe, Schengen zu Jahresende wieder einführen zu können. Es ist eine gute Fügung, dass die Wirtschaft Schaden befürchtet.

Obwohl Schweden die ersten Stopps errichten ließ und in Österreich schon lange der sogenannte »Schlepper«-Prozeß geführt wird, in dem Geflüchtete, die lange Zeit die Votivkirche besetzt hielten, als Kriminelle, eben Schlepper vor Gericht stehen, konnte Deutschland in der Europäischen Gemeinschaft überhaupt nur auf Österreich und Schweden zählen. Der Schlepper schleppt Menschen von A nach B, und dazwischen gibt es ein gesetzliches Nein, die Illegalität. Der Schriftsteller Abasse Ndione schrieb über das Schleppen in »Die Piroge« und er sagt: »Im Senegal hat sich eigentlich aus jeder Familie jemand mit einem Boot auf den Weg gemacht, um sein Glück in Europa zu suchen.« Wenn die Menschen könnten, würden sie sicher das Glück von Europa zurück in den Senegal schleppen. Ich muss nicht erzählen, dass diese Prozesse nicht nur etwas mit Diktaturen und Korruption zu tun haben, sondern mit der Verteilung des Reichtums in der Welt. Wer gehen muss, wird gehen, und nichts wird ihn aufhalten. Raoul Schrott, der österreichische Kollege, berichtet, wie er in der Wüste in Ägypten einen jungen Mann aus Eritrea findet, verdurstet und mit einem Zettel in der Hosentasche, auf dem die Adresse seiner Tante in Mannheim steht. Und er ist voller Trauer um diesen mutigen jungen Mann, der alleine loszog und es nicht schaffte.

Muss man jemanden einsperren, der eine geflüchtete Person ins Taxi steigen läßt, damit sie sich bei der nächsten Polizeistation melden kann? Ist der Taxifahrer bezahlt worden, und ist er dann ein Schlepper oder hat es noch andere unterwegs gegeben, oder muss die Hilfe grundsätzlich kostenlos sein und bleibt vielleicht trotzdem illegal? Solche Fragen beschäftigten auch meine Freunde. Sie organisierten einen privaten Autokonvoi von Österreich nach Ungarn, weil die Regierung Orbán die Weiterreise der Geflüchteten torpedierte und Busse und andere Verkehrsmittel nicht mehr fuhren. Menschenrechtsanwälte rieten ab. Sie fuhren trotzdem. Die Fahrt gelang, und sie brachten in ihren Privatautos Menschen heraus. Später erhielten sie den Lisa-Fittko-Preis (»Mein Weg über die Pyrenäen 1940/41«) und wurden in den Münchner Kammerspielen geehrt. Lisa Fittko war Fluchthelferin, eine österreichische Widerstandskämpferin gegen die NS-Diktatur. Jetzt kreuzen Schiffe der NATO im Mittelmeer und gehen gegen die Schlepper vor. Wer gegen die Schlepper vorgeht, geht auch gegen die Geflüchteten vor; diejenigen, die in der Türkei gestrandet sind; manche schon lange. Warum werden in den Ländern keine ordentlichen Visa-Abteilungen eröffnet: dreifache Besetzung. Warum hatte Nehmat keine legale Möglichkeit, ihr Recht in Anspruch zu nehmen? Wenn sie das Visum hätte beantragen können, hätte man es ihr gewähren müssen. Sie wäre ins Flugzeug gestiegen, nicht in ein Schlauchboot!

Eine kleine Gruppe in Deutschland lebender Juden trifft sich. Eine Art Salon ist das, nichts Offizielles. Thema Flüchtlinge. Ich gehe hin, will überlegen, wie die jüdischen Menschen … Eine sagt, als wir kamen, hat sich niemand gekümmert. Die Dame hat einen russischen Akzent und ist Anfang der 90er Jahre als Kontingentflüchtling nach Deutschland gekommen. Es folgt eine detaillierte Schilderung darüber, warum es unmöglich war, in Tadschikistan zu bleiben, das System, das Marode, Kaputte, und ob wir uns das vorstellen könnten, und Extremisten jeder Art. Die Dame befindet sich in einer wichtigen Position im Bildungswesen der jüdischen Gemeinde. Es werden erhebliche Bedenken dagegen geäußert, dass Deutschland aus dem Kriegsland syrische Menschen aufnimmt. Kann man wissen, wer die sind? Später erfahren wir, dass in der Schule Spenden gesammelt wurden, und wir erfahren, dass der eigene Sohn nachts kaum mehr nach Hause kommt. Er hat sich ohne Wissen der Mama »Wilmersdorf hilft« angeschlossen und macht Tag und Nacht nichts anderes. Eine Rabbinerin berichtet, wie sie zu Channukka Menschen islamischen Glaubens in ihrer Gemeinde zu Gast hatte. Sie bleibt vorsichtig. Sie möchte nicht ihre Kompetenzen überschreiten, und sie möchte auch nicht gekündigt werden. Manche werden ja schnell in der jüdischen Gemeinde gekündigt, zumal in Berlin. Ein ehemaliger Redakteur erklärt, dass man die Bedenken der Leute Ernst nehmen müsse. Das müsse man unbedingt. Dieser Sprach- oder Sprechcode deutet auf Pegida hin, diese rechtspopulistische Bewegung, die seit einiger Zeit auf den Straßen herumbrüllt und gegen den Staat ist, gegen Demokratie, gegen die Polizei – und gegen den Islam in Deutschland. Der gehöre nicht zu Deutschland … Dabei gibt es eine interessante Sprechverwirrung: Ein Pegida-Anhänger sagt ins Mikrophon des Reporters: 6 Millionen Muslime seien nun wirklich zuviel. Eine Zahl, die die Zahl der in Deutschland lebenden Muslime deutlich überschreitet. Was soll ich dazu denken? Den Muslimen das Schicksal der 6 Millionen getöteter Juden Europas? Sie wurden einstmals »fremd«gemacht, und von der Überfremdung des deutschen Volkskörpers war die Rede. Am Ende dieser Reden stand der Massenmord.

Eine jüdisch-russisch-deutsche Schriftstellerin berichtet, die Probleme seien eigentlich gar nicht gegeben, ihr syrischer Mann sei auf die Botschaft gegangen und habe ein ordentliches Visum für Deutschland erhalten. So könne man ausreisen. Eine Kommunistin ist enttäuscht von den Leuten, die da in Stockbetten in Turnhallen und an anderen Orten untergebracht sind. »Die liegen ja da und heben nicht mal den Kopf und machen dauernd was mit ihrem Handy.« Ich verlasse die Gruppe, hier ist nichts zu machen.

Sie wird nicht erklären, dass sie sich wünsche, der Zentralrat der Juden in Deutschland möge sich an den Unterstützungsaktionen, die überall anlaufen, unter anderem getragen durch die beiden christlichen Kirchen im Land, die katholische und evangelische Kirche und ihre Hilfsorganisationen, beteiligen. »Die sind doch Feinde der Juden … Für uns ist das eine Bedrohung.«

Ähnliches höre ich auf einer Versammlung in Hamburg. Eine etwas korpulente Frau unschätzbaren Alters beginnt davon zu erzählen, wie ihre Familie gelitten habe und wie sehr noch immer das Trauma ihrer Eltern, Auschwitz, in der Familie gegenwärtig sei. Sie stammten aus der ehemaligen Tschechoslowakei. Deshalb fürchte sie die Geflüchteten, fürchte die Moslems. Die Terroristen und die antisemitischen Übergriffe auf jüdische Einrichtungen hätten zugenommen. Als Jüdin lehne sie die Politik von Angela Merkel ab. Beifälliges Murmeln im Raum. Mein Podiumsmitdiskutant, dritte Generation, ist ein eloquenter Redner. Dazu wird er nichts sagen. Ich redete mit mageren Worten. Mir drängten sich die Sätze des katholischen Bischofs auf, den ich vor kurzem gehört hatte. Er sprach vom Geringsten unter uns, zu dem ich mich neige, und von Barmherzigkeit. Er sprach im Namen Jesu. Ich studierte Emmanuel Levinas. Ist es mir freigestellt, JA oder NEIN zur Aufnahme der Geflüchteten zu sagen? Levinas spricht vom Antlitz des Anderen, das er mir nackt und schutzlos darbiete, einer Aufforderung zum Akt der Gewalt, und es ist eben dieses Antlitz, das sie verbiete. Das Antlitz spricht, und wir sehen uns an von Angesicht zu Angesicht. Im Schauen bin ich schon die, die Verantwortung trägt. Ich kann sie nicht übertragen oder ablehnen. Sie ist unsere Form der Sozialität.

Ich weiß nicht, ob meine verrückte jüdische Freundin Wendy Levinas gelesen hat. Wahrscheinlich nicht. Sie, eine Jüdin aus New York – ich will damit sagen – sie ist so, wie wir uns in Deutschland amerikanische Jüd*innen vorstellen. Sie ist mit einer solch unverschämten jüdischen Selbstverständlichkeit unterwegs. Mit einer kleinen Gruppe von Therapeut*innen, Akupunkturist*innen, Yogalehrer*innen nahm sie ihren Urlaub am Ende des Jahres. Sie flogen nach Wien, kamen bei diesen und jenen Leuten unter, standen morgens auf und gingen in die Erstaufnahmestellen. Es war Weihnachten. Die ohnhin auf freiwilliger Basis organisierten Hilfsdienste waren noch stärker unterbesetzt. Dieses christliche Weihnachten ist ein außerordentlich familienorientiertes Unternehmen. Mein Freund, der als Aktivist des arabischen Frühlings die Herrscherclique in Bahrein nur knapp überlebte, sagt, zu Weihnachten müsse er Deutschland verlassen. Da wird es unerträglich. Als wäre das Land implodiert: ein einziges, tannenumstandenes Familienhaus.

Zurück nach Wien: Wendy und Birgit und noch ein paar Frauen, – diese Gruppe aus New York und anderen US-amerikanischen Städten – sie gingen nach ihrer Ankunft in Österreich ohne sich aufzuhalten in die Unterbringungslager für geflüchtete Menschen. Sie klopften an der Tür, meistens nicht angemeldet, so etwas führt auch eher zu einer Mitteilung wie in Traiskirchen, dass nicht genügend Kapazität da sei, um den Besuch zu organisieren. Sie gingen an viele andere Plätze, zeigten den Leuten Möglichkeiten der Akupressur, der Traumabewältigung, zeichneten und sangen mit den Kindern, und dazwischen gab es Yoga. Ein Crashkurs für Leute, die leben wollen. Am Ende waren nicht nur die Geflüchteten beschenkt, sondern auch die ehrenamtlichen Helfer*innen vor Ort. Sie machten mit. Bis zum heutigen Tag erzählen sie von diesen wundersamen Weihnachtstagen. Als diese Frauen am Westbahnhof in Wien ankamen.

Ich spreche nicht mehr viel mit meinem Nachbarn. Früher saßen wir manchmal zusammen und tranken Tee. Was ist mit ihm, dachte ich, als er klingelte. Ich konnte mir vorstellen, dass er mir aus Frankreich ein Pfund Buchweizenmehl mitbringen wollte. Seine Frau hat bald Ferien, sie ist Lehrerin. Die beiden fahren immer nach Frankreich. Sie haben sich ein Haus dort gebaut. Mein Nachbar baut immer. Seit ich ihn kenne, baut er. Das sind fast zehn Jahre. Vor seiner Tür stapeln sich verpackte Bäume. Die will er mitnehmen. In Deutschland sind sie billiger. Schwiegermutter und Frau stammen aus Ungarn, vor dem Kommunismus geflohen. Die Nachbarswohnung ist auch Eigentum, nicht Miete. In Deutschland wird ja noch immer gemietet. Er hat also Eigentum, die Frau ist die Verdienerin, kleine Rente für ihn, die Schwiegermutter bezieht eine gute Rente, und er bekommt noch Pflegegeld für sie. Ein erwachsener Sohn. Er wollte mir kein Buchweizenmehl mitbringen. Mit rotem Hals redet er von »der Merkel«, die uns alle kaputtmache, Deutschland kaputtmache, Europa kaputtmache, und er sagt: »Ich bringe sie um.« Dann sagt er, er hoffe, dass das jemand tut. Und die Franzosen hätten schon recht, dass sie niemanden aufnehmen würden. Und für Deutschland sei das der Ruin, das sei nun mal kein Einwanderungsland. Jetzt wundere ich mich schon sehr. Wir streiten uns. Am Ende sagt er: Ihm reiche es mit den Gutmenschen, die würden den Staat kaputtmachen. Als er gegangen ist, überlege ich, ob ich dieses Gespräch für privat halten soll. Andererseits war eine Straftat angekündigt. Hassrede und Morddrohung. Muss man nicht eine solche Rede anzeigen? Mein Freund, der bei der Ministerin für Integration und Migration arbeitet, sagt, dass die Behörde inzwischen auch e-mails, die sie erhält, an die Polizei weiterleitet.

Unverhohlene Drohungen und Hassreden. Ungeschminkt mit Absender. Eine Lehrerin fragt an, warum Asylsuchende bis zu 10 Euro stehlen könnten, und so geht es weiter fort. Wir sind im Streit auseinandergegangen. Ich habe ihn nicht angezeigt, aber ich habe zum ersten Mal in meinem Leben darüber nachgedacht, ob ich etwas aus einem privat und nicht-öffentlich geführten Gespräch anzeigen müsste.

In einzelnen Betrieben werden Vereinbarungen geschlossen, dass auch dort Deutschkurse angeboten und finanziert werden; auch Vorbereitungskurse für junge Asylsuchende in technischen Berufen. Die Wirtschaft hat lange nicht ausgebildet … Das ist jetzt schon fast ein glücklicher Umstand. Und sie hat die bereits im Land lebenden Kinder der zweiten und dritten Generation der Einwander*innen türkisch-arabischer Herkunft nicht gefördert. Es gibt wohl kein vergleichbares Land im Westen, das eine solch erhebliche Bildungsdiskriminierung aufweist wie Deutschland.

Firmen bieten einjährige Übungspraktika an, danach einjähriger Crashkurs Deutsch. Der Prozess ist langwieriger als man es sich vorgestellt hat, und sie alle, die Betroffenen und die Firmen, sagen, sie wollen Rechtssicherheit. Wenn die Verfahren weiterhin so lange dauern und nicht zugesichert wird, dass die Leute ihre Ausbildung zuendeführen können, macht es keinen Sinn. Der Mann, zu dem ich mein Auto bringe, wenn etwas zu reparieren ist, wiegt bedächtig den Kopf. Er hat Anfang der 90er Jahre zwei junge Leute aus Bosnien ausgebildet. Als sie zurückkehrten, waren sie ausgebildet im Kfz-Handwerk. Jemand schlägt vor, Pluspunkte auf Arbeiszeitkonten zu verteilen, wenn jemand ehrenamtlich aktiv ist. Noch nie hat es so viele Leute gegeben, die ehrenamtlich aktiv sind. Ein gutes Drittel meiner Studenten zum Beispiel; viele sind sehr jung. Sie scheinen auch keine besondere Weltanschauung oder Religion zu haben. Sie tun. Das ist neu. Wochenlang sendeten die Medien Berichte von Menschen, die in Deutschland leben und selbst Erfahrungen mit Flucht und Vertreibung haben. Wie viele hatten die DDR verlassen mit nichts als dem, was sie am Köper trugen. Und doch gibt es welche, die sagen, das könne man nicht vergleichen. »Wir sind ja Deutsche.« Kein Mittelmeer, das stimmt. Stacheldraht und Mauer.

Ich muss mich um Gh. kümmern. Sie ist krank, hat Fieber, Grippe.

Eigentlich wollte ich mehr erzählen, wollte von Jeans sprechen und Jacken und von Essen, das man plötzlich nicht mehr ausgeben darf, weil das den europäischen Normen für Lebensmittelrecht nicht entspricht. Wir wissen nicht weiter im Moment. Ratlos. Warten. Die Grenzen müssen wieder aufgehen. Schutzbedürftige darf man nicht abschieben ohne Prüfung. Wir wollen nicht zusehen, wie die Charta der Menschenrechte ausgelöscht wird. Ich denke an den Flüchtlingsgipfel 1938 in Evian zur Rettung der Juden aus Deutschland und Österreich … Die Roosevelt-Initiative misslang. Wir dürfen jetzt nicht scheitern.

Dem ersten Mann meiner Mutter, dem Vater meiner ältesten Schwester Hannelore, meinen Großeltern war es möglich,

Hitler-Deutschland zu überleben. Die gesamte Familie erhielt Unterstützung von mehr als 40 Helfer*innen. So steht es in den Akten. Ihre Namen, Vornamen, der Wohnort, die Straßen. Meine Schwester wurde als Fünfjährige von Leuten versteckt. Sie alle gefährdeten sich selbst. Ich schrieb ein Gedicht. Deutschlandradio Kultur sendete im Juli 2015: »National Trust / Oh I do like to be beside the seaside / Der Innenmininister schreibt: back to the seaside / Woher sie bzw. Sie gekommen sind / Das Gefängnis ist an Land / Der Transport per Luft / Wenn jemand die Bordklappe öffnen würde / fielen die Leute ins Meer / dahin woher sie gekommen sind / das ist verboten / Flucht ist auch verboten / / Bleiben ist / Flucht nicht / Bleiben nicht / Auflösen / Einsperren oder Auflösen / Als sie geboren wurden / fragten ihre Mütter nicht nach Erlaubnis / es ist ein Makel, dass die Mütter nicht / nach Erlaubnis fragten / Sie sollen gehen / Tausende gehen / Das Gehen an sich / Wie will der Innenminister das Gehen einsperren / Will er Straßen hochziehen / Lüfte auf die Erde holen / Die Wasser zum Versiegen bringen / Gefängnisse für die, die immerzu gehen / Da muss man viele einsperren / Ganze Länder muss man einsperren / Ich glaube nicht, dass diese Länder / in unsere Gefängnisse passen / es gab Zeiten, da jubelten wir mit ihnen / mit denen die / auf dem Tahrir-Platz standen / auf dem Tian'anmen-Platz / im Suk von Damaskus stapeln sich / Waffen statt Früchte / Der kommt aus dem Kongo / und der aus dem Irak / wenn ihre Knochen in der Erde ihrer Länder / keinen Platz mehr finden / willst du die sein, die ihre Asche in die Winde zerstreut / Geh lieber und kauf einem eine Hose, die neu ist / und gut sitzt oder ein / gebügeltes Hemd. Das wird gehen.«

Viele Leute haben die Hose gekauft und das Hemd gebügelt.

Jetzt sitze ich in der Amerika-Gedenkbibliothek in Berlin, ein Geschenk der Vereinigten Staaten aus dem Jahr 1954 und ein Symbol für Bildungs- und Meinungsfreiheit. Und ein Zeichen an die junge Generation von damals.

Hier sind heute die älteren Schüler aus dem Bezirk Kreuzberg und machen Hausaufgaben. »Viele unserer Geflüchteten«, sagt

Rahel, »sind auch immer dort.« »Unserer«? Jemand verlangt eine Russisch-Übersetzung. Andere noch Sprachlose sitzen hier. Vor Deutsch-Übungsbüchern. Es ist die Bibliothek mit der größten Freundlichkeit gegenüber ihren Besucher*innen in Berlin. Jetzt platzt sie aus allen Nähten, sie müsste erweitert werden. In gewisser Beziehung möchte ich das ganze Land als eine solche Bibliothek verstehen. Jetzt braucht sie Unterstützung. Es würde viel helfen, wenn auch die USA weitere Flüchtlinge aufnehmen würden. Vielleicht kann dies auch mehr Bewegung für Europa bringen. Und vielleicht mögen Sie alle auch dabei helfen, ein »Black Mountain College« in Europa aufzubauen – die Bibliothek zu erweitern –, wenn Sie verstehen, was ich meine.

Whats App Golem

Ich kann nicht sagen, dass ich mit dem Golem auf Du und Du gelebt hätte.

Zu Hause waren die Geschichten von Max Brod und ostjiddischer Mystik nicht präsent. Unser Judentum war deutlich von der Shoah gezeichnet, vom Vergessen, vom Vergessenwordensein, vom Verlust der Anderen und auch der Geschichten. Wahrscheinlich war es ja auch so, dass die Assimilierung der Großeltern, als sie, einstmals aus Schlesien kommend, sich in Berlin heimisch gemacht hatten, auch darin bestand, sich darum zu kümmern, dass wenigstens die ältere der beiden Schwestern einen höheren Schulabschluss erwerben konnte, während die andere zusammen mit den Eltern in der Schneiderei weiterarbeitete. Die ältere aber genoss als erste eine höhere, humanistische Schulbildung, die wegen Herrn Hitler nicht zu einem Studium oder Berufsabschluss führte. Später dann ich, auch ich erhielt eine humanistische Schulbildung. Ob es sich nicht vielleicht sogar um eine gewisse Empfindlichkeit gehandelt haben könnte in der Zurückweisung einer »Volkszugehörigkeit«, weswegen die »Volks«erzählungen auch eher abwesend waren, also eine »Überempfindlichkeit«, wie Max Brod einmal Zustände beschreibt, wie er sie bei Westjuden diagnostizierte, vermag ich nicht zu sagen.

Während der jüdische Religionsunterricht offenbar keinen sonderlichen Eindruck auf mich machte, allerdings die Gottheiten der Antike schon. Mit ihnen kannte ich mich aus.

Insofern kam es einer Demonstration gleich, als mein erster Gedichtband den Titel trug »Als mir mein Golem öffnete« und, wie es der Zufall wollte, eben auch in der tschechischen Republik gedruckt wurde, in deren Hauptstadt Prag der Geburtsort des Golem, so sagt es die Legende, gelegen war. »Ich saß / vor deiner

Tür / als / mir mein Golem / öffnete / führte mich / abseits / und strich / mir die Zeile / aus / jetzt fegst du / Staub / vor deiner Tür.« Ist das jetzt »mein Golem« oder der, den ihr mir andichtet … und warum »mir« – strich »mir« die Zeile aus – bin ich jetzt selbst mein eigen Golem? Nehm' ich ihn an und mit und bin ich er oder ich und wäre also zweimal Ich?

»Ich wurd / als golem / euch geboren / noch fünfzig Jahr / und später / ihr löschtet / uns die Silbe aus / und hängt mich / an dem Wort / und aleph / sein wir / tot geblieben / und aleph sein wir / tot geblieben.«

Diese beiden Texte waren die Eingangsgedichte, der Band endet damit, dass ich meinen Namen esse. Der Golem ist selbst ein Namenloser. Er ist eine Figur, ein Begriff, ein Abstraktum und doch konkret, so konkret, dass ihn sich Paul Wegener, der Regisseur des legendären Films »Der Golem«, als großen »Rübezahl« – hätte ich beinahe gesagt – vorstellt, ein ungeschlachter, grober Klotz, menschenähnlich und doch arm an Mimik und kantig in den Gesten, wie jemand, dessen Motorik gestört ist. Wie ein Roboter mutete er spätere Generationen an, und seine Seelenlosigkeit wird überführt in die Welt der Computer und künstlichen Intelligenz.

1999 erschien das europäisch-jüdische Magazin Der Golem, herausgegeben von einer unabhängigen Gruppe jüdischer Künstler*innen, die sich als Europäer verstanden. Das Magazin erschien in Deutsch, Englisch, Französisch. Die Herausgeber-Gruppe Meshulash hatte schon 1997 in der ehemaligen Synagoge in der Brunnenstraße 33 in Berlin-Mitte eine Golem-Figur platziert, zunächst ein Happening. 1998 begegnete mir Der Golem erstmalig leibhaftig bei Ahawah, einem einstigen jüdischen Kinderheim, in der Auguststraße 14/16 in Berlin-Mitte, auch ein ehemaliges jüdisches Krankenhaus, dann »Sammelstelle« für Juden vor der Deportation, zu SED-Zeiten Max Planck EOS (Erweiterte Oberschule). Ein Haufen Erde, dann eine menschenähnliche Figur, platziert auf einer Trage. Der Wachmann, der das Objekt bewachte, so wie die meisten jüdischen Einrichtungen in der Stadt bewacht werden, habe Angst gehabt, hörte ich, als er den »Mann« gesehen habe, und sei davongelaufen. Mir war die Vergegenständlichung merkwürdig, wahrscheinlich hatte ich den Golem für einen spirituellen Zustand gehalten und tue es noch. Und wahrscheinlich halte ich ihn auch für ein universales Phänomen, weswegen er mir in Prag so vertraut und fremd ist wie in Detroit oder andernorts. Wenn ich am Mural von Pollock – sprang er in die Höhe, um die Leinwand zu erreichen? was sprang oder malte ihm, als er malte? – vorbeigehe, an den Murals von Diego Rivera, an Frieda Kahlo denke, die sich kaum bewegen konnte, und dann an Henry Ford … Wir entäußern uns. Mensch und Maschine sind miteinander verschmolzen, die Materie trüge den Sieg über die Lebenden davon? Wer bist du, der sich entäußert, hinausgeht und sich formt nach einem Bilde?

Nicht nur kann ich in ihm das Bild der Bilder sehen und erkennen, ich kann es finden unter Hunderttausenden: wie facial recognition oder finding durch Algorithmus. Wie finde ich mich oder den anderen, das Gesicht des anderen? Vielleicht ist das die falsche Frage, und es ginge ausschließlich um die Überwältigung des Ich durch meinen eigenen künstlichen Begriff. Mathematischer Lehm dringt in den Maschinen- oder EDV-Raum, in dem gekühlt die Rechner stehen. Durch die Netze der virtuellen Welt ein Göttlicher, wer hier davonkommt und durchzieht, bis das Werk in seiner archaischen Fassbarkeit vollendet ist. Wir brauchen die Koordinaten. Sonst nichts. Der da gefunden ist, das ist der Golem oder ich. Vom Bild zum tatsächlichen Geschöpf. Wen wünsche ich gefunden zu haben – als wer wünsche ich gefunden worden zu sein – kenne ich mich, der, den du mit der Kraft deiner Zeichen im Netz verspürst?

Im Kinderbuch Willi Wiberg sagte der Vater, aber bitte nicht die Säge, und für das Kind wurde der Gegenstand Golem und Superman und Stiller Freund zugleich. Meine Tochter sah die Simpsons gerne im Fernsehen an. War es nicht so, dass die Erfindungen vom Küchentisch aus ihren phantastischen Lauf nahmen? Mitten aus der Moderne eines 21. Jahrhundert-Couch- und

Sesselensembles mit den merkwürdigen Comicfiguren, die sprechen wie du und ich? Nur ein wenig höher in der Stimmlage, glaube ich. Zwischen diesen Figuren und dem liebgewordenen Legendenbild klafft ein Spalt; ihn füllen Kartoffelchips, Chips, Mathematik, Allmacht.

Ein ungeschlachter Mensch nach meinem Bilde – wer soll das sein? Ich und ein Ich mit urgewaltiger Kraft. So könnte ich mir die jüdische Weltverschwörung auch vorstellen, wie sie die Herrschaft übernimmt, nicht wahr. Der allmächtige Jude, verbündet mit dunklen Mächten – King Kong mit dem schönen, zarten weißen Mädchen –, die affenartigen Züge verraten die Kreation des unbekannt verborgenen Fremden, dem Tier näher als dem Menschen, das Stigma, die Nazis. Auf mich kommt der Golem zu, ist Lara Croft, ist eine schöne Schwarze Frau und anderntags Mann und Frau zugleich. So vielleicht.

Die kleinen Spielfiguren aber zu einem Riesenmonster zu erheben, dessen Schatten drohen, wem und wogegen? In der Legende geht es um die Errettung der jüdischen Bewohner der Stadt, um Abwendung des drohenden Pogroms, im Film von Paul Wegener um die Umwandlung des Dekrets des Königs, mit dem die Vertreibung der Juden beschlossene Sache gewesen sei.

William Kentridge betritt mit einem Metronom in der Hand die Welten meiner Seele. So hielte er den »Golem« vor uns? Was hat er da, die Zeit, die Schöpfung? Aber schließlich wäre sie reduziert auf Null und Eins. Algorithmus. Immer wieder will ich sagen: Alogorithmus, als könnte ich den Logos hineinschmuggeln. Vergeblich. Einmal geschaltet: Ein. Wehe dir.

Ich verstehe das, wenn du dir dein eigen Golem wirst. Befremdlich ist das, wie ein Alien oder wie jemand, der zu lange im Matsch gelegen hat; vielleicht als Soldat oder auf der Flucht. Hier wird die Erde unangenehm, so süß, dass hungrige Menschen mancherorts davon essen. Zuletzt haben sich übrigens die Kinder des antiautoritären Kindergartens Matsch ins Gesicht geschmiert oder sonstwohin. Oder die, die am Strand liegen und im Meerwasser planschen. Nicht ernstblickende Erwachsene.

Bitte, lieber Golem, geh! Setze einen Fuß auf diese Seite, einen auf die andere. Vorsichtig, dass du niemanden verletzt, und nimm sie auf, die Leute, die da warten aus Syrien, im griechischen Idomeni, in der Türkei, zerreiße die Zäune wie Spinnweb, damit die Menschen hindurchgehen. Halt ein, halt ein – nicht weitergehen und wen oder was zerdrücken mit deiner Hand und deinen Füßen. Kraft der Befehle befehle ich dir. Beuge dich, nimm sie auf, nimm die Leute auf, sie haben lange schon Krieg, da ist Krieg. Dann steige auf das Land, bleib stehen, und die Geschosse würden zurückprallen auf die, die sie geschossen haben – oder sie würden zerplatzen. Sich auflösen im All wie unbekannte Satelliten. Als ob man sich nicht darüber verwundern müsse, dass sich bedeckt haltende Absender die Sphären durchstreifen.

Ist der Golem ein Nationaler, ein Patriot oder eine Frau? Der Golem ist doch sicherlich ein Kosmopolit oder könnte man sich vorstellen, er gehörte nur mir? Oder der israelischen Armee? Da wäre die Geschichte vom David-gegen-Goliath zerbrochen. Der Golem hingegen hätte sich aus der Inkarnation des David entwickelt, sodass er sich fortentwickeln könnte aus sich selbst. Gefüttert mit Informationen aus Menschenhand. Ein Wort- und Buchstabenmaschinenprogramm, das wir mit Internet bezeichnen. Das Internet hat ein Gedächtnis. Das Angebot Golem erreicht rund 1,67 Millionen Nutzer und wird monatlich rund 8,34 Millionen mal besucht. Es gehört zu den fünf wichtigsten Internetportalen mit Fokus auf technischen Themen. Steht im Internet. Es kann ja sein, mein Gedächtnis versagt. Seines nicht, es sei denn, ich zöge den Stecker.

Bleib stehen, bleib stehen, mitten da, wo die Bomben heulen und der Krieg die Menschen zu Opfern und Leidenden macht. Beug dich noch mehr, und wieder, und nimm die Leute auf. Jetzt mach schon, nimm sie auf, bring sie heraus und setze sie behutsam ab – da darfst du nicht – nein, da – da auch nicht, da auch wieder nicht – dann bleib doch stehen, behalte die Leute in deiner großen Hand – bleib mit ihnen in der Hand so stehen – ich kann nicht sagen, wohin du dich zu bücken hast, damit du sie absetzen mögest, deine zerbrechliche Fracht. Du musst sie jetzt sowieso bald absetzen, weil sie dir Stacheldraht um die Füße wickeln. Ich weiß, du wirst ihn schon zerreißen, aber dafür brauchst du deine Hände. Die Hände, mit denen du die Leute hältst. Unbill auf unserem Volk – o du meine Güte, die Unbill ist … ich meine, man sollte der Unbill eine nationale Ecke zuweisen, damit sie sich darauf beschränkt, oder einen Kasten, einen Fluss oder … Sieh hier Esra aus Damaskus, staatenlos; seit Generationen staatenlos; einmal kamen seine Leute aus Haifa. Esra geht morgen zu Audi in Neckarsulm und lernt Deutsch und Elektronik und wird vielleicht studieren … Golem, finde den Leuten den Platz. Du musst sie absetzen: Vorsichtig, vorsichtig, setze sie ab, du kannst sie nicht ewig auf den Tellern deiner Hände halten … Du bist nicht Mensch, nicht Gott, nicht Tier – nicht was? Du bist lebende Materie … Du bist nicht gut und bist nicht schlecht … kannst nicht entscheiden … Hab dich geboren, wie nie ein Mann ein Kind gebären kann … und bist mir fremd und doch vertraut … Ich schaffe dich, wie niemand dich erschaffen könnte … du bist mein … Nimm diese zarte Tänzerin vorsichtiger. Vorsichtig! Sie wird krank werden von deiner Grobheit … Golem, zart kannst du sein und mächtig und kannst Gebäude vor dem Einsturz retten … Rette rette rette … Du bist doch der, der nicht bestimmt – ich bestimme, und wenn es Krieg gibt, machst du Krieg, und ich bestimme, lass dich laufen, Golem, schießen, weiß jetzt nicht, wie ich dich, ich bin es ja, der dich schießen lässt an meiner Statt, und dann frag ich dich … hebe sie auf die Leute mit deinen großen Händen und halte sie fest … noch trägst du die Spuren meiner Schöpfung … sie werden verschwinden. Ich werde mich nicht mehr erinnern, niemand wird sich mehr erinnern … wie könnte ich dir Einhalt gebieten … Ich müsste es jetzt wollen, den Schalter suchen auf deiner Brust, eindrücken dir – die Zeichen auf der Stirn: emeth Wahrheit Leben. Löschte ich dir nur wenige Buchstaben, nur eine Silbe, könnte ich dich den Toten übergeben. Du bist nicht Wort und auch nicht Fleisch. Eine Lebend-Kunst-Maschine. Oder eben dies alles nicht, nur eben Fiktion, Theater, Kino,

Performance mit Erdflecken, und ich lass dich leben und sterben wie eben da. Ich kann auch gehen wie ein Automat, keine Miene bewegen im Gesicht. Der Moonwalk Michael Jacksons, ich erinnere mich daran oder an die Flying Steps, wie sie mit Roboterarmen tanzten: Popping in Berlin-Kreuzberg.

Ich geb dich ein in meine Suchmaschine, dann lass ich ein Kind die Taste suchen. Vielleicht wird es sie finden … ich habe die Kombination vergessen. Wir sagen den Mächtigen Bescheid. Sie haben nicht gehört, und weil sie nicht gehört haben, schicken wir ihn oder sie: Geschöpf aus Wort und Materie.

Wir schickten die Leiharbeitenden, die Befristeten und Unbezahlten aus, um die Ausbeuter zu besiegen. Diese Heerscharen taten ihre Pfennige zusammen oder Cents und kauften den Lehm und gaben Geld dem Mann, der ihn schuf, und ließen ihn laufen wie einen Computer der ersten Generation. Bitte nicht Nixdorf. Es gibt ein Nixdorf-Museum, da stehen die frühen Golems herum, frei zur Besichtigung.

Es könnte einer von ihnen sein, der zurückkommt mit einem Dekret in der Hand, darin steht, die Juden sollen ihre Häuser verlassen. Manchmal haben meine türkischen Nachbar*innen Angst. Sie denken, sie seien die Juden. A. hat einen Anruf erhalten, sie sei die nächste, deren Haus brenne. Einem anderen haben sie Schweineblut ans Haus geschmiert. Das war 1993 und 2016.

Oder es kommt einer von ihnen mit einem Dekret zurück, darin erhalten sie die Gewähr, dass sie dableiben dürfen in der Gesellschaft. Allerdings versäumten sie es, den Golem abzustellen, und gingen ihrer Wege.

So wie der fromme Rabbi einstmals zu lange außer Haus geblieben war, sagt die Legende.

Ihre Verträge sind verbessert worden. So geht er weiter, der Golem, ein Frankenstein-Geschöpf und von faustischer Unsterblichkeit. Schön, vielleicht schön, warum nicht schön? und erschreckend. Wie hypnotisiert geht er weiter und weiter an den Mauern des Diego Rivera entlang, entlang die Montagebänder und -straßen. Der Golem dieser Stadt trug den Namen von Henry

Ford. Paß auf, dass du ihn nicht erzürnst. Fürchterliches kann er tun. Bis er auf eine Tür trifft. Als er sie öffnet, fällt er ins Nichts. Niemand hat ihn abgestellt, ihm seinen Zettel aus dem Mund geholt. Wir warten voller Angst und voller Hoffnung darauf, dass er kommt, und vielleicht hat er den letzten der erteilten Befehle noch gehört.

Ungeklärt sind seine Hintermänner, Hinterfrauen. Oder soll ich sagen: seine Herrschaft?! Kaum zu glauben, dass sie lange auf einem Dachboden mit Adonai sich besprachen und unter Frömmigkeit und Gebeten sich an das Werk begaben.

Ich meine den Befehl, dass er sich bücken solle und solle die Leute aufsammeln aus den Kriegsgebieten und woanders niedersetzen. Stattdessen hält er sie doch in der Hand, und wenn er die Hand öffnete, dann würden sie ins Meer fallen. Ich sagte ihm: Sorgsam absetzen. Am Ende war es ein Kind, das die Taste fand. Da hatte er sie dort niedergesetzt, wo sie schon waren. Sie weinten. Die Trümmer des Golem bedeckten ihre Zelte. Das Kind hatte enter gedrückt und den Empfang ausgeschaltet. Die Worte waren der Schlüssel zu seiner Bewegung. Ich muss jetzt wollen, dass ich die Worte wiederfinde. Hab keine Wahl und geh, dem Monster Leben einzuhauchen. Es wunderte mich, dass der Rabbi in der Geschichte aus Prag nie wieder das Geschöpf erwecken wollte. Wegen der Gefahr, die von ihm ausginge. Dieses wie hypnotisierte Geschöpf hatte ein gefährliches Eigenleben entwickelt, so als wären Befehle zwar wirksam, aber von wem gegeben?

In der Medizin scheint die Hypnose allmählich zurückzukehren, auch als Selbsthypnose. Die Zeiten, in denen sie verdammt war, verblassen. Und ich würde befehlen: Geh und tue? Die Zeitschrift Der Golem wurde nach drei Ausgaben eingestellt. Neue Golems werden erfunden.

»Sie hatten keine Empathie« Rassismus in Ostdeutschland

JOHANNA ROTH: Frau Dischereit, Sie haben nach der Wende in den neuen Bundesländern Gewerkschaftsarbeit gemacht und sich im Zuge dessen viel mit Fremdenfeindlichkeit beschäftigt. Anfang der neunziger Jahre brannten dort Flüchtlingsunterkünfte. Jetzt geschieht es wieder. Hätten Sie gedacht, dass es noch mal so schlimm wird?

ESTHER DISCHEREIT: Nein, eigentlich nicht. Wobei: Seit dem Auffliegen des NSU kann ja eigentlich nichts mehr überraschen. Und der hat seine Wurzeln samt seinem Netzwerk auch in dieser Zeit. Ich kann mich noch gut daran erinnern: dieses Gefühl, dass Rassisten die Straße beherrschen. An manchen Orten ist es heute wieder oder noch immer so. Völlig unterschätzt ist die frühzeitige Verbindung dieser Milieus mit Rechtsradikalen im Westen; die Existenz eines Ku-Klux-Klan im Westen stößt noch immer auf Unglauben, ganz zu schweigen von dessen Verbindung mit der Polizei.

ROTH: Böhnhardt, Mundlos und Zschäpe wurden im Osten sozialisiert.

DISCHEREIT: Nach der Wende waren viele junge Leute sich selbst überlassen; die Institutionen, in die sie »ver«bracht gewesen waren, existierten nicht mehr. Manche suchten irgendeine Form von Gewalt und Widerstand. Gegen die Autoritäten von gestern hatte das keinen Sinn. Sie bewegten sich wie welche, die schon lange unter hohem Druck standen; nur: jetzt wurde der Stopfen gezogen. Für viele Wiederaufbauer galten die Rechten als das vergleichsweise kleinere Übel im Vergleich zu den alten SED-Eliten oder späteren Ostalgikern. In dieser Gemengelage zwischen Leuten, die nicht nur wehmütig zurückblickten, sondern eben auch Seilschaften bildeten, und jenen anderen, die als kritische, wache

Leute loszogen, die Selbstbestimmung wollten – für die Aufbauer auch alles viel zu links –, konnten die Rechten machen, was sie wollten.

ROTH: Das heißt, das Thema rechte Gewalt haben die Linken damals unterschätzt?

DISCHEREIT: Da müsste ich darüber reden, wer die »Linken« damals waren oder heute sind. Als Hypothek des SED-Staats wurde der Rechtsradikalismus ja eher totgeschwiegen. Für viele Menschen, die sich während der DDR als Oppositionelle und autonom agierende Menschen engagiert hatten, bedeutete die Wende vor allem Meinungsfreiheit. Einige von ihnen waren überzeugt davon, mit den Rechten müsse man reden, man dürfe nicht schon wieder alles verbieten. Ich kann diesen Reflex zwar verstehen, aber damit haben sie die Gefahr von rechts massiv unterschätzt. Insbesondere die etablierten bürgerlichen Parteien aber haben hier versagt: sozusagen »Vorwärts, jetzt ist Einheit«. Das rechte Milieu hat das ausgenutzt und sich geschickt mit der ostalgischen und einer demokratiefeindlichen Klientel verbunden.

ROTH: Viele Ostdeutsche sahen mit dem Fall der Mauer plötzlich ihr ganzes Wertesystem verschwinden. Warum aber marschieren heute Tausende auf den Straßen und skandieren Parolen gegen Flüchtlinge?

DISCHEREIT: Vielleicht ist der »Flüchtling« die Inkarnation all dessen, wogegen man sein könnte. Das Negative wird sozusagen exkorporiert, verlagert in den Körper des Fremden. Damals, Lichtenhagen, hatten die Menschen wenig, was ihnen die »Fremden«, die vietnamesischen Vertragsarbeiter*innen und andere, hätten wegnehmen können. Trotzdem wurde die tumbe Gewalt mit Verlustangst drapiert. Es gab einen großen Frust in der Gruppe der Wendeverlierer*innen, die es nicht geschafft hatten, sich in der neuen Gesellschaft etwas aufzubauen. Die Autoritäten von gestern waren entmachtet. Man konnte an ihnen hängen und sich mit-entmachtet fühlen oder man konnte den Aufbruch wählen, reisen, was Neues tun. Das Ungeheuerliche an den damaligen Auseinandersetzungen war dann das Zurückweichen der Regierung, die der Straße buchstäblich nachgab und die Asylgesetze drastisch einschränkte. Es war eine Katastrophe, wie sich das für die Flüchtlinge aus dem bosnischen Bürgerkrieg auswirkte.

Heute treibt die Menschen eher eine diffuse Abwehr um, dass da Massen von Menschen kommen, die ihnen etwas nehmen. In Deutschland wird seit Jahren ein Diskurs geführt, der vollständig von einer materiellen Seite des Denkens beherrscht ist. Wir müssen außerdem zur Kenntnis nehmen, dass auch jenseits dieser Anbindung an Materielles ein Rassismus existiert, der sich aus ideologischen, völkischen Ressentiments speist. Sie werden ungeschminkt von der bürgerlichen Mitte gepflegt und in den sozialen Netzwerken regelrecht ausge»spuckt«: Der Mensch islamischen Glaubens oder Herkunft avanciert hier zur Terrorfigur schlechthin; gleichgültig ob geflüchtet oder schon vor Generationen eingewandert.

Wir haben heute einen »ethnisch kulturell« begründeten Diskurs, der den Islam verunglimpft. Fremde werden systematisch fremdgemacht, insbesondere Muslime. Das war damals in Lichtenhagen oder Hoyerswerda überhaupt kein Thema. Dort herrschte blinde Gewalt, die nicht nur die Flüchtlinge selbst meinte, sondern die Bundesregierung als neue Obrigkeit, das demokratische System.

ROTH: Was war nach der Wende Ihre Aufgabe als Gewerkschaftsreferentin in den Neuen Bundesländern?

DISCHEREIT: Es ging um elementare Dinge: arbeitsrechtliche Bildung, fachliche Qualifikation, Arbeitnehmerschutzgesetze, zivilgesellschaftliche Verantwortung. Hier gab es einen enormen politischen Bildungsbedarf. Insbesondere bei den Beschäftigten des Öffentlichen Dienstes musste es ja darum gehen, was unter einer demokratischen Verwaltung zu verstehen ist. Ich habe beispielsweise einmal in Kooperation mit Amnesty International ein Seminar zum Thema »Flucht und Asyl« für Beschäftigte im brandenburgischen Innenministerium geleitet. Die Teilnehmenden waren wissbegierig und neugierig auf alles, was wir besprachen. Denn sie hatten täglich mit Fragen zu tun, die sie vorher kaum oder gar nicht berührt hatten. Wir wollten deutlich machen, welche Konsequenzen die Folgen ihrer Entscheidungen für die Menschen haben würden. Ich habe aber auch Seminare erlebt, wo die Leute offen fremdenfeindlich waren.

ROTH: Können Sie ein Beispiel nennen?

DISCHEREIT: Ich erinnere mich besonders an einen Vorfall: Als in Rostock-Lichtenhagen die Anschläge passierten, war ich in Brandenburg mit der Leitung eines Seminarprogramms beauftragt; im laufenden Seminar ging es um Vertretungsrechte von Arbeitnehmer*innen. Sehr unterschiedliche Leute nahmen daran teil, auch ehemalige NVA-Angehörige. Ich unterbrach das Seminar mit dem Ziel, darüber zu sprechen, wer die Menschen aus Rostock aufnehmen könnte. Sie waren in den Unterkünften nicht mehr sicher und saßen bereits in Bussen. Ich hatte es für möglich gehalten, die Schulungs- und Unterkunftsräume für Flüchtlinge zur Verfügung zu stellen und das Seminar abzubrechen. Es herrschte eine akute Notsituation. Die Teilnehmer fanden das unverschämt und fragten mich, wer mich beauftragt hätte. »Das kommt doch sicher von ganz oben, das muss sie tun«, sagte einer. Ich sagte: »Bis vor kurzem gab es die deutsch-deutsche Grenze, und es gab die Flüchtlinge aus der DDR, die in Budapest in die deutsche Botschaft hineinströmten. Sie wissen doch, wie sich Flucht anfühlt.« In vielen Familien gab es Angehörige, die flohen, oder vorher welche, die auf die Ausreiseerlaubnis gewartet hatten. Was ich sagte, empörte sie: Wie ich denn das vergleichen könne? »Wir sind schließlich Deutsche!« Das Seminar über die Rechte von Beschäftigten nahm seinen Betrieb wieder auf. Ich ging hinaus.

Die Teilnehmer*innen hatten offenbar keine Angst vor den Flüchtlingen – hier waren es auch die vietnamesischen Vertragsarbeiter*innen – und vor einer anderen Kultur oder vor finanziellen Einbußen, sondern sie pflegten ein Deutschtum, das zwar nicht unmittelbar militant und terroristisch war, aber doch deutlich rassistisch und die Gewalttaten billigend inkaufnehmend.

ROTH: Woher kam diese Stimmung? So etwas wie Deutschtümelei war den Menschen im Osten doch jahrzehntelang abtrainiert worden.

DISCHEREIT: Naja, die verordnete Internationale Solidarität war ja der Pakt einer Nomenklatur mit einer anderen. Was von den Leuten kam, hatte wenig oder keine Chancen. Deutsche Einheit, das hieß für viele auch: Wir Deutschen sind wieder wer. In den Jubel über den Mauerfall mischten sich viele nationalistische Bilder und Parolen, die heute gerne vergessen werden. Ich hatte Schwarze Freundinnen, die trauten sich in den Tagen nach dem 3. Oktober nicht aus dem Haus. Nicht irgendwo in Brandenburg, sondern mitten in Berlin.

ROTH: Trotzdem gab es doch aber viele, die sich gegen die Rechten stellten.

DISCHEREIT: Damals positionierte sich in bestimmten Gegenden schon als »Linker« oder »Anderer«, wer nicht offen rechts war und keine Bomberjacke trug. Ich habe viele Gespräche mit Menschen geführt, die gar nicht bewusst gegen Rassismus protestierten, sondern die etwas für sie Selbstverständliches taten, beispielsweise, indem sie Kinder aus Flüchtlingsheimen mit in den Fußballverein nahmen. Dafür standen sie dann auf der Todesliste von Rechtsextremen. Oder eine Zeugin einer rechten Gewalttat, eines Mordes, wurde dafür ausgezeichnet, dass sie bereit war, vor Gericht auszusagen. Einer Bürgerpflicht nachzukommen, war ein Wagnis und keine Selbstverständlichkeit.

ROTH: Wenn Sie zurückblicken, welche Gemeinsamkeiten sehen Sie zwischen rechten Gesinnungen heute und damals?

DISCHEREIT: Auffällig ist, dass es auch jetzt eine ausgeprägte Dämonisierung und Hetze gegen den Staat, gegenüber Politikvertreter*innen und Medien gibt. Wir hören diese Töne bei Pegida. Hier geht es nicht um das Recht auf demokratische Teilhabe in der Politik, sondern um deren Demontage. Als ich 1992 in dem Seminar das Gespräch über die Ereignisse in Lichtenhagen zu führen versuchte, hieß es: Warum sprechen wir überhaupt darüber? Das ist doch bestimmt wieder eine Verordnung von ganz oben. Dass es eine solche Verordnung gar nicht gab, wollten die

Leute mir nicht glauben. Für sie war klar: Da wollte jemand ihnen etwas aufzwingen, und darauf reagierten sie nach Jahrzehnten der SED-Herrschaft über die Maßen empfindlich. Sie hatten keinen Platz für Empathie.

ROTH: Heute ist die SED aber lange Vergangenheit.

DISCHEREIT: Die Skepsis ist geblieben. Auch die Haltung vieler im Osten, immer zu kurz gekommen zu sein, hat sich auch gut 25 Jahre nach der Wende nicht in Luft aufgelöst. Die Mutter des NSU-Terroristen Uwe Böhnhardt ist ein gutes Beispiel dafür. Sie hat diese Opferhaltung regelrecht kultiviert. Viele dieser Menschen fühlen sich mit einer gewissen Penetranz geringgeschätzt. Übrigens auch ein Attribut des typischen Kleinbürgers, gleich ob West oder Ost.

ROTH: Steht das aber nicht im Widerspruch zu dem, was Sie vorher sagten – nämlich, dass viele sich mittlerweile etwas aufgebaut haben, um das sie jetzt fürchten?

DISCHEREIT: Nein. Diese latente, völkische Fremdenfeindlichkeit, die den Ressentiments zugrunde liegt, hat mit Wohlstand erst mal gar nichts zu tun. Mit Rassismus kämpfen wir ja schon viel länger als seit dem Mauerfall. Es gibt Narrative, die seit Generationen in den Familien überliefert werden. Umgekehrt glaube ich, dass auch diese unfaßbar starke Motivation vieler Helfender und Demonstranten gegen rechte Gewalt und für die geflüchteten Menschen in einer Zeit lange vor den neunziger Jahren begründet liegt. Engagement gegen Rechts ist auch Ergebnis von Diskursen, die seit Jahrzehnten über den Nationalsozialismus geführt wurden. Die Shoah hat niemand in der Bundesrepublik je »wiedergutmachen« können. Jetzt aber kann jeder Mensch handeln.

ROTH: Inwiefern?

DISCHEREIT: Ich glaube, dass viele Menschen morgens in den Spiegel schauen und sich fragen: Müsste ich etwas tun? Kann ich etwas tun? Nur: Im Vergleich zu den Zeiten unter der Diktatur sind sie heute weniger gefährdet, wenn sie etwas tun! Fluchthilfe bedeutete im Dritten Reich Lebensgefahr. Mindestens 41 Menschen waren daran beteiligt, Angehörige meiner Familie im Untergrund zu retten. Sie sind in den Überlebensberichten, die an die Behörden nach 1945 gerichtet waren, aufgezählt. Es müssen noch viel mehr gewesen sein.

Die Sichtbarkeit der Zivilgesellschaft ist heute größer denn je. In den neunziger Jahren, ich beziehe mich hier auf den Osten Deutschlands, waren die Aktivist*innen gegen Rechts noch weitgehend allein, und es verging kein Tag, an dem nicht Vierzehnjährige davon berichteten, zusammengeschlagen worden zu sein, während die Politik wegschaute.

ROTH: Was ist heute anders?

DISCHEREIT: Heute sind die Strukturen ehrenamtlicher Helfer*innen viel etablierter. Es sind starke Zusammenschlüsse; Netzwerke, die an manchen Stellen wie erfolgreiche Unternehmen operieren, getragen von sehr vielen, sehr entschlossenen jungen Leuten. Sie wollen eine humane und moralische Realität, jetzt, konkret und wollen die Katastrophe, der die geflüchteten Menschen ausgesetzt sind, bewältigen. Diese Entschlossenheit hat etwas von einer Revolte der Tat. Gegen Behördengeist, Kleinmut und Angstgeschwafel. Eine jüdische Gemeinde lädt zu Channukka muslimische Menschen aus der Flüchtlingsunterkunft ein, da kommt etwas in Gang, praktisch.

Im Osten gibt es heute Opferberatungsstellen und Antirassismus-Initiativen, die sehr genau beobachten, was geschieht, und das auch öffentlich machen. Sie müssten gestärkt und abgesichert, und auch im Westen müssten sie aufgebaut werden.

Fluchthilfe gab es im Zusammenhang mit der DDR, und es gibt sie noch: Man kann jemanden im Auto mit über die Grenze nehmen. Ich finde, das ist ein Wagnis, das man eingehen können sollte.

»Man trägt es wie eine Handtasche«
Über »Jewish spaces« und die Rolle des Jüdischen im offiziellen Kulturbetrieb

In Memoriam
Eszter Gantner 1971–2019

ESZTER GANTNER: Wo und wie bist du zum ersten Mal mit dem Begriff »Jewish space« in Berührung gekommen?

ESTHER DISCHEREIT: Bei Diana Pinto. Ich fand den Begriff sehr einleuchtend oder befreiend, weil ich meinte, dass man mit seiner Hilfe Zustände beschreiben kann, die die jüdischen Familien, durch die Geschichte der Shoah insbesondere, in »Shifting-Positions« gebracht haben. Also in Ortlosigkeit, in zerrissene Zugehörigkeiten, in Kontexte mit anderen Nationalitäten und Sprachen. Das alles hatten sie sich nicht ausgesucht, und es führte zu einer Veränderung ihrer Lebenszustände, für die es eigentlich keinen Ausdruck gab. Wenn man von Emigration oder Flucht spricht, betont man, was verloren geht – das ist eindeutig negativ. Ich kann diese Worte aber nicht für die nächste oder übernächste Generation benutzen, die aus der Emigration kamen. Hier spielt Emigration zwar eine Rolle, ist aber übergegangen in einen anderen Zustand, einen amalgamen Zustand, in dem die Berührung mit anderen Plätzen, Leuten, Religionen und Sprachen und Rechtsverhältnissen eben dieses neue Sein durchdringt. Das ist dann nicht mehr ein Platz, der »Jewish« ist in einem enggefaßten, vielleicht auch religiös determinierten Sinn, sondern eine ganz bestimmte Art, das Neue, das Andere aufzunehmen und sich mit ihm zu vermischen.

Also auf der einen Seite ist ein »Jewish space« ganz deutlich vorhanden, aber nicht in der Weise, dass man sagen könnte: »Ach, da hat jemand sein Schtetl mitgebracht oder sein Ghetto« oder es ist alles so wie zu Hause. Das ist vielleicht gelegentlich auch mal vorgekommen, aber für meine eigene Wahrnehmung passt der Begriff »Jewish space« viel besser auf die Situation, in der sich auch meine eigene Familie bewegt hat. Plötzlich sind Amerikaner in der Familie, plötzlich sind Italiener in der Familie, plötzlich sind Leute mit anderen Sprachen, mit anderen Religionen und von fremden Orten da, und immer ist gleichzeitig das Jüdische doch auch mit anwesend geblieben.

GANTNER: Der fragwürdige Teil des Begriffs ist nicht »space«, sondern »Jewish«. Was ist eigentlich jüdisch, wer definiert das? Du hast über deine Familie gesprochen und diese Vielfalt. Das Jüdische ist immer dabei, aber was genau ist das?

DISCHEREIT: Ich glaube, das Jüdische ist zunächst ein Sozialisationsmoment. Es ist ein bisschen so, als trüge man es bei sich wie eine Handtasche. Und die Handtasche wird nicht aus der Hand gegeben. Gelegentlich ist es aber wahrscheinlich auch etwas anderes als das. Das Jüdische trägt natürlich im Negativen nach wie vor die Erfahrung der Shoah, aber es ist sicher auch eine Positionsbestimmung. Ich habe einmal gesagt, jüdisches Schreiben sei wie Prostitution, also wie das Ausziehen einer Frau in der Öffentlichkeit vor den Augen von Männern. Ich weiß, dass es so ist, aber ich kenne keine Alternative. Und natürlich kann man da sagen: Das ist ja entsetzlich! Was soll denn jüdisch sein am Schreiben? Ist das jetzt ein Rassebegriff oder genetisch oder sonst was? Aber den Rassebegriff meine ich ja nicht. Ich habe weder einen zionistischen Begriff noch einen von Rasse und auch keinen tief religiösen. Aber ich denke eben doch, dass es sozusagen durch die Vermengung von Kultur, Sozialisation, Religion und Shoah hindurch eine Form gibt, die Welt zu betrachten. Also Orte zu sehen, Menschen zu sehen, Konflikte zu sehen. Eine ganz bestimmte Art, aufmerksam zu sein, die ich mir selbst auch gar nicht ausgesucht habe. Es ist einfach die fortgesetzte Anwesenheit von … beinahe hätte ich gesagt: jüdischen Frakturen.

GANTNER: An diese Formulierung würde ich gerne anknüpfen. Du bist Schriftstellerin. Kann ein Text ein »Jewish space« sein? Jewish space wurde ja in den 1990ern stark mit der Produktion jüdischer Kultur in Verbindung gebracht. Da fragt man sich: Was ist eigentlich jüdische Kultur? Hier kommen all diese Begriffe ins Spiel wie Authentizität und so weiter. Wenn irgendjemand ein Buch zu einem jüdischen Thema schreibt, kann es zum Jewish space werden? Oder kann ein solches Narrativ nur von einem Juden kommen, aufgrund dieser spezifischen Sichtweise, die du angesprochen hast?

DISCHEREIT: Wenn ich Jewish space als eine Bewegungsform für jüdische Menschen definiere, dann ist er natürlich auch nur von diesen herzustellen. Es ist zwar von Belang, ob nicht-jüdische Räume im weitesten Sinne sich öffnen oder nicht. Wesentlich ist aber, ob mein Sprachraum diese Handtasche ist, von der ich sprach. Und ich glaube schon, dass es so ist. Es ist vielleicht für nicht-jüdische und auch für jüdische Menschen nicht immer bemerkbar, dass sich für mich der Sprachraum derart aufgeladen hat. Zum Beispiel ist in meiner Erzählung *Der Morgen an dem der Zeitungsträger* eine Frau beschrieben. Sie springt 80 Seiten lang durch den Text. Man erfährt nicht, woher sie kommt und wohin sie geht. Sie scheint weder eine Vergangenheit noch eine Familie zu haben. Sie scheint auch nichts vor sich zu haben. Es ist eine bestimmte Sichtweise, die ich versuche, mit dieser Person zu besetzen. Sie ist in diesen Zustand gekommen, in dem sie sich aufhält, als wäre die Gegenwart ein Punkt und als gäbe es keine weiteren Punkte für Zukunft oder Vergangenheit. Aber dass diese Frage mich überhaupt so beschäftigt hat: Kann man eine Figur schaffen, die nichts hat?, das hat natürlich mit dem Jewish space zu tun. Man muss das nicht so lesen, man kann die Geschichte ganz frei davon lesen. Aber ich lese sie so. Auch bei Liebesgedichten geht mir das so. Ich erinnere mich an eine Zeile: »Grünstichige Rosen …« Es geht um das Wundern, um die Schönheit dieser Rose. Und dieses ungeheuerliche Wundern fußt aus meiner Sicht darauf, dass sozusagen immer ein Zustand in mir mitläuft, in dem man sich nicht wundern konnte, in dem alles schwarz war.

GANTNER: Wie verändert sich Jewish space heute?

DISCHEREIT: In der politischen Gegenwart?

GANTNER: Ja. Bezüglich Erinnerungskultur treten wir ja in eine neue Phase ein: Die Generation, die noch einen persönlichen Bezug zur Shoah hat, verschwindet. Auch die Täter verschwinden. Vieles verändert sich, auch die Beziehung zur jüdischen Kultur und der Vergangenheit. Nimmst du das wahr? Mir scheint, als hätte sich die Produktion von Jewish space losgelöst von der jüdischen Ebene; als wäre Jüdischsein ein Themenpool geworden. Jeder nimmt, was er davon für wichtig hält. Es ist sozusagen beliebig geworden, und es gibt keine Regeln mehr dafür, wie ich mit dem Jüdischen umgehe. Das tatsächliche jüdische Leben hingegen findet doch noch immer sehr versteckt statt.

DISCHEREIT: Das deckt sich auch mit meinen Erfahrungen. In der nicht-jüdischen Bevölkerung wurden Elemente in das Leben übernommen, die sie für jüdisch hält. Das eigentliche jüdische Leben, auch das Gemeindeleben, findet aber nach wie vor separiert statt. Wir haben ja lange Zeit darüber gesprochen, dass wir nach einer Normalität suchen, dass also jüdische Präsenz, egal in welcher Form, zur Normalität gehören sollte. Ich glaube, wir sind davon weiter entfernt denn je. Das kann ich auch an meinen eigenen literarischen Erfahrungen festmachen.

GANTNER: Inwiefern?

DISCHEREIT: Ich habe den Eindruck, dass die Themen, die mich bewegen, heute weiter denn je von dem entfernt sind, was jetzt Kulturschaffende meinen, in ihren Institutionen darstellen zu müssen. Es gibt diese Tendenz, jüdische Themen nur zu rituellen Anlässen zu benötigen – also am 9. oder 10. November zum Beispiel oder am Tag der Befreiung von Auschwitz. Das war auch früher schon so, hat aber noch weiter zugenommen. Ich beobachte das in einem ungeahnten Ausmaß. Wenn zum Beispiel ein namhaftes Literaturhaus zu mir sagt, ich könne bei ihnen keine Lesung halten, weil die Christlich-Jüdische Gesellschaft bei ihnen nicht Kooperationspartnerin sein wolle, dann heißt das doch, dass das Literaturhaus keinen Grund sieht, meine Literatur der Öffentlichkeit vorzustellen, es sei denn, dass ein christlich-jüdischer Partner mitmacht. Das gibt es doch sonst gegenüber gar keiner Literatur, dass da unterstützend noch ein paar Lobbyisten anwesend sein müssen, möglichst vielleicht noch die jüdische Gemeinde, die dann auch noch Vertreterin von Avantgarde-Literatur werden muss, was sie aber wirklich nicht kann! Im proklamierten gewöhnlichen, also normalen Kulturbetrieb habe ich den Eindruck, abwesender zu sein denn je. Die Literatur hat sich gerade nicht dahin bewegt, wie es in den 1990ern noch zu beobachten war, das provokative Schreiben in sich aufzunehmen. Es ist einfach weggesteckt worden. Ich habe aber den Eindruck, dass sich eine leichte Veränderung abzeichnet, dass sich gerade etwas zu »Turkish spaces« hinbewegt. Das begrüße ich sehr! Aber im gleichen Zusammenhang schrumpft der Jewish space. Es ist nicht so, dass man auf Basis des Jewish space sagen würde: Das haben wir gut gefunden, und nun öffnen wir uns weiter. Stattdessen gibt es solch einen Platz offenbar nur einmal. Und das halte ich natürlich für keine besonders glückliche Entwicklung.

GANTNER: Worin bestünde dieser »Turkish space«?

DISCHEREIT: Der ist sicher noch sehr beschränkt und klein, aber in einer Stadt wie Berlin sieht man eben doch ein, dass es so etwas wie das Ballhaus Naunynstraße geben muss, dass die Mehrkulturalität der Stadt einen anderen Ausdruck finden könnte. Ob das gelingt, weiß ich nicht. Ich will mich da auch gar nicht neidisch äußern, weil der Platz, der für solcherlei Belange zur Verfügung steht, sehr gering ist. Es ergeben sich für türkische Menschen teils ähnliche Fragen wie für jüdische: Kann man ein Altersheim gestalten, in dem auch Türk*innen gerne leben wollen? Wie ist das mit einem Kindergarten? Wie ist es mit dem Essen und so weiter. Insbesondere in ländlichen Gegenden ist das ja noch die Katastrophe, da müssen die Leute katholisch werden, weil es eben keine anderen Unterkünfte gibt und der Islam dort als etwas gilt, das man fernhalten muss. Es wären sicherlich Schritte in diese Richtung nötig, aber ich sehe eben nicht, dass die gemacht würden, nur weil man den Jewish space vielleicht ein Stück weit kreiert hat und nun sagt: Jetzt öffnen wir weiter. Die Eröffnung des »Turkish space« ist im Grunde ein konkurrenter Vorgang. Es stellt sich natürlich die Frage, inwieweit die Zugehörigen der jeweiligen Gruppen selbst mehr dazu beitragen können, diese Bindestrich-Plätze zu kreieren, die alle inkludieren. Aber natürlich ist die Kommunikation unter denen, die die »Anderen« sind, auch immer schwierig.

GANTNER: Der Unterschied ist aber doch, dass die türkische Gemeinschaft eine große, lebendige Gemeinde ist mit Migrant*innen in zweiter, dritter Generation. Diese Gemeinschaft hat eine Zukunft. Im Jewish space geht es eher um eine Vergangenheit, über die keiner mehr eine Kontrolle hat. Die jüdische Gemeinschaft ist eher klein und unsichtbar, und deshalb sind die jüdischen Kulturelemente zu einer Art Allgemeingut geworden, zu dem jeder einen Zugang hat. Ein bisschen Ghetto-Literatur hier, oder man macht mal eine Tagung über Galizien dort, weil das gerade spannend ist, ohne Vorkenntnisse. »Jewish space« ist mehr auf die Vergangenheit gerichtet, während »Turkish space« etwas wirklich Zukunftsorientiertes ist.

DISCHEREIT: Genau, dieser Meinung bin ich auch. Wir sind uns schon einig darüber, dass es Zeiten gegeben hat, in denen es klarer schien, dass es einen »Jewish space« geben darf, dass er sichtbar sein darf und sichtbar sein soll. Das ist tatsächlich rückläufig. Im Zuge einer ungeahnten Professionalisierung wurde das Jüdische in Beschlag genommen und ist Bestandteil der Mehrheitsdarstellung geworden. Im tatsächlich Alltäglichen ist der Bewegungsraum, in dem Jüdisches gehört, gesehen und gewollt wird, absolut zurückgegangen. Das hängt sicher damit zusammen, dass sich im Zuge des Mauerfalls eine Mentalität verbreitet hat, die besagt: Wir sind doch in jüdischen Belangen vorbildlich unterwegs! Das kommt ja dann meistens von staatlicher Seite. Aber das Interesse an einem »Jewish space«, der von Juden bevölkert wird, ist auf jeden Fall geringer geworden. Erst recht im Zusammenhang mit dem Zustand, der durch die Aufnahme der russischen Kontingentflüchtlinge entstanden ist. Es ist anstrengend, sich mit einer Community auseinanderzusetzen, die wieder andere Herkünfte hat. Auch innerhalb der Community.

GANTNER: Zum Schluss möchte ich dich darum bitten, kurz das Dülmener Projekt vorzustellen, in dem es um Stadtraum, Klang und Erinnerung ging.

DISCHEREIT: Dieses Projekt hatten die Stadtväter und -mütter des nordrhein-westfälischen Dülmen ausgeschrieben, um die ehemaligen jüdischen Bürger*innen für ihre Leistungen zur Entwicklung der Kommune, zur Prosperität in der Region zu würdigen. Das Projekt war ausdrücklich nicht als Shoah-Erinnerungsprojekt ausgeschrieben. Ich habe zugesagt, am Wettbewerb teilzunehmen, weil dieses Bedürfnis, die jüdischen Bürger*innen für ihre Leistungen zu würdigen, einmalig und beispiellos ist. Es gibt eben sehr viele Versuche, Zeichen für die Shoah, aber wenige, Zeichen für das jüdische Wirken zu setzen. Deswegen habe ich mich an diesem Wettbewerb beteiligt und fand dann einen nicht sehr interessanten Platz als Träger dieser Würdigung vor: verkehrsumtost, eine Einkaufsstraße begrenzte ihn, und es standen Bistrotische darauf. Ist das überhaupt ein würdiger Platz für solch ein Vorhaben, habe ich mich gefragt und kam zu dem Schluß: Das ist ein Alltagsplatz, die Menschen nutzen ihn, sie halten sich hier auf und tun das gerne. Eigentlich ist die Platzierung einer Erinnerung an die jüdischen Menschen, die dort einmal gelebt haben, in diesem Alltag völlig richtig. Die einzige Frage, die ich mir dann noch stellte, war: Was fehlt hier eigentlich heute? Was ist es, das eben nicht mehr zu hören, zu sehen und zu riechen wäre? Auf dieser Basis habe ich eine Ton-Text-Installation entwickelt und zwei Lautsprecher aufgehängt. Einer befand sich über einer Bank vor einer Hecke, der Ton wurde durch Bewegung ausgelöst, 55 Klangzeichen, die alle etwas mit der Geschichte der jüdischen Bevölkerung dieses Ortes zu tun haben, einer Geschichte, die vor der Shoah begann. Es waren sehr fragmentarische Texte, die nach zwei bis drei Minuten endeten, weil es mir nicht darum ging, eine verschüttete Erinnerung bloßzulegen. Ich wollte keine Biographien, die keiner mehr kennt, vervollständigen. Ich wollte keine Geschichten erzählen, die nicht mehr in den Häusern präsent sind. Ich wollte mich eigentlich nur bücken und Scherben und Teile aufheben, die man vielleicht gar nicht mehr identifizieren kann. Über die man sich vielleicht sogar wundern müsste. Ich wollte feststellen: Was ist da, wenn nichts mehr da ist? Wie sieht die Anwesenheit der Abwesenden eigentlich aus? Wer sich auf die Bank setzte und die Klanginstallation auslöste, konnte hören und zuhören oder weggehen. Aus einem zweiten Lautsprecher – ein einziges Mal am Tag und begrenzt auf eine Minute – sind dagegen Rezepte aus einem österreichisch-jüdischen Kochbuch zu hören, die über den ganzen Platz schallen. Diese Rezepte sind offenbar in den 60er Jahren für die Displaced Persons (DPs) zusammengetragen und veröffentlicht worden. Der Sprecher dieser Texte hatte einen sehr harten, durchschlagenden amerikanischen Akzent. Dahinter steckt der Gedanke, dass ja die Leute hier sitzen und essen. Also welche Küche fehlt eigentlich hier? Und wie ist sie präsent? Da stellt sich die Frage: Wie jüdisch ist die jüdische Küche? Wie anders ist sie überhaupt? Ich hatte eine ganze Menge Rezepte herausgesucht, die die Assoziation wecken: Meine Großmutter konnte das auch kochen. Natürlich. Bei der Auswahl dieser Rezepte war es mir wichtig, keine Exotisierung der ehemaligen Jüd*innen zu ermöglichen. Da gab es dann eben auch Rezepte für ein Dessert aus Eiscreme. Dass das mit der Stimme eines amerikanischen Sprechers vorgetragen wurde, will ich erst mal nicht interpretieren, auf jeden Fall gab es dadurch eine anhaltende amerikanische Präsenz auf dem Platz. Mir war auch wichtig, dass der öffentliche Raum eben nicht ein Museum wurde, und ich wollte diese Splitter, diese aufgehobenen Stücke, auch nicht in ein Museum bringen. Sie sollten im Alltag da sein. Man kommt vorbei, hat sich vielleicht ein Eis gekauft, setzt sich hin und hat nicht damit gerechnet, dass jetzt plötzlich eine Geschichte erzählt wird, die gleich wieder aufhört und einen vielleicht auch ratlos zurück lässt. Wenn man die Geschichte nicht hören will, dann setzt man sich einfach einen Sitz weiter, dann hört man sie eben nicht. Wenn man sie aber hören will, kann man das auch tun, indem man das Eis eben weiter isst. Das ist ja nicht gottlos, das so zu tun. So habe ich eben die jüdische Abwesenheit in diesen Alltag gesetzt, weil ich finde, dass sie dort auch richtig ist. Sie ist ja da, egal ob man sie sich gewünscht hat oder nicht, und egal ob sie vergessen wird oder nicht – sie ist trotzdem da. Das habe ich mit dieser Installation zeigen wollen. Und niemand muss sich dorthin setzen und erinnern, das kann jeder auch sein lassen.

Blumen für Otello – Über die Verbrechen von Jena
Ein Werkstattbericht

Zwischen 1998 und 2007 fielen in Deutschland neun Menschen türkischer, kurdischer und griechischer Herkunft den Morden der rechtsterroristischen Vereinigung Nationalsozialistischer Untergrund (NSU) zum Opfer. Das zehnte Opfer war eine deutsch-deutsche Polizistin, und ihr Kollege Martin A. Er überlebte schwerverletzt, seine Kollegin starb. Der NSU verübte mindestens drei weitere Bombenanschläge, zwei davon in der Stadt Köln, die zu 22 Verletzten, teils Schwerverletzten führten. Die Täter Uwe Mundlos und Uwe Böhnhardt töteten sich mutmaßlich selbst, nachdem sie im November 2011 eine Bank in Eisenach ausgeraubt hatten. Ihre Leichen wurden verbrannt in einem Wohnwagen gefunden. Eine dritte Täterin, Beate Zschäpe, stellte sich der Polizei. Alle drei stammten aus Jena. Seit 2013 lief am Oberlandesgericht München der Prozess gegen Zschäpe und vier weitere Personen wegen Bildung einer terroristischen Vereinigung, Mittäterschaft und Unterstützung der Verbrechen. Das Verfahren wurde im Jahr 2018 mit folgendem Ergebnis beendet: Beate Zschäpe wurde wegen Mordes, Mitgliedschaft in einer terroristischen Vereinigung und schwerer Brandstiftung und versuchten Mordes an weiteren Personen zu lebenslanger Haft bei Feststellung der besonderen Schwere ihrer Tat verurteilt. Die Mitangeklagten erhielten Freiheitsstrafen von zwei bis zehn Jahren. Es handelte sich um den längsten Strafprozess in der Geschichte der Bundesrepublik Deutschland. Die Angehörigen der Opfer und die Vertreter*innen der Nebenklage waren von dem Verfahren und seinem Ausgang zutiefst enttäuscht, insbesondere weil das Verfahren die Struktur des zugrundeliegenden Netzwerks des NSU kaum berührte und die Fragen der Angehörigen, warum ihre Lieben zu Mordopfern wurden, unbeantwortet blieb.

Sie lasen die Strafzumessung für die Unterstützer*innen wie einen Freibrief für die rechtsextreme Szene. Noch immer sind mindestens neun Anklagen gegenüber NSU-Unterstützer*innen nicht erhoben. Über 500 Haftbefehle gegen Neonazis sind nicht vollzogen.

Da es bei der Aufklärung der Morde und Aufdeckung des NSU in erheblichem Maße zu Vorgängen gekommen war, die erklärungsbedürftig waren und sind, insbesondere der unterlassenen Ergreifung der als bekannt anzunehmenden Täter*innen und von Personen aus deren Umfeld, hatte der Deutsche Bundestag Anfang 2012 eine parlamentarische Untersuchungskommission eingesetzt; zudem gab es weitere Untersuchungsausschüsse in insgesamt 13 einzelnen Bundesländern. Die Ausschüsse beleuchteten das Verhältnis von Polizei und Verfassungsschutz. Insbesondere beschäftigten sie sich mit der Frage, ob die Taten hätten verhindert werden können. Und ob eine Verstrickung staatlicher Behörden mit dem Täter*in-Netzwerk anzunehmen ist. Die anhaltende Ablehnung einer Ermittlung wegen rassistischer Motive wirft die Frage nach einem strukturellen Defizit in dieser Hinsicht auf. Für die Familien der Opfer hatte es noch immer keine Räume gegeben, ihre Klage und Anklage zu formulieren.

Neben den »Klageliedern« und »Blumen für Otello – Über die Verbrechen von Jena« entstand die Ausgabe der Zeitschrift *Inamo 94 Kein Schlussstrich NSU*. Hier sind Dokumente und Zeugnisse der Betroffenen zusammengetragen.

Das zuerst entstande Werk waren die Klagelieder für die Getöteten. Sie sind zentral für die Entstehung des Textes, der selbständig für sich steht und gleichzeitig ein Opern-Libretto ist.

Der Werkstattbericht basiert auf einem Gespräch mit Johanna Roth.

Ich war im November 2011 auf einer Lesereise in Italien, in Venedig, als die Taten von drei Beteiligten des Nationalsozialistischen Untergrunds NSU bekannt wurden, später als »Trio« bezeichnet. Die Veranstaltung fand im Rahmen von The Venice Center for International Jewish Studies und der Università Ca' Foscari di Venezia statt. Das italienische Publikum war sehr besorgt und stellte mir Fragen nach dem Ausmaß des Rechtsextremismus in Deutschland. Die Kanzlerin sagte, man werde für rückhaltlose Aufklärung sorgen. In diese Äußerung habe ich viele Hoffnungen gesetzt, sie stand in einem deutlichen Kontrast zu Zeiten, in denen die Regierenden entweder wegschauten oder selbst Verbrechen anordneten. Später stellte ich fest, dass ich diese Hoffnung nicht aufrechterhalten konnte. Außer der Gedenkveranstaltung, die der ehemalige Bundespräsident Christian Wulff noch vorbereitet hatte, kam nichts mehr. Vor allem ließ die Kanzlerin das Bundesinnenministerium schalten und walten, als es wichtige Unterlagen verschwinden ließ: die sogenannte Schredderaktion. Zum Zeitpunkt der Lesereise 2011 waren mir diese Tatsachen noch nicht bekannt. Ich wollte mich als politischer Mensch verhalten und sah für mich nur den künstlerischen Weg. Nach den rassistischen Brandanschlägen auf Wohnhäuser in Mölln 1992 und Solingen 1993 – auch diese Anschläge hatten sich gegen Menschen türkischer Herkunft gerichtet – hatte es große Demonstrationen gegeben, man konnte sich durch Beteiligung äußern. Jetzt wurde der öffentliche Raum zunächst weitgehend durch die Akteure aus der Politik bestimmt, zu deren Veranstaltungen nicht jedermann Zutritt hatte. Das fand ich ungenügend. In dieser Situation gab es die Anfrage eines Komponisten, mit dem ich bereits zusammengearbeitet hatte, ob ich ein Libretto für ihn schreiben wolle. Ich sagte ja, und dass die NSU-Morde das Thema sein sollten. Ich setzte mich dann in den Bundestagsuntersuchungsausschuss, um mich kundig zu machen. Eine Expertin für Rechtsextremismus war ich zu diesem Zeitpunkt nicht, auch wenn ich im Rahmen der Gewerkschaftsarbeit beim Aufbau Ost einige Erfahrungen damit gemacht hatte. Ich kannte das Gefühl, durch eine Gegend zu laufen, in der jemand anderes die Straße beherrscht.

Warum wollte ich unbedingt schreiben? Ich unterbrach alle anderen Arbeiten und beschäftigte mich ausschließlich mit dem Werk, das ich später »Blumen für Otello – Über die Verbrechen von Jena« nannte. Ich hatte mich in meinen vorangegangenen Arbeiten immer wieder mit der Shoah beschäftigt. Es hatte ja fast vierzig Jahre und mehr gedauert, bis das Gedenken und Denken an die Opfer des Massenmords in der Bundesrepublik Deutschland als Diskurs in einer Öffentlichkeit stattfand. Als ich von den NSU-Morden hörte, dachte ich: sofort. Wir müssen das Gedenken und die Würdigung der Opfer sofort wollen – bloß nicht wieder die Jahrzehnte des bleiernen Verschweigens und Beschweigens durch eine Mehrheitsgesellschaft. Ich halte die NSU-Verbrechen für eine Zäsur in der Geschichte der Bundesrepublik Deutschland. Es sind die ersten rassistisch motivierten Verbrechen dieses Ausmaßes nach 1945, basierend auf einer ethnisch begründeten Fremdheits-Zuschreibung. Damit ist das Problem »rassistischer« Verfolgung, wie es im Nationalsozialismus formuliert war, hier »ethnisierend rassistischer« Verfolgung, eine Realität geworden, eine Fortsetzung NS-gestützter Ideologie unter den Bedingungen der demokratischen Republik. Ich konnte diese Arbeit nicht aufschieben. Ich wollte keinen »Abstand« zu den Taten gewinnen. Es wäre nicht möglich gewesen, den emotionalen Zustand, den ich zum Schreiben brauchte, zu »konservieren«. Das ist mir besonders deutlich geworden, nachdem ich nach Abschluss der Arbeiten Gespräche mit Angehörigen führte. Über 13 Jahre lang hatten sie in Ungewissheit darüber leben müssen, warum ihre Angehörigen getötet worden waren. Ein Sohn konnte zum Beispiel nicht sagen »getötet« oder »ermordet«, er sagte, mein Vater ist »gestorben«. Die Menschen versuchen den Schmerz zu verarbeiten, und sie müssen sich davor schützen, dass er sie überwältigt. Oder dass sie mit unliebsamen Nachfragen konfrontiert werden. Um schreiben zu können, musste ich mich emotional einer Unmittelbarkeit aussetzen – ohne Abstand, ohne Distanz.

Ich fühlte mich auch unter einem großen selbstgewählten Druck. Wenn ich anfangs noch nicht wusste, was ich schreiben und wie ich die Sache anfangen würde, so wusste ich doch, dass meine Arbeit in den Augen der Betroffenen Bestand haben müsste. Sie würde für mich sonst keinen Wert haben, auch wenn ich das Geschriebene nicht von den Betroffenen autorisieren lassen wollte.

Ich habe viele Gespräche und auch Interviews mit Menschen geführt, die in den 1990er Jahren das, was sie taten, nicht Widerstand nannten, sondern eine Selbstverständlichkeit – ich beziehe mich auf die Zeiten der Pogrome in Rostock-Lichtenhagen und Hoyerswerda, als Asylbewerberheime unter johlender Anteilnahme einer Menschenmenge in Brand gesetzt wurden – zehn Jahre später sprach ich mit Menschen, die beispielsweise Kinder aus Flüchtlingsheimen mit in den Fußballverein nahmen und die dafür auf die Todesliste der Rechtsextremen gerieten. Ich sprach mit einem Pfarrer, der unter Bedrohung seines Lebens und seiner Familie über viele Monate von Abschiebung Betroffenen Kirchenasyl gewährte. Und dann mit jemandem, der dafür geehrt wurde, dass er bereit war, vor Gericht auszusagen. Einer Bürgerpflicht nachzukommen war ein Wagnis und keine Selbstverständlichkeit. Nach dem Fall der Mauer arbeitete ich für die Gewerkschaft verdi mit beim Aufbau Ost, und auch unter den Teilnehmer*innen meiner Gewerkschaftsseminare – die teilweise der NVA, Nationalen Volksarmee der DDR, angehört hatten, habe ich deutlich rechtslastige Tendenzen wahrgenommen. Abends wurden manchmal nationalsozialistische Lieder gesungen, das war in dem Ausmaß neu. Das war eine Art Deutschtum, das nicht unmittelbar militant und terroristisch war, aber ausgrenzend und deutlich fremdenfeindlich. Eine stark deutschtümelnde Variante des Kommunismus, wenn man so will. Ein fanatischer Ordnungssinn und ein Schweigen über Dinge, über die hätte gesprochen werden müssen. Mit anderen Worten: eine auffällige Beifälligkeit zu totalitärem Denken. Diese Erfahrungen bildeten jetzt den Hintergrund, als ich begann, mich mit der Tragödie der Menschen zu beschäftigen, die von den Taten des Nationalsozialistischen Untergrunds betroffen waren.

Ich hatte mich mit Expert*innen unterhalten, mit Anwält*innen der Opferfamilien, und ich nahm als Beobachter*in an den Sitzungen des Untersuchungsausschusses des Deutschen Bundestags teil. Die Einrichtung dieses Ausschusses und das weitere Einrichten solcher Ausschüsse auf der Ebene der einzelnen Länder der Bundesrepublik ist demokratisch gesehen ein bedeutender Schritt, den es so noch nie gegeben hat. Trotzdem ging ich nicht gerne in den Untersuchungsausschuss des Deutschen Bundestags. Ich hatte von Anfang an das Gefühl, dass es unterschiedliche Zugänge zu Information gibt; als Teilnehmer*in der »Öffentlichkeit« auf der Empore hat mir bei weitem nicht alles zur Verfügung gestanden, und es war auch während der Verhandlungen nicht immer erkennbar, worauf die Ausschussmitglieder Bezug nahmen und was in ihren Akten zu lesen gewesen war. Deprimiert war ich aber aus einem anderen Grund, und das wiederholte sich an jedem Sitzungstag, spätestens gegen Abschluss, manchmal dauerten die Sitzungen bis in die späten Abendstunden: In der Sprache der Behörden wurde für mich eine solche undurchdringliche Selbstreferentialität offenbar, dass ich mich vor allem davor zu schützen suchte, dass ihre Logik womöglich noch in meinem Denken Platz nehmen würde. Ich hatte Kopfschmerzen und fühlte mich dumpf und meistens irgendwie belogen. Ich konnte auch die Kälte der Sprache nur schwer ertragen.

Es ist mit allen Mitteln versucht worden, dem Ausschuss wichtige Materialien vorzuenthalten und eine Mauer des Schweigens zu bauen. Je länger der Ausschuss dauerte, desto erfolgreicher schien mir diese Sabotage. Am Anfang gab es noch einige Überraschungsmomente bei den Befragungen. Nach und nach haben sich die Befragten und deren Vorgesetzte darauf einstellen und verständigen können, und man bekam nichts mehr aus ihnen heraus. Es endete dann ja schließlich so, dass der Ausschuss den Befragten Dokumente über Dinge vorhalten musste, an die sie sich angeblich nicht erinnerten; zuvor aber hatten sie ihre Erinnerung aber schon einmal sogar schriftlich bezeugt. Das war ein ungeheuerlicher Vorgang, die Aushebelung der Legislative. Organe der Exekutive können einen Beschluss des Deutschen Bundestags ins Leere laufen lassen. So fand besipielsweise ein Staatsanwalt einen von ihm selbst geschriebenen Brief zu keinem Zeitpunkt wieder, gab dessen Existenz nur widerwillig zu, und der Empfänger fand auch nichts in seinen Unterlagen. Mittlerweile muss davon ausgegangen werden, dass es sich bei der Verfolgung der mutmaßlichen Täter*innen – ich sage mutmaßlich, weil es ja möglich ist, dass es mit den »Trio« genannten Täter*innen nicht sein Bewenden hat, sondern weitere Netzwerk-Akteur*innen involviert sind – nicht nur um eine Kette ungeheuren Versagens seitens der Behörden handelte. Es ist nicht auszuschließen, dass man die Täter*innen vorsätzlich nicht finden, die Taten nicht stoppen wollte. So wie es auch nicht ausgeschlossen werden kann, dass der Verfassungsschutz selbst den Aufbau der rechtsterroristischen Szene befördert und die Herausbildung zu Killern mitfinanziert hat.

Das finde ich auch bemerkenswert: Es ereilt sie keine Strafe. Konsequent gab es ein einziges Zusammenhalten des Sandkastens; gelegentlich eine Perversion des Volkswillens, den das Parlament verkörpern sollte. Trotzdem hielt ich es für richtig, so oft wie möglich anwesend zu sein.

Ich bedauere, dass der Untersuchungsausschuss mit dem Ende der Legislaturperiode 2013 seine Arbeit einstellte. So ist das Zusammenwirken verschiedener Dienste wie Bundesnachrichtendienst, Militärischer Abschirmdienst und anderer bis heute nicht untersucht. Ich kann mir gut vorstellen, dass ein solcher Untersuchungsausschuss wieder einzusetzen wäre, insbesondere weil Ermittlungsarbeit im Strafprozess selbst – wie wir im Prozess des Oberlandesgerichts in München gegen die fünf angeklagten Personen sehen – nicht mehr stattfindet bzw. hier nicht mehr stattfinden soll.

Ich stellte mir die Frage, wie ich die Opfer darstellen könnte. Ich finde das eine sehr schwere Arbeit. Denn Opfer geworden zu sein ist eine zutiefst demütigende Position, auch für die Angehörigen. Sie bedeutet, dass die Betroffenen ihre Handlungsmächtigkeit verloren und Willkür und Ohnmacht ausgesetzt waren. Dieses Leiden möchte ich aber nicht in der Anschauung wiederholen. Ich bin auch zu keinem Zeitpunkt ihre »Stimme« geworden. Dazu war ich nicht autorisiert. Die Betroffenen hatten und haben selbst eine Stimme, und sie sind auch zu hören: durch ein Buch, durch Interviews, auch wenn ich der Ansicht bin, dass ihnen nicht genügend Raum gegeben wurde. Sie haben sich diesen Raum immer wieder nehmen müssen. Durch die Konstruktion der Untersuchungsausschüsse war ihr Leiden ja nur peripher Thema geworden – hier ging es um die Verzahnung der Behörden, ihre Interessenlage und um die Frage, ob sie sich legal oder kompetent verhalten haben – auch der Prozess vor dem Oberlandesgericht gegen die mutmaßliche Mittäterin Beate Zschäpe und vier andere wird nicht so geführt, dass die Öffentlichkeit am Schicksal der Betroffenen in besonderer Weise Anteil nehmen könnte. Sie scheinen gelegentlich sogar eher zu stören, passen nicht. Was also ist es, was ich als Schreibende tue? Ich stellte mich zu ihnen – als Chronist*in, als Dichter*in, Erzähler*in und Bürger*in. Das ist alles.

Das Werk besteht aus mehreren Teilen, der erste Teil besteht aus den Klageliedern. Diese Klagelieder sind für mich in vollem Umfang eine Reverenz, eine Widmung an die Opfer und ihre Angehörigen. Diesen Ton konnte ich im szenischen Text, der danach kommt, nicht durchhalten, weil dort nicht nur geklagt, sondern auch angeklagt wird. In diesem Teil musste und wollte ich mich an recherchierte Ergebnisse anlehnen, die verdichtet wurden; damit Leser*innen, die diesen Ausschuss nicht besucht oder den Prozess nicht verfolgt haben, ein Gefühl dafür bekommen, wie gedacht und gearbeitet wurde und wird. Da kommt nur eine Figur vor, die sich an den ersten Getöteten, Enver Şimşek, anlehnt. Diese Figur steht stellvertretend für die anderen. In gewisser Beziehung findet sich hier eine äußerst reale Wiederspiegelung der Realität. Die Zermürbung der Familien, unter anderem dadurch, dass den Angehörigen von den Ermittlern Fotos blonder, angeblicher Geliebter des Getöteten vorgelegt wurden, kam mehr als einmal vor. Dann gibt es einen weiteren Teil, der auch stark an die Angehörigen gerichtet ist. Da geht es um die Familienverhältnisse, um die Berufe, ihren Alltag. Ich stelle aus, wie ihre gesamte Existenz, ihre Familienverhältnisse auf eine Masse von Aktenmaterial zusammenschrumpft. Über sie wird so gesprochen, als bildeten sie eine Gruppe; was sie gar nicht sind. Ich habe mich bei der Figurendarstellung aber sehr zurückgehalten; ich wollte keine Portraitierungen über die Köpfe der Portraitierten hinweg versuchen. Ich wollte ihnen nicht anhand der Aktenlage etwas andichten, das wäre mir skrupellos vorgekommen.

Mit den Angehörigen habe ich vor Abschluss der Arbeit nicht gesprochen. Das hat folgenden Grund: Wenn ich mit ihnen oder Überlebenden spreche, dann kommen vielleicht auch Dinge zu Tage, die sie nicht veröffentlicht sehen möchten. Das respektiere ich. Und ich wollte mir die dichterische Freiheit bewahren können. Es gibt zum Beispiel den Text: »Ich sag dir was, er war ein Gauner«. Es war mir hier wichtig, die Opfer nicht aufgrund ihrer Ermordung in den Himmel zu heben, sondern sie als Menschen darzustellen. Völlig egal, ob jemand Schneider oder Arzt ist, ob er ein korrekter Mensch oder vielleicht ein kleines bisschen unehrlich ist oder hässlich oder meinetwegen auch kriminell, wer weiß. Es gibt keine Rechtfertigung dafür, einen Menschen zu töten. Das war eine Diskussion, die um die Getöteten in der Shoah auch geführt wurde. Ob jetzt ein jüdischer Arbeiter oder ein jüdischer Intellektueller getötet wurde, und welches wichtige Kulturgut »wir« verloren hätten. Es wurden Menschen getötet. Dieser Punkt war mir sehr wichtig. Ich kann aber von keinem Angehörigen verlangen, einer solchen Portraitierung zuzustimmen. Deswegen habe ich eine Gratwanderung zwischen recherchiertem Wissen und dichterischer Freiheit unternommen. Ich schrieb, wie ich mir die Leute vorstellte und vorstellen wollte – und eben auch nach Aktenwissen. Ich stellte auch die Tatsache selbst aus, dass die Menschen zu einer Akte geworden waren. Die Materialanhäufung und ihre unterschiedliche Menge – je nach Untersuchungseifer – war selbst zum »Kunstobjekt« geworden, zur Künstlichkeit, die sich gegen einen emotionalen Zugang sperrte.

Ein weiteres Darstellungsproblem sah ich darin, dass die Ermordeten nicht nur als Leute mit Migrationshintergrund getötet worden waren, sondern auch als Arme, als Menschen mit Berufen, die als niedrig angesehen werden. »Döner-Morde« hatte die Polizei die Killer-Serie genannt. Es spielte keine Rolle, dass Enver Şimşek ein Blumengroßhändler geworden war. Er blieb der zugereiste Arbeiter, der später Blumen verkaufte. Das hat mich schon in anderen Zusammenhängen beschäftigt: Wie könnte ich arme Leute »glänzend« machen? Was gibt es da zu sagen, wie kann man diese Leben, die ja von einem sehr großen Teil der Bevölkerung gelebt werden, zum Stoff für die Bühne werden lassen? Ich dachte auch an die Dreigroschenoper, aber diesen Umgang mit den Figuren, ihre Darstellung als Lumpensammler und Bettler, der Mörder Macheath, der Outcast als Held, das war keine Möglichkeit. Stattdessen brauchte ich Otello, denn in meiner Lesart ist er selbst Opfer der rassistischen Zuschreibung geworden. Er wähnt sich, nachdem er einmal in die Sklaverei geraten ist, in einer gesicherten gesellschaftlichen Stellung und blendet aus, dass er nach wie vor Rassismus ausgesetzt ist. Gleichzeitig internalisiert er die damit verbundenen Zersetzungsprozesse; sie zeigen Wirkung, denn es gibt ja keinen Grund, an Desdemonas Liebe zu zweifeln. Otello aber stellt sich die klassische Frage: Wie kann sie, die schöne Weiße, einen wie mich, einen Mohren, lieben? Die rassistische Diskriminierung ist ihm in Fleisch und Blut übergegangen, und da sehe ich das Mordmotiv – und die Parallele zu den Menschen, die Mordopfer des NSU geworden sind. Er fällt einer rassistischen Intrige zum Opfer; der NSU mordet als Folge einer ethnisierenden Zuschreibung von Rassismus. Es trennen sie nicht die Jahrhunderte oder ihre soziale Stellung, sondern Otello und Enver fallen der gleichen Stigmatisierung zum Opfer. Sie begegnen sich im Reich des Todes respektvoll und sprechen miteinander als Gleiche.

Die NSU-Opfer und ihre Angehörigen sind diesem »Fremdmachen« weiterhin ausgesetzt. Es wird ja nicht gesagt, »Da war ein Blumenhändler, der hatte Kinder und eine Frau und ein breites soziales Netzwerk«, oder »Otello, der war ein kluger Feldherr und hatte drei Freunde«. Das Moment des Andersseins überstrahlt alles andere. Die rassistische Ethnisierung ist ja zum Credo der Rechtsextremen erhoben worden, und ich will darauf aufmerksam machen, anstatt es zu übergehen. Rassismus zersetzt Familien, und das ganz beharrlich; bei Otello geschieht das ebenso wie bei den NSU-Opfern. Und bei Otello sieht man sehr gut: Das geschieht unabhängig vom gesellschaftlichen Status.

Es ist im Abschlussbericht des parlamentarischen Untersuchungsausschusses vermieden worden, die Existenz von Rassismus in Deutschland zu konstatieren. Von Versagen ist die Rede. Und doch stellt sich die Frage, ob die Untersuchungen anders geführt worden wären, wenn die Opfer »weiß« und, sagen wir, in der Stellung eines Aufsichtsratsvorsitzenden gewesen wären? Die Zeugenschaft der Angehörigen hinsichtlich des Lebens der Opfer ist nicht relevant weder vor den Ausschüssen noch vor Gericht. Damit komme ich zurück zu der Frage: Wo ist das Forum, in dem die, denen Leid zugefügt worden ist, sprechen können? Im Untersuchungsausschuss gab es das Bemühen, dafür einen Platz zu schaffen, aber in relevantem Umfang war das auch dort nicht möglich. Im Prozess haben die Anwält*innen der Nebenklage ja schon Mühe, den Gedanken einzubringen, dass der Täterkreis womöglich größer war als der der jetzt Angeklagten. Dieses Problem der Verdrängung der Betroffenen aus dem öffentlichen Raum sehe ich, und es besteht anhaltend. Auch aus diesem Grund finde ich, dass die Erzählung der Leben der Familien noch aussteht und dass sie geleistet werden müsste.

Ein Journalist kann berichten, ein Politiker kann Gesetzesvorlagen machen, ein Pfarrer kann predigen. Ich kann schreiben, und dann schreibe ich. Einige Angehörige haben mir gesagt, dass sie sich durch diese Arbeit getröstet und geschätzt fühlen. Die Türkische Gemeinde in Deutschland hat mich auch moralisch unterstützt. Das hat mich ermutigt. Die Klagelieder wurden in ihren Räumen zum ersten Mal aufgeführt. Das war ein bewegender Moment.

Mit dieser Form – es handelt sich um ein Gesamtwerk, das

ich Opern-Libretto nenne – vertrete ich auch die Auffassung, dass sich zeitgenössische Oper mit diesem Thema beschäftigen kann, ohne durch die Form den Inhalt zu verdrängen. Es gibt auch Formen der Oper auf der Straße. Hier ist alles Mögliche denkbar. Ich kann mir kleinere Leseformate auf Betriebsversammlungen von Großbetrieben vorstellen. Auch eine Realisierung im Schauspiel ist möglich.

Es kommt vor, dass die Opfer des NSU in den Reihen sogar der Leute nicht »aufgenommen« sind, die antirassistische Arbeit leisten, und das wundert mich. Es gibt Aktionen wie »antirassistische Wochen«, in denen das Thema NSU-Morde nicht vorkommt. Und das bei einem laufenden Prozess. Das ist doch höchst erstaunlich! Antirassismusarbeit wird oft als etwas wahrgenommen, das daraus besteht, den Kopf unentwegt zu läutern. Ich kann nur unterstellen, dass die Bedeutung dieses Verbrechens immer noch nicht klar geworden ist. Und dass es eine Lesart von rassistisch motivierten Morden gibt, die die Perspektive einengt auf rassisch begründete Verfolgung im Nationalsozialismus. Als wären es ausschließlich Jüd*innen und Sint*zze und Romn*ja, die diese Verfolgung erleiden. Oder erlitten haben. Eine »Entartung« gewissermaßen, die überwunden sei. Diese Diskussion ist historisch, und zwar so sehr, dass da, wo es nötig wäre, Parallelen zu sehen, diese nicht gesehen werden. Ich verstehe, dass sich die türkische Community zutiefst verunsichert fühlt.

Als ich anfing zu schreiben, war ich am meisten von der Frage bewegt: Wie kann ich sprechen, sodass diejenigen, um die es jetzt geht, es hören könnten? Das sind die Klagelieder. Mich beschäftigte auch die Frage, wie das, was Expert*innen geleistet haben, weitergegeben werden könnte? Es kann ja kaum ein Bürger oder eine Bürgerin über ein Jahr lang in einen Untersuchungsausschuss gehen. Und schließlich: Wie kann das, was wir wissen, so aufgenommen werden, dass wir es auch begreifen? Wir gewöhnen uns innerhalb kürzester Zeit an die Berichterstattung über Verbrechen. Jeder »Tatort« – ich meine den Krimi – verursacht eine größere Aufregung als die journalistische Darstellung derselben

Vorgänge in der Realität. Der dokumentarische Zugang ist also Beschränkungen unterworfen. Diese Überlegungen führten mich zu unterschiedlichen Darstellungsformen. Ich finde ja durchaus, dass es journalistische Arbeiten zum Thema gibt, die sehr genau und treffend sind; es hat auch Versuche gegeben, die Stimmen von Investigativ-Journalist*innen zu unterdrücken. Aber sie sind mutig und machen weiter. Dazu kann ich nicht mehr beitragen. Mein persönlicher Beitrag liegt in einer anderen Sprache. In der Literatur kann ich eine Sprache sprechen, die ich als eine Form der Berührung verstehe. Das kann mit der Dokumentation nicht unbedingt geleistet werden. Es gibt aber auch Stellen, an denen die poetische Stimme abbricht. An ihrer Statt erscheinen das rohe Material, die Masse, die Karteikarte und der Ermittlungsordner. Ich möchte zeigen, wie die Anteilnahme auch verhindert werden kann.

Während des Schreibens war bereits klar, dass der Arbeit nicht nur eine literarische, sondern auch eine symbolische Bedeutung zukommen würde. Die Trauer musste einen öffentlichen Charakter annehmen, denn in diesen Familien waren die Menschen nicht im Privaten zu Grabe getragen worden. Sie sind gestorben, weil sie nicht geschützt wurden. Und weil einer rechtsterroristischen Killergruppe nicht das Handwerk gelegt wurde, einer Gruppe, von deren Mordabsichten Behörden gewusst haben. Wir müssen die Betroffenen aufnehmen in dieses Wir, aus dem die Täter sie ausgeschlossen haben. Und das muss deutlich geschehen. Erkennbar. Sonst bleibt der öffentliche Raum der Raum der Täter. Das Ergebnis sind Furcht und Schrecken für die, die es betrifft, und die anderen können ihrer Wege gehen. Wir weinen gewöhnlich im Privaten und zuhause; es geschieht, ohne dass wir es uns verordnen können, genauso wenig können wir ja auch das Trauern einfach erledigen. Es gilt als beherrscht und angemessen, das Weinen der privaten Sphäre zuzuordnen. Jetzt bedarf es aber auch einer symbolischen Form – der Klage und der Anklage. Ich erinnere mich daran, wie Willy Brandt vor dem Denkmal des Aufstands im Warschauer Ghetto niederkniete. Ich wollte, dass das Buch in deutscher und türkischer Sprache erscheint.

Während der Arbeit an diesem Projekt habe ich mich selbst auch politisiert. Gelegentlich fand ich mich in der Position einer Aktivistin wieder. Ich habe in Stuttgart protestiert, als es nicht gelang, Innenminister Gall und die Mehrheit der Regierenden von der Notwendigkeit zu überzeugen, einen Untersuchungsausschuss in Baden-Württemberg einzurichten. Bei der Gewerkschaft verdi führte ich Seminare und Workshops zum Thema durch. Auch journalistische Arbeiten wurden notwendig wie zum Beispiel die Serie über Menschen, die Aufklärung wollen, die unter dem Titel »Der NSU-Komplex« fünfteilig täglich um 11:55 Uhr direkt vor Prozessbeginn von Deutschlandradio ausgestrahlt wurde. Es sieht so aus, als könnte ich diese Arbeit nicht bald abschließen; denn das, was die politischen Parteien in ihrer Mehrheit unternommen haben, ist nichts, was den Charakter der »Sicherheitsarchitektur« wesentlich tangiert. Und damit bleibt die Problemlage – »unkontrollierbare Engführung mit rechtsterroristischen Kräften« – bestehen.

Die Arbeit hat mich mit Menschen und Gruppen zusammengeführt, mit denen ich vorher nichts zu tun hatte, der Antifa zum Beispiel. Oder mit Lothar und Katharina König in Jena, mit dem Polizisten Mario Melzer und dem Streetworker Thomas Grund. Manche gehören politischen Gruppierungen an, mit denen ich nichts zu tun habe. Es hat sich jedoch herausgestellt, dass diejenigen, die die Dinge so sehen, wie ich sie erfahren habe, keiner politischen Richtung ausschließlich zuzuordnen sind. Das ist auch nachrangig, sofern uns das Interesse an der Wahrheit zusammenführt.

Mich interessiert die Verflechtung von Recherchematerial mit Literatur immer mehr. Diesen Weg hatte ich bereits mit meiner Arbeit »Vor den Hohen Feiertagen gab es ein Flüstern und Rascheln im Haus« über die jüdischen Bürger*innen von Dülmen eingeschlagen. Das bedeutet: Material sichten, mit Bibliothekar*innen zusammenarbeiten, und schließlich entsteht eine Form, die weder Fiction noch Non-Fiction ist, sozusagen Semi-Fiction oder Semi-Dokumentation, dieses Verfahren interessiert mich sehr. Man weiß nicht mehr, ob das, was ich präsentiere, real oder eine Erfindung ist, weil das Dokumentarische so stark hervorschimmert, dass man eigentlich gar keinen Zweifel an der Echtheit haben kann. Und dennoch hat diese Arbeitsweise sicher nichts mit Fake zu tun; im Gegenteil – sie bezieht sich auf eine sehr starke Angebundenheit an das Zeugnis.

Die »Erzählungen« bleiben kontextualisiert. Es gibt in »Blumen für Otello« einen Appendix und ein Aktenverzeichnis darin. Ich hatte zunächst überlegt, ob ich Klarnamen benutzen sollte, aber dann habe ich mich für eine Lösung entschieden, die dokumentarisch wirkt, aber unmöglich in dieser Form stimmen kann. Damit umgehe ich auch noch ein anderes Problem: Ich gefährde niemanden. Keine Quelle wird bloßgestellt; niemand muss Angst haben. Es ist ganz deutlich, dass das ein Symbol ist. Die Liste der Verbrechen und Opfer hingegen ist vollständig und genau, also wahrhaftig. Da gebe ich dem Lesenden Klartext an die Hand – er hat dieselben Dokumente, die ich auch hatte, um alles entschlüsseln zu können. Ich musste dabei beachten, dass wir das Ungeheuerliche so oft gehört haben, dass es nicht von Neuem hervorgehoben werden konnte. Stattdessen habe ich den Weg gewählt, mich um den praktischen Vollzug dieses Ungeheuerlichen zu kümmern. Ich weiß jetzt viel über Handlungsabläufe in Schredder-Firmen zum Beispiel. Damit ist die so genannte Aktion »Confetti« thematisiert, in der durch Behörden der Bundesrepublik Deutschland relevantes Datenmaterial vernichtet wurde, nachdem bekannt war, dass ein Untersuchungsausschuss des Bundestags eingesetzt werden würde.

Für die verschiedenen Inhalte verwendete ich also verschiedene »Sprachen«; die lyrische Stimme in den Klageliedern; szenisches Schreiben; Prosa und Prosapartikel; dokumentarisches Material, journalistische Arbeiten. Ich verwendete auch Firmensprache, internes Anweisungsmaterial. Die Verschiedenheit ist eine Art Grundvoraussetzung, die ich zum Schreiben brauche oder gebrauche. Und auch das schroffe, alltagssprachliche Schreiben finde ich in diesem Zusammenhang wichtig. Es fasziniert mich schon lange, alltägliche Dinge poetisch zu »hören«. Dass das funktioniert, hat sich auch gezeigt, als ich vom Verleger ungefähr fünfmal gefragt wurde, ob denn ein bestimmter, von mir erfundener Brief auch zum Abdruck freigegeben sei. Die Erfindung war vom Original nicht mehr zu unterscheiden. Ich erinnere mich auch an eine Serie bei Deutschlandradio, die ich unter dem Titel »Anna Kaufmann« verfasst hatte. Danach gratulierten mir Leute, die zugehört hatten, auch Kunstschaffende dazu, dass es mir gelungen sei, die Bekanntschaft einer derart interessanten Frau gemacht zu haben. Diese Frau hatte ich als »Figur« erschaffen. In einem wieder anderen Verfahren mache ich mir die Verwaltungssprache zueigen und füge ihr Interventionen bei, oft kaum abgehoben vom übrigen Sprach-Duktus, fast unscheinbar. Ich musste mich allerdings vor Aktenmaterial auch schützen, weil die Sprache hier dermaßen bürokratisiert ist, dass die eigene Stimme verloren zu gehen droht. Ich wollte aber andererseits die Zumutungen, die ich beim Zuhören erfahren hatte, auch kenntlich machen und »ausstellen«.

Am meisten fürchtete ich, in unangemessenes Pathos zu verfallen oder in eine Trauer, die mir nicht zusteht; die Hinterbliebenen hatten getrauert und tun es noch. Ich musste Distanz wahren und sie gleichzeitig aufgeben. Dass sich die Dichter*in als Betroffene fantasiert, das wollte ich unbedingt vermeiden. Man muss die Worte wägen. Das ist ein Grenzgang. Wie wird der Fremde, der kein Fremder ist, denn beschrieben? Das Problem gibt es im jüdischen Zusammenhang auch. Ich beschreibe eine Frau, die Klavier spielt, will aber im Folgenden ihr Jüdischsein zur Sprache bringen. Wie mache ich das? Sie bekommt Attribute, die jeder Mensch hat, trinkt Kaffee oder wäscht sich die Hände. Ich will aber auch aufzeigen, warum diese Geschichte überhaupt erzählt wird. Ja eben weil sie zu einer bestimmten Gruppe gehört. Wie mache ich das? Ich kann ja nicht, wie Hans Neuenfels es gemacht hat, einfach Menschen in orthodoxer Kleidung auf die Bühne stellen. Diese Stigmatisierung durch Sichtbarmachung betrifft auch Otello. Er kann nicht aus seinem Schwarz-Sein heraus. In seiner Erzählung über das Schicksal, das ihm widerfuhr, wird auch deutlich, dass er das nicht möchte. Er ist nicht nur Opfer, sondern auch jemand, der als Betroffener stolz bleibt.

In dem Gedicht »Er brachte mir Blumen« zum Beispiel gibt es ein einziges Wort, das darauf hindeutet, um wen es überhaupt geht: Mantı, ein türkisches Gericht. Oder auch »Kind und Papa«, das Kind interessiert sich schon auch für Istanbul, aber letztlich will es dann in die Rheinstraße. Es war hier nicht von Belang, ob jemand von den Opfern oder Angehörigen wirklich in der Rheinstraße gewohnt hat. Das ist fiktiv; ich wollte hier auch nichts bekanntgeben, wozu ich nicht befugt war. In einer Zeile kommt der Koran vor. Ein Kind sagt, ich habe den Wettbewerb Who ist who im Koran nie gewonnen. Das ist alles. Und später in einer Szene gibt es die Erwähnung eines Wandbehangs »al-Aqsa« in der Keupstraße in Köln. Hier hat der Bombenanschlag stattgefunden. Einerseits war es wichtig, dass der Islam vorkommt, andererseits wollte ich der Dämonisierung des Islam literarisch nicht folgen. Bei diesen Zeilen hatte ich sehr genau überlegt, aber andererseits kann ich nicht auf der Basis eines rationalen Konstrukts Literatur schaffen. Vielleicht gelingt es, dass auch der Lesende dieses Verhältnis von Nähe und Distanz selbst herstellen kann. Es reicht jedoch sicher nicht, aus dem Bauch heraus zu schreiben, allein der Intuition zu folgen.

Es gibt die Gefahr, dem Material und seiner Fülle zu verfallen. Ich gebe dem Material Raum, aber ich behandle es instrumentell, so dass ich aus ihm auch wieder austrete, um es von außen zu betrachten. Recherche ist auch kein Fetisch, und ich glaube nicht, dass das Material alleine zu einer eigenen Stimme führen kann. Als ich anfing zu schreiben, wusste ich nicht, wo das hinführen würde. Ich glaube, es gäbe auch keine gute Literatur, wenn man das vorher wüsste. Ob ich jetzt zum Beispiel für oder gegen den Verfassungsschutz bin, sollte mir unter den gegebenen Umständen sicher bewusst geworden sein, aber schriebe ich die endlich gefasste Meinung sozusagen linear von A nach Z, dann würde das ein angestrengtes, hölzernes Werk. Auch die Klage kann ich mir nicht verordnen. Vielleicht ist sie sogar ein ungebetener Gast, und dennoch füllt sie den Raum. Ich öffnete ihr die Tür.

Er brachte mir Blumen
da hatte er die Familie noch nicht begrüßt
ich liebte den Duft der dunklen roten Rosen
sie erfrischten meine Augen und er
blieb nicht einmal für die Suppe
aber die Blumen das war

es ist ein schweres Gehen
meine Füße tragen mich schon noch
ich nehme jedes Mal die dunklen roten Rosen
und lege sie ab auf den Steinen
er schläft, sag ich den Rosen, er schläft
und erzähle jeder einen
die Geschichte wie er noch klein war
und das Gemüse in der Milch wusch

und dann hierher ging
und schlief und stand im Morgengrauen auf
und dann kamen die Frau
und bald zwei Mädchen
und immer noch kommt er
und bringt die Blumen, sagt Mama
die Suppe lieber später

Bleib zu Hause hab ich ihm gesagt
du fährst weit zu weit
aber er liebte diese Blumen
und Mantı aß er nur bei mir
Mama, sagt er, die Blumen
vergiss nicht, die dunkelrote Sorte
wie sie heißt und duftet

Ich sag dir mal die Wahrheit
er war ein kleiner Gauner
und ein Betrüger
manchmal hat er an der Uhr gedreht
da war es doch ein wenig mehr
was er berechnet
und er liebt die Mädchen
Sie wissen schon, die, die
und trug außerdem
das blödsinnige Hemd
mit der Aufschrift Nike
quer über der Brust stand
es da und schön war
er auch nicht
und ich dachte
er lässt sich gehen
und viel zuviel Fleisch
und Dunkin' Donuts
wann gehst du zum Friseur
hab ich ihn gefragt
und er hat nicht geantwortet
spielte am Computer weiter
und weiter als wär ich nicht da
und er findet
da keinen
der sagt du schließ den Laden
geh heim oder spazieren
oder mach was anderes

so alleine im Laden
mit Kunden ja schon
aber
ich meine, er war schwierig
wenn Sie verstehen
was ich meine

aber jetzt ist er
ist er ich meine er ist
warum ist er jetzt

Ich wäre hingegangen
und hätte ihm gesagt
wir fahren weg
das tut dir gut
da nimmst du ab
und 'ne neue Hose
gute Schuhe
verstehen Sie
aber jetzt ist er
ist er ich meine er ist
warum ist er jetzt

Kind und Papa

Dem Kind die Schuhe zubinden
mit der Mama telefonieren
das andere Kind von der Schule abholen
zum Schwimmen fahren
warten und Zeitung lesen oder rauchen
dann etwas kaufen für den Sport
eine Hose und einmal die Woche in
den Religionsunterricht
ich hatte den Wettbewerb
wer ist wer im Koran nie gewonnen
du hast doch mit mir lernen wollen
Papa – oder mit mir das Schiff
zusammensetzen – oder
wolltest Deine Ruhe haben
wir fuhren nach Hause
sagtest für dich
für mich waren die Straßen von Istanbul
schön, so schön: İstiklal Caddesi
oder Dolmabahçe Sarayı
nach Halıcıoğlu, der Straße, in der
der Zahnarzt wohnte,
wollte ich weiter – ans Meer
oder zurück in die Rheinstraße
vielleicht lieber in die Rheinstraße
da waren meine Haustiere
du warst nicht für Haustiere
aber ich hatte eine Schildkröte,
einen Hamster
kannst du jetzt aufhören
ich höre auf.
Aber ich möchte dir sagen
dass ich fertig bin mit der Ausbildung
dass ich studiere

dass ich viele Bücher lese
dass ich morgen Examen habe
ich werde kommen
und dir berichten
von der Note und bringe dann
meine Abschlussarbeit
und lege sie ab
beschwere sie mit Steinen
damit sie nicht davonfliegt

Vorwärts und Vergessen
Reminiszenzen an Aufbau Ost, 1991/92

Ich war in die Hauptverwaltung gefahren. Sie befand sich in einem Gebäude, das dem FDGB, dem DDR-Dachverband aller 15 Einzelgewerkschaften, gehört hatte, ehemals Haus des Deutschen Metallarbeiterverbands. Wahrscheinlich würde es rückübertragen werden. Paternoster fuhren auf und nieder. Die Wände und Fußböden verströmten einen scharfen Geruch. Ich fuhr bis zur dritten Etage, sprang aus dem Aufzug, hastiger als nötig, und ging den Gang entlang. Das Linoleum auf dem Fußboden wellte sich, es warf sich über die Bodenleiste hinaus und höher auf, sodass es überstehend und nach oben gebogen an der Wand klebte. Ich grüßte die Sekretärin. Sie hatte eine kräftige Statur, trug ein Kleid, dessen Textilfaser mir unbekannt war – knitter- und bügelfrei wahrscheinlich; sie schwitzte sehr, schwitzte immer. Sie war herübergekommen aus einer Zeit und von einem Ort, über den ich mich, solange ich in der Hauptverwaltung war, flüsternd unterhielt. Sie war beim Zentralen Komitee des Metallarbeiterbunds angestellt gewesen, die rechte Hand des Vorsitzenden. Sie trug ihre Haare blond aufgesteckt. Bei ihrer Einstellung oder Übernahme hatte es keine Rolle gespielt, ob sie sich für das Aufbauen eignen würde oder nicht – ich meine, wir hatten vor, eine freie und unabhängige Gewerkschaft aufzubauen, und nichts sprach dafür, dass Waltraud mit diesem Ziel irgendetwas verband.

Sie sollte die Programme und Abrechnungen an Ministerien weiterleiten und anderes. Waltraud log gelegentlich, besonders wenn sie einen Fehler machte. Vor allem achtete sie auf die Hierarchie und passte dann auf. Sie arbeitete wenig. Aber jetzt war sie einmal da und saß in ihrer bewegungslosen Fülle vor ihrem Schreibtisch. Es schien so, als nötigte sie ihren Vorgesetzten dazu, dazusein. Er saß am Schreibtisch und arbeitete, damit Waltraud ebenfalls am Schreibtisch sitzen und arbeiten würde. Wenigstens konnte das Telefon von ihr abgenommen werden. Gelegentlich verschwanden Listen oder Genehmigungen der Bundesländer, was sicher nicht als feindselige Aktion ausgelegt werden kann. Es handelte sich eher um eine anhaltende Uninteressiertheit und darum, dass sie beleidigt war, weil die Zeiten jetzt andere sein sollten als die, die sie schon kannte und in denen es ihr gut gegangen war. Ob sie am Schreibtisch des Freien Deutschen Gewerkschaftsbunds in ähnlicher Weise verharrt hatte, wusste ich nicht. Einmal hielt ich eine Koch- und Servieranleitung des FDGB in Händen, es handelte sich um eine Anweisung zum Anrichten von Büffets bei Abendveranstaltungen. Die Anordnung von Sardinen und die Platzierung der Radieschen waren vorgeschrieben. Waltraud unterhielt ein Netz von Beziehungen zu Hausmeistern, Installateuren und anderen Personen, mit denen sie Absprachen über gemeinsame Treffen zu Geburtstags-, Betriebs- und Abteilungsfeiern, gegenseitigem Besuch in der Datsche oder Kaffee und Schnaps mit Kartenspielen traf. Freitags war sie oft früh verschwunden oder schon gegangen, gerade noch dagewesen undsofort. Sie sammelte Kristallglas aus Tschechien, besaß eine sehr große Sammlung, obwohl es nicht erlaubt gewesen war, diese Dinge auszuführen. Das alles geht mich eigentlich nichts an. Trotzdem ist mir die rege Betriebsamkeit aufgefallen, wenn ich Zeugin dieser und ähnlicher Aktivitäten wurde. Was will ich überhaupt damit sagen?

Ich fragte bei Waltraud nach dem Eingang meiner Kartons. Sie mussten von der Bundeszentrale für politische Bildung gekommen sein. Ich wollte das Betriebsverfassungsgesetz – mindestens zwanzig oder fünfundzwanzig mal – mitnehmen, eine weitere Kiste und Geld. Waltraud fand die Kisten nicht; ich ging zuerst in die Buchhaltung. Hier einzutreten, war kein Vergnügen – aus anderen Gründen. Almut war eine Westlerin, durch und durch, hatte sich aus Neugier zur Verfügung gestellt – mal was anderes – und wollte wie alle Buchhalterinnen Belege sehen, Dokumente, möglichst mit Stempel usw. Wenn ich unterwegs im Osten Seminarbedarf einkaufte, konnte mir das häufig niemand quittieren; manchmal wusste man gar nicht, wovon ich sprach. Ich hatte mir deshalb angewöhnt, selbst Quittungsblöcke dabeizuhaben, aber das ungeübte oder unvollkommene Ausfüllen von diesem und jenem führte dazu, dass Almut stöhnte, wenn ich zur Tür hereinkam. Außerdem waren meine Belege oft bis zur Unkenntlichkeit zerknittert, nicht sorgsam abgelegt, aufgeklebt und beschriftet. Niemand wusste genau, in welche demokratischen Zustände wir geraten würden, mit oder ohne Runde Tische, neue Formen oder Revisionen von West-Gesetzen, Rechte auf Mitbestimmung für Betriebsräte und Betriebsrätinnen, die wir schon immer gewollt hatten – noch waren die Möglichkeiten weder alle bedacht noch abgelehnt. Und ich sollte mit einer West-Plastikhülle zum Ablegen einer Quittung auf die Arbeit in den Osten fahren. Almut war die welthistorische Bedeutung meiner Arbeit nicht begreiflich zu machen. »Willst du viertausend Mark oder weniger? Hunderter und Fünfziger.« Ich sagte: »Viertausend, man weiß ja nie. Aber ich brauche Zwanziger und Zehner – so klein wie möglich.« Almut hatte nur wenig kleine Scheine. Ich unterschrieb und ging mit der Ledertasche unter dem Arm, prall angefüllt mit Geldscheinen. Die Leute, die die einwöchigen Seminare besuchten, verfügten nicht über Bankkonten, auf die aus dem Westen überwiesen werden konnte. Ich konnte auch nicht bei einer nächstgelegenen Bank ohne Weiteres Gelder von einem im Westen angelegten Konto abheben. Ich fuhr also mit Bargeld für geschätzte Reisekosten und Honorare für Mitarbeiterinnen und Mitarbeiter »hinüber«, die schwarze Geldtasche war im Rucksack vergraben; sie war größer als die, die Kellnerinnen oder Gastwirte benutzen.

Waltraud hatte noch immer nichts gefunden. Ich musste gehen. Mein alter BMW, den ich von jemandem übernommen hatte, hatte keine Mühe mit den Kilometern, die ich manchmal täglich zweimal zurücklegte. Vor Seminarbeginn hin, nach 18 Uhr zurück. Ich hatte Kinder, wir lebten in West-Berlin, oft blieb ich über Nacht oder einige Nächte auswärts. Vor oder hinter Wittenberg – das weiß ich nicht mehr – bog ich von der Autobahn ab und fuhr in eine Gegend, in der es außer Wald nichts zu geben schien. Einmal hatte ich Jürgen Fuchs, den Schriftsteller und Bürgerrechtler, eingeladen, damit er mit den Leuten spräche. Die DDR hatte ihn im Gefängnis Berlin-Hohenschönhausen inhaftiert, ausgebürgert, auch im Westen weiter verfolgt und eine Bombe im Briefkasten vor seiner Wohnung gezündet. Als er von Berlin losfuhr, sagte mir jemand per Telefon Bescheid. Das war kompliziert, weil es nur ein funktionierendes Telefon bei dem Betreiber des Ferienplatzgeländes gab. Nachdem Jürgen Fuchs angekommen war, riefen wir in Berlin an und sagten Bescheid. Sein Auto wurde unter einer Laterne geparkt. Er wollte, dass wir es während des Gesprächs sehen konnten. Einige Wochen zuvor war Wolf Biermann von der Autobahn abgedrängt worden. Damals wusste ich nicht, dass Jürgen Fuchs schon in der DDR einen Autounfall gehabt hatte, durchschnittene Bremsschläuche. Jetzt bog ich auf das Gelände ein und klopfte an der Wirtsstube an. Ich sagte dem Mann, dass wir keine Bücher hätten, dass sie falsch geliefert worden seien an einen anderen Ort. »Wohin sind die geliefert worden, nach Erfurt, sagen Sie? Das ist kein Problem. Da muss der Fahrer für mich hin, da kann er Ihre Sendung mit abholen.« Ich bedankte mich. »Und bitte«, sagte ich, »schreiben Sie mir eine Rechnung über den Verzehr der Leute, die letzte Woche da waren, aufgelistet nach Frühstück, Mittagessen und Abendessen.«

Das Gelände verströmte einen scharfen Geruch. Etwas, das der Betreiber Bungalow nannte, war meine Bleibe. Er war seltener benutzt worden als die Zimmerunterkünfte, und es roch hier noch mehr. »Lösungsmittel«, hatte einmal einer der West-Feuerwehrleute erklärt, der sich im Osten umschauen wollte und deshalb hergekommen war. »Verboten«, sagte er, »längst schon.« Er könne die gesamte ehemalige DDR zum Gefahrgut erklären. »Mehr oder weniger«, fügte er hinzu.

Ich eröffnete das Seminar, stellte mich vor, die anderen stellten sich vor. Diese Vorstellungsrunde mit den im Öffentlichen Dienst gewesenen Werktätigen offenbarte Biographien, die Seminarmitarbeiter aus dem Westen nicht »lesen« konnten. So wie sie auch nichts mit der Aussage anfangen konnten, dass jemand Englisch und Französisch beherrsche. Oder wenn jemand sagte, Studium war ja nich, dann bin ich Hausmeister geworden. Am Mittwoch konnte die Gruppe, wenn sie wollte, an einer Stadtführung in Wittenberg teilnehmen. Das würde nicht umsonst sein, sicher nicht. Ich konnte die Frage nach dem Preis pro Person nicht beantworten. Wollte ich auch nicht. Das letzte Mal hatte ich eine Kassiererin angetroffen, die die Preise für uns halbiert hatte. Vielleicht war sie ja wieder da. Der Mensch, der gesagt hatte, »Studium war ja nich«, sagte während des Seminars nichts mehr. Also von 9 Uhr morgens bis 18 Uhr abends. Die Leute wollten den Beginn vorverlegen: 7 Uhr schlugen sie vor. Ich lehnte ab. So früh konnte ich die Kinder noch nicht in Schule und Kindergarten gebracht haben. »Haben Sie noch Fragen? Zum Ablauf? Am letzten Tag werden Sie Ihre Reisekosten erhalten.« »Wir sind zu viert im Auto gekommen, was soll ich da ausfüllen?« Am Freitag erhielt ich vier getrennte Fahrtkostenabrechnungen, jeweils mit vollem Fahrpreis. Ich lehnte ab und erstattete dem Fahrer das Kilometergeld. Die meisten waren per Bahn und Bus gekommen.

»Warum reden Sie uns mit Sie an? Sind wir nicht unter uns hier!« Ich redete weiterhin alle mit Sie an, fragte, wer dies ausdrücklich nicht wünsche, und stellte fest, dass das gewerkschaftliche Du und das SED-Genossen-Du nicht das gleiche bedeuten. Als wir zu Mittag unterbrachen, war der Wirt mit dem Essen noch nicht so weit. Nur die Salatteller mit eingelegten Bohnen und Weißkraut standen schon. »Soljanka«, hatte er gesagt. In der Küche stand ein früherer Koch der NVA. Das Essen war etwas verkocht. Zum Frühstück war die Hausverwalterin mit umgebundener weißer Schürze erschienen und hatte gefragt, wer ein Brötchen und wer zwei Brötchen essen wolle.

Der Seminarmitarbeiter war ein erfahrener Mann aus dem Westen. Er hatte seit vielen Jahren alles unterrichtet, was dazu führen konnte, Betriebsräte zu kompetenten Vertreterinnen und Sprechern in ihren Betrieben zu machen. Gerade sagte er, am 1. Mai würde nicht gearbeitet werden. »Ach«, sagte jemand aus dem Schlösser-und-Gärten-Betrieb, »warum denn nicht?« Heinz Neubert erklärte den Kampf um den 8-Stunden-Tag, sprach von den Chicagoer Schlachthöfen, von den Errungenschaften der Arbeiterbewegung … Der Mann aus Schlösser-und-Gärten sah aus dem Fenster. »Versteh ich nich«, sagte er, »warum bin ich denn eingetreten? Ich meine, ihr regelt das doch. Die Sache mit dem Lohn und den Stunden, und ich wollte sowieso nach meiner Versicherung fragen, ich meine, und ob ich auch den Ferienplatz bekomme. Außerdem war die Abrechnung bei uns zu spät, und bei wem von euch kann ich da hingehen?« Er konnte zu niemandem mehr in der Gewerkschaft deswegen hingehen, auch nicht zu Walter K., der zwei Tage später erschien und jetzt west- oder gesamtdeutscher Tarifsekretär war und eben noch FDGB, auch dicht an der Spitze. Walter K. sprach über die Bedeutung eines Tarifvertrags. »Neuer Wein in alten …«, murmelte ein Mann in einer Pause, der das Seminar über nichts sagte und still blieb. Er erinnerte sich daran, wie Walter K. über Prämien entschieden hatte, Parteiprämien und Held-der-Arbeit-Prämien. Zwei Leute aus einem Verband waren schon vorbereitet, sodass sie das Betriebsverfassungsgesetz gut kannten. Der Wirt hatte den Karton inzwischen herbeischaffen lassen. Für jeden ein Exemplar. »Diese beiden sind dermaßen gut, das ist sehr beachtlich«, sagte der erfahrene Mitarbeiter. Sie sollten für das nächste Quartal vorgesehen werden, um mit ihm zusammen diese Arbeit zu leiten. Auch ich hörte die beiden reden. Ihre Kenntnisse waren erstaunlich und ihre Redegewandtheit auch. Ich lehnte ab. Stefan D. hatte in der Vorstellungsrunde gesagt, dass er Vorsitzender des Behinderten-Verbands sei; sein Nachbar war Stellvertreter. Bevor Stefan D. den Behinderten-Verband gründete, war er Vorsitzender einer LPG gewesen und spezialisiert auf Schweinezucht. Später hörte ich von den beiden, wie sie einen Arbeitslosenverband schufen und sich in die Mitte der europäischen Fördergelder platzierten. Woher kannten sie die Gesetze, und warum waren sie großartige Redner? Ich schaute den erfahrenen Mitarbeiter an. Er war sehr begeistert von den beiden. Die Stasi-Unterlagenbehörde war bereits gegründet. Warum ich ihm das sagte? »Weiß ich auch nicht«, sagte ich und suchte nach dem Wirt. Ob er noch eine zweite Kiste mitgenommen habe? Ich vermisste noch eine Kiste.

Am Mittwoch sagte ich »Guten Morgen« und erklärte den Teilnehmenden, dass ich das Seminar unterbreche. In der Mecklenburgischen Straße in Rostock-Lichtenhagen brannte die Aufnahmestelle eines Asylbewerberheimes, das Hochhaus war auch die Unterkunft vietnamesischer Vertragsarbeiter. In den Nachrichten war von einem Zug oder Bussen die Rede, die Flüchtende von Rostock wegtransportierten. Wohin war ungeklärt. Wer nimmt die Menschen auf? Stefan D. und sein stellvertretender Vorsitzender hielten den Mund. In dem Raum saßen alle eng beieinander gerückt. Der erfahrene Mitarbeiter schwieg. Schließlich sagte einer: »Warum machst du das jetzt hier? Was haben wir damit zu tun?« »Noch vor kurzer Zeit hat es andere Flüchtlinge gegeben, die an der deutsch-deutschen Grenze – Sie wissen doch selbst, was es heißt, ein Flüchtling zu werden.« Stefan D. und der stellvertretende Vorsitzende des Behinderten-Verbands sagten nichts. Sie hatten ihre Kugelschreiber in der Hand. Manfred N. sagte, dass sie sich solche unverschämten Vergleiche nicht bieten ließen. Sie seien Deutsche, immer gewesen. Sein Nachbar Dieter K., auch NVA, sagte: »Und wenn du's genau wissen willst, von der Maas bis an die Memel …« Die Ader am Hals trat ein wenig hervor, während er das sagte. Die Seminarteilnehmer äußerten sich jetzt untereinander. Was sollte das? Was habe dieses Thema hier verloren? Eckardt F. pflichtete den Vorrednern bei und sagte, ich würde das Seminar stören. Wer mich eigentlich dazu ermächtigt hätte? Manfred N. sagte, er verstünde das schon, das sei eine Weisung, ich müsse das tun. Sie wollten aber weitermachen. Warum ich überhaupt da sei. »Buschzulage«, sagte jemand. Ich sagte, ich hätte auch italienische Landarbeiter betreut, die gab es aber gerade nicht. Nach anderthalb Stunden ging ich raus. Drinnen übten sie weiter, wie sie Widerstand gegen den Kapitalismus leisten wollten.

Am darauffolgenden Morgen erzählte mir eine Frau, die etwas

mit Papieren für Wohnungen zu tun hatte, dass sie alle mit dem erfahrenen Mitarbeiter zusammen in der einzigen Kneipe im Ort gewesen waren. Nach einigen klaren Schnäpsen hatte er die Internationale gesungen, und alle waren rausgeflogen. Ich sagte nichts und füllte Hunderter, Fünfziger und andere Scheine in Kuverts. Das Wechselgeld für die ungeraden Summen ging aus. Ich war auf den Wirt angewiesen. Das war unangenehm. Er hatte die Rechnung für die vorangegangene Gruppe präsentiert und drei Leute mehr berechnet, als da gewesen waren. »Das macht doch nichts«, sagte er grinsend. »Die waren doch angekündigt. Wir können das immer so machen – und wir beide können das unter uns teilen.« Ich hatte abgelehnt, war laut geworden und konnte jetzt nicht mehr in der Wirtsstube telefonieren.

An diesem Abend blieb die Gruppe in der Wirtsstube. Manfred N. und Dieter K. intonierten »Schwarzbraun ist die Haselnuss« und zogen weiße Hemden, in denen zwei Augen eingeschnitten waren, über ihre Gesichter. Sie sagten, dass sie es bei der Truppe auch gesungen hätten. Sie lachten und sagten, dass sie Spaß machten. Warum muss es etwas so Blödes wie eine Reisekostenerstattung geben? Der Wirt hatte mir gesagt, dass er meinen »Bungalow« anderweitig vermieten wolle. Da bekäme er mehr. Ich sagte, ich habe einen Vertrag. In aller Frühe schickte er eine Putzfrau hinein, die meine Sachen auf einen Haufen legte. In der Wirtsstube schrie ich und redete von der Unverletzlichkeit des Wohnraums und der Privatsphäre. Der Mann legte mir eine Rechnung für die Erfurt-Fahrt vor. Für diesen Betrag wären Könige gereist. Unter dem Tresen sah ich die vermisste Kiste stehen.

Am Donnerstag nahm ich zwei Stunden lang teil. Der erfahrene Mitarbeiter erklärte, warum es Vertrauensleute geben, warum sie aus verschiedenen Gründen Flugblätter und Wandzeitungen verfassen sollten. Der Mann, der bis jetzt nichts gesagt hatte, außer dass es bei ihm mit dem Studium nichts geworden sei, sagte, ich schreibe keine Wandzeitungen. Der erfahrene Mitarbeiter redete freundlich weiter; er sagte, dass wir uns doch darüber einig seien, wie man dem Kapitalismus Grenzen setzen müsse. Und deshalb müsse man auch in eine kampfstarke Gewerkschaft eintreten. Einer fragte, was die Gewerkschaft eigentlich biete – darauf gab es wieder Antworten, wie auf die eigene Kraft vertrauen und nur wer stark ist, kann kämpfen und etwas durchsetzen, und möglicherweise wird das Gewerkschaftsmitglied vom Arbeitgeber dafür nicht geliebt werden. »Was soll das dann?« »Und wofür kann garantiert werden?« Der Mann, der bis jetzt nichts gesagt hatte, hatte genug von der Zeit, als sie Vorwärts-im-Sozialismus-Flugblätter schrieben und die beste Traktoristin auf der Wandzeitung würdigten. Er würde auch jetzt keine Flugblätter schreiben. Anderen leuchtete der Vorschlag des erfahrenen Mitarbeiters sofort ein. Sie hatten immer schon im Betrieb geschrieben: Beschwerdebriefe.

Später hat der Verbandsvorsitzende für Menschen mit Behinderungen es für möglich gehalten, dass ihm die Gewerkschaft dabei hilft, wenn er und ein Freund aus einer Metallfabrik eine Ausbildungsmaßnahme gegen Jugendarbeitslosigkeit machen. Dazu beklebten sie ihre Projektmappen mit Friedenstauben und schrieben im Begleittext, dass wir uns von Grund auf nahe seien. Ich, also die Gewerkschaft, solle ihnen dabei helfen und mich für ihre fachliche Eignung für etwas, was sie bei einem Sonderfonds Aufbau Ost eingereicht hätten, verbürgen. Es ging um ein Vorhaben, in dem mehrere hundert junge Menschen ausgebildet werden sollten. Ich bescheinigte nichts.

Ich sollte am Freitag Teilnahme-Zertifikate austeilen und hoffte, dass Waltraud keine Person vergessen hatte. Wir hatten keinen Computer, keine Schreibmaschine, keinen Kopierer, aber Bleistift und Kugelschreiber. In diesem Seminar hatte ich mich nicht ausführlich vorgestellt. Ich war mehrfach arbeitslos gewesen; das war eigentlich unglaubhaft. Die Warteschleifen, Aus-Gründungen und Betriebsschließungen hielten die Leute für Treuhand-Diktatur, wovon nur sie betroffen waren. Das System Ost schien auf perfide Weise dem Westen erlegen zu sein. Der erfahrene Mitarbeiter war auch dieser Ansicht. Wir waren in Wittenberg im Kabarett gewesen, und ein Schauspieler hatte in die Runde gefragt: »Was haben Sie mit dem Begrüßungsgeld gemacht? Sie? Und Sie? Und Sie?« Ich war die einzige aus dem Westen und hatte keines bekommen. Einer hatte die 100 Mark Begrüßungsgeld nicht angenommen. »Widerlich«, sagte er. Er verkaufe sich nicht für Bananen, sagte er. Manfred N. und Dieter K. hatten einige Biere getrunken und mehrere Schnapsrunden ausgegeben. Die Frauen hatten mitgehalten; sie kicherten und rückten näher. Manfred N. und Dieter K. schleuderten Halbsätze hierhin und dorthin. Sie hatten mit Armeebeständen zu tun und rühmten sich einer Lastwagenexpedition, bei der sie die Aufschriften umgespritzt und Güter nach Hamburg zum Hafen geschafft hätten. Zu dieser Zeit hatte ein Waffenembargo wegen Ausbruchs des zweiten Irakkriegs gegolten. Eine Frau aus Chemnitz setzte sich zu mir. Sie war von der TU Chemnitz. Ihr Freund war Wissenschaftlicher Mitarbeiter vor der Wende gewesen und hatte sehr gute Aussichten, die ausgeschriebene Professorenstelle zu erhalten. Er war wegen mangelnder Parteitreue von den bisherigen Beförderungen ausgeschlossen worden, hatte nun aber im Zusammenhang der Evaluationsverfahren glänzende Gutachten für seine wissenschaftlichen Leistungen erhalten. Der bisherige Lehrstuhlinhaber und Präsident der Sektion hatte wenig oder keine Aussichten. Während einer Abwesenheit des Wissenschaftlichen Mitarbeiters hatte der Präsident den Hausmeister zu sich gerufen und mitgeteilt, dass er aus arbeitsorganisatorischen Gründen dringend Unterlagen benötige, die der abwesende K. wahrscheinlich in seinem Spind eingeschlossen habe. Unter Aufsicht des Hausmeisters und einer Sekretärin solle geöffnet werden, damit klar sei, dass niemand etwas Persönliches oder sonst dort Lagerndes an sich genommen habe. Der dickbäuchige Hausmeister war mit einem Nachschlüssel erschienen. Den Versammelten bot sich ein Arsenal geleerter Schnapsflaschen dar. Umgehend war es zu einer fristlosen Kündigung gekommen, die K. sehr zusetzte. K. hatte Widerspruch eingelegt, und obwohl sein Anwalt den Fall zunächst für nicht aussichtsreich angesehen hatte, hatte er gewonnen. Die Frau aus Chemnitz sprach leise und hatte sich von den anderen weggedreht. »Wissen Sie«, sagte sie, »mein Freund hat überhaupt nie einen Tropfen Alkohol getrunken. Er war regelrecht Anti-Alkoholiker und reagierte allergisch, ob das Rotwein war oder Weißwein; Schnaps ging schon gar nicht.« »Und – wie ...« »Das ist die Firma«, sagte die Frau. »Er hat anfangs gar kein Verfahren anstrengen wollen, er hat nicht geglaubt, dass es einen Sinn machen würde. Bei uns machte es keinen Sinn.« Die Frau wurde noch leiser. Sie hatte von diesem erfolgreichen Widerspruchsverfahren im Seminar nichts erzählt.

Beim abschließenden Gespräch am Freitag sagten Manfred N. und Dieter K., dass sie sich Sorgen um ihre Rente machten. Nach ununterbrochener NVA-Zugehörigkeit würde sie die Abwicklung sehr schmerzen, sie waren von der Bundeswehr übernommen worden, aber wie lange das noch garantiert sein könnte, wüssten sie nicht. Der Mann, der weitgehend geschwiegen hatte, schwieg auch jetzt. Auch die Frau aus Chemnitz. »Es könnte unter den gegebenen Umständen eine Aufgabe sein, als Mitglied des Betriebs- oder Personalrats dafür zu sorgen, dass Mitarbeiter entlassen werden. Wegen Systemnähe.« Der erfahrene Mitarbeiter protestierte sofort. Nein, man habe im Gegenteil die Aufgabe, sich gegen jede Entlassung vehement zu wenden. Gab es nicht Leute, deren Weiterbeschäftigung – zumal wenn sie mit pädagogischen Aufgaben betraut waren – ungeeignet erschien und unverantwortlich? Die Frau aus Chemnitz sagte nichts. Ich dachte an die Kindergartenleiterin, die Mitarbeiterinnen angezeigt hatte, weil sie das Einüben von Liedgut zur Unterstützung der Angehörigen der Kampfgruppen unterlassen hatten.

Im Seminar, das in der vorangegangen Woche stattgefunden hatte, war ich am Abend einige Schritte mit einem gegangen, der in einer Stadtverwaltung beschäftigt war. Er war aus Sachsen, das weiß ich, wie ich auch immer noch weiß, von welcher Stadt die Rede war. Es schien so, als wollte er mit mir sprechen, weil ich aus dem Westen war. Oder zumindest war das ein Grund. Er hatte einen Freund aus dem Westen gehabt, einen, der, als es wichtig und notwendig erschienen war, seine Sachen gepackt und gesagt hatte, ich mache das. Ich gehe in den Osten und will für den Aufbau etwas tun. Dieser Freund hatte sich bald die Achtung der Leute erworben, seine Unermüdlichkeit, seine fachliche Beschlagenheit hatten ihn zu einem angesehenen Mann gemacht. Zwischen ihm und dem Bürgermeister war eine enge Vertrautheit entstanden, die beiden mochten sich. Der Ort war einer der ersten, dessen Verwaltung neu aufgebaut war und effizient arbeitete. Uwe H. spielte freitags abends mit dem Bürgermeister Schach und ging nach zwei, drei gemeinsamen Bieren nach Hause. Am Wochenende fuhr Uwe H. oft nicht nach Hause, sondern machte Ausflüge in die Umgebung. Der Wagen des Bürgermeisters mit Chauffeur stand dann schon am Samstag gegen 8 Uhr vor seiner Tür und holte ihn ab. Die Männer unternahmen zuletzt einen Ausflug an die Saale und kletterten bis zu der Stelle, an der Turnvater Jahn gewürdigt wurde. Eine Gedenktafel war im Felsen eingelassen, dem Fluss zugewandt. Hier hatte das letzte Gespräch zwischen den beiden stattgefunden. Danach sprachen sie nicht mehr miteinander. Uwe H. ging am Montag wieder arbeiten, am Dienstag. Am Mittwochabend ging er ins Kino. Auf dem Nachhauseweg wurde er überfallen, jemand schlug von hinten mit etwas Hartem zu. Uwe H. wurde behandelt, er blieb einen Tag zu Hause, rief im Büro an und sagte seiner Sekretärin Bescheid. Die darauffolgende Woche erschien er wieder. Am Freitag ging er in eine Kneipe und spielte gegen sich selbst Schach. Auf dem Weg nach Hause wurde er von zwei Männern, die er nicht kannte, in eine Seitenstraße gedrängt. Sie schlugen seinen Kopf zweimal gegen die Mauer und sagten: »Hau ab.« Uwe H. arbeitete vier weitere Wochen. Am Dienstag abend rief ihn auf der Straße jemand an und sagte seinen Namen. Als er sich umdrehte, schlug ihm ein Steinbrocken gegen das Knie, sodass er stürzte. Er hatte niemanden gesehen. Eine Woche verging. An einem Mittwochmorgen öffnete er ein Päckchen und wurde durch einen Sprengsatz an der rechten Hand verletzt. Anderntags packte er und ging zurück. Der Mann hatte gesagt, dass er da wohl – wie er gehört habe – in einer stellvertretenden leitenden Stellung in einer Bundesbehörde beschäftigt sei. Er glaubte, dass es die Bundesversicherungsanstalt für Angestellte war. Bei uns war er stellvertretender Bürgermeister. Wir haben ihn sehr geschätzt. Warum hatten die Männer nicht mehr miteinander gesprochen? Uwe H. habe für den Bürgermeister alles geregelt, was entsprechend den neuen Gesetzen umgesetzt werden musste; dabei war er eine unschätzbare Hilfe gewesen. Zuletzt hatte er die Überprüfung der Beschäftigten im Staatsdienst eingeleitet. »Und?« hatte ich gesagt. Mein Gesprächpartner hatte sich abgewandt. »Verstehen Sie denn nicht?« »Sie meinen, er hat etwas gefunden?« »Ich meine gar nichts«, sagte mein Gesprächspartner und verabschiedete sich. Wir kamen nicht mehr darauf zurück.

»Wollen Sie nicht die Bescheinigungen ausgeben?« Ich rief die Namen der Reihe nach auf: Dohle, Homberg, Saskia Räder – erstaunlich viele Frauen hießen Saskia, dachte ich. Stachenko. Zu jeder Bescheinigung fügte ich ein Antragsformular für die Stasi-Unterlagenbehörde dazu. Walter K., der Tarifreferent, war am Morgen abgereist. Die Mitgliederkartei des FDGB soll er mitgebracht haben. 1 Million neue Mitglieder für die IG Metall. Wie eine Mitgift bei einer Braut oder wie bei einem Versicherungsunternehmen. Die machten es auch so. Es ist ja üblich, einem ausscheidenden Arzt oder Juristen die Praxis samt Klientel abzukaufen, und hernach sitzt der Neue da. Walter K. brachte ein besonderes Kapital ein. Das war der Preis für seine Übernahme. Es war mir lieber, wenn er bei meinem Abschlussgespräch nicht dabei war. Wo war die Kiste jetzt schon wieder? Ich hatte sie schließlich beim Wirt unter dem Tresen gefunden. »Ach«, sagte ich, »das sind nicht genug!« Ich hatte Waltraud gebeten, 50 mal das Grundgesetz zu bestellen. Das hier waren nicht mehr als zwanzig. Ich hielt das schmale weiße Buch in die Höhe, bevor ich es jedem auf den Platz legte. In meiner Erinnerung kehrte die Ausgabe von Gesangbüchern und Bibeln zurück. Und der Tag, an dem ich das Schreiben der Schulbehörde vom Regierungsbezirk Darmstadt erhalten hatte, dass ich wegen Zweifeln an meiner Verfassungstreue nicht in das Lehramt eingestellt werden könne. Ich fiel unter den Radikalenerlass, weil ich für die Roten Zellen für das Studentenparlament in Frankfurt am Main kandidiert hatte. Ich würde Waltraud sagen, dass sie hundert Stück bestellen sollte. Hundert, hören Sie. Ich fange sonst nicht an. Ich brauche diese Kiste, bevor ich losfahre – diese Kiste und die schwarze Geldtasche, um Reisekosten zu erstatten. Grundgesetz und Reisekosten.

Von der Familie, vom unbeschriebenen Marshmallow und über das Gutsein im Leben

Wir treffen uns – die Familie trifft sich. Das ist nicht so, wie sich Familien treffen, also nicht der Rede wert und mindestens immer an Feiertagen. Nein, wir treffen uns fast nie; auch jetzt sind wir nicht vollständig, das geht natürlich nicht, aber nicht, weil wir zerstritten wären oder so viele. Meine Großeltern mütterlicherseits waren Vollwaisen, und sie waren Juden, jüdische Deutsche. Sie lebten mit ihren beiden Töchtern in Berlin, in der Schönhauser Allee; eine Tochter – die später meine Mutter werden sollte – war schon verheiratet, sie hatte einen jüdischen Mann; die beiden hatten ein Kind zusammen, als die Nationalsozialisten in Deutschland an der Macht waren. Meiner Mutter gelang es, dafür zu sorgen, dass ihre Eltern, sie selbst und das Kind – auch ihr Mann – untertauchten, den Deportationsbescheiden nicht Folge leisteten, und schließlich überlebten sie. Die Schwester, die Senta hieß, schloß sich ihrem damaligen Freund an und beide bestiegen ein Schiff nach Shanghai. Später, nach Ende des 2. Weltkriegs, nannte sie sich Jessie. Sie hatte die Besetzung durch die mit Hitler verbündeten Japaner überlebt und auch diesen Freund, der ihr Ehemann geworden und mit dem es nicht gut gegangen war.

Aller Wahrscheinlichkeit nach betrieben die Großeltern eine kleine Schneiderstube in der eigenen Wohnung. Jedenfalls ist das der Auflistung ihres Hausstands in den Arisierungsakten der Oberfinanzdirektion Berlin-Brandenburg zu entnehmen, in der u. a. eine Modellpuppe verzeichnet ist.

»Die Heiligkeit unseres Friedens wird kommen / den rauhe Gewalt uns fortgenommen / Das Gute, es bricht sich Bahn / und zerschellen muss teuflischer Wahn / Solange wie Menschen auf Erden / Wird uns Gerechtigkeit werden / Und so wissen wir um den Sieg / und rechtzeitiges Ende dem Teufelskrieg.«

Ich zitiere aus einem nachgelassenen Gedicht von Hella Zacharias, geborene Freundlich, meiner Mutter. Es dauerte lange bis zu jener Gerechtigkeit, und die Gerechtigkeit begegnete den »illegal« Untergetauchten in einem Ort mit Namen Heringen. Die Gerechtigkeit kam über ein Feld, nachdem die Ketten der Panzerfahrzeuge zur Ruhe gekommen waren und amerikanische Soldaten abstiegen. Mutter und Tochter gingen der Gerechtigkeit entgegen und waren befreit, hinter ihnen im Bunker warteten andere Mütter und Töchter und manchmal auch Väter und Brüder, die waren jetzt besiegt.

Für die Familie bedeuteten diese Jahre eine Beschädigung an Leib und Leben, das ist die Rubrik im Beantragungsbogen für die damals sog. Wiedergutmachungsleistung. Hinter den Wörtern Leib und Leben liegen die Wörter Zwangsarbeit und IG Farben, Ausbildungsverbot, Cortisontropfen, Gallenversagen, Gelderpressung, sexuelle Erpressung, aufgescheuerte Kinderfüße, Schulbuch im Versteck, fehlende Lebensmittelmarken, Winterhilfswerk, bei Nacht durch den Tiergarten gerannt, Bett für zwei Tage und weiter – und Rainer Maria Rilke. Hier als Synonym gebraucht für das Wort Sehnsucht. Die Ehe ging nach 1945 auseinander, nachdem alle Familienmitglieder, Vater, Mutter, Kind überlebt hatten. Das Überleben überhaupt war unwahrscheinlich und blieb wundersam.

Meine Mutter heiratete erneut, bekam zwei Kinder, meine Schwester und mich, wurde geschieden und hätte vielleicht in hohem Alter hier unter uns sitzen können, wenn sie nicht früh durch einen Autounfall gestorben wäre. Dieses Kind, das sie mit ihrem ersten jüdischen Mann hatte, ist meine Schwester, der Mensch davor, und wir, meine andere Schwester und ich, wir sind die danach: die Kinder aus zweiter Ehe, mit dem nichtjüdischen Mann – wo hätten jüdische auch sein sollen? Bestimmt waren sie in den DP-Lagern. Aber die waren nicht für Deutsche. Der Mensch davor und der danach – es ist die Markierung einer Zeitrechnung. Später hörte ich einmal meine Schwester sagen, das Leben vor dem Krebs und das Leben danach. Das mag Ihnen jetzt unangemessen erscheinen – wir besaßen eine private Zeitrechnung. Die Zeit davor war als ein schwarzes Vakuum mitgekommen. Ich wusste nicht, was darin war. Meine Mutter, mit der wir später alleine lebten, war mit ihm beschäftigt, sie hatte Mühe, nicht hineinzustürzen. Immer wieder zeigte es sich, und schleuderte ungebetene Informationen wie Partikel heraus. So dass ich erst im vergangenen Jahr von einem unbekannten Großonkel erfuhr … und auch, und der ist auch …

Mein Vater war weder Widerstandskämpfer noch Jude, sondern aus Ostpreußen. Und studierte in Wien Medizin. Als Direktor einer psychiatrischen Anstalt war er dafür verantwortlich, dass Akten über Täter und Opfer der nationalsozialistischen »Euthanasie« verschwanden. Das muss in den siebziger Jahren gewesen sein. Außerdem trat er nach der Scheidung seiner Ehe in die Sozialdemokratische Partei ein und wurde Kommunalpolitiker, weswegen meine Mutter in dieser Partei eine kriminelle Vereinigung vermutete.

Der Krieg lehnte für mich in der Wohnung nebenan. Da hatte die Hauswartsfrau die Unterarme am offenen Fenstersims aufgestützt und sah nach der Seite und wieder nach der anderen Seite. Im Zimmer blieb ihr verkrüppelt heimgekehrter Mann. »Immerhin Mann«, flüsterten die Nachbarinnen. In den Nachrichten grüßte der Sprecher die Heimatvertriebenen. Ich ging Patronenhülsen aufsammeln und Gewitterblümchen. Auf dem Heimweg sank mein Fuß im geteerten Asphalt ein. Männer gossen heißen Bitumen auf die Krater in den Straßen.

Vom Küchentisch blätterte die weiße Farbe ab. Ich wusch im steinernen Becken die Teller und wollte nicht klappern. Sie hatte den Kopf wieder starr gehalten, sich im abgedunkelten Raum unter ein Federbett gelegt. Das Vakuum darf man nicht wecken.

Manchmal waren Fetzen an mein Ohr gedrungen: Übervolle Züge waren etwas Gutes, Flüchtlinge auch. Flüchtlinge haben oftmals nichts bei sich, keine Papiere und sonst nichts. So könnten auch eine jüdische Mutter und ein Kind die Papiere verloren haben und ihre Besitztümer auch. Der Tommy spricht mit der Zunge von Thomas Mann, sodass die Buddenbrooks im Wohnzimmerschrank standen, neben Ina Seidel – dahinter Schallplatten von Mahler. Auf einem elfenbeinfarbenen Teewagen, auf dem unteren Holzbrett, Zeichnungen von Käthe Kollwitz. Das erinnert mich an Georg Elser, der im Roten Frontkämpferbund war, am 8. November 1939 ein Attentat auf Hitler verübte, das leider scheiterte, und von dem heute mit besonderem Nachdruck gesagt wird, er habe nun wahrlich nicht mit den Engländern zusammengearbeitet. Diese fortdauernde Betonung irritiert mich. So würde er, der jetzt zum nationalen Ehrenträger werden soll, als »Vaterlandsverräter« unwürdig gewesen sein? Ich denke an Willy Brandt, er – der Nicht-Katholische, der vor dem Ghettomahnmal in Polen kniete –, dem der CSU-Vorsitzende Franz Josef Strauß, jahrzehntelang eine beherrschende Figur der westdeutschen Politik, noch 1961 wegen seiner politischen Emigrationsjahre Vaterlandsverrat vorwarf.

Ich komme noch einmal zurück zur Vaterlandsfrage und lese aus den hinterlassenen Briefen meiner Mutter. »Ich hatte einen Traum: Er war wie ein Tedeum! / Ich sah den Hitler aufgehängt / im Britischen Museum. / Den Kopf voll Stroh, die Augen leer. / Es war ja nur ein Traum…! / Ach, wenn's doch Wahrheit wär.« Da sind sie wieder, die Briten. Und Mama mangelte es offenbar an deutschem Nationalstolz.

Dieser Exkurs zum Nationalgefühl muss etwas mit den Gefühlen zu tun haben, die sich auch dann einstellen, wenn sich der Geschichtsunterricht intensiv um die Nachzeichnung des Kriegsverlaufs bemüht. Meine beiden Töchter erzielten Jahrzehnte, als die Ära Nationalsozialismus geprüft wurde, die mit Abstand schlechteste Note. Sie hatten bei den Fragen, die zum Kriegsverlauf gestellt wurden, über die Judenvernichtung berichtet, wonach nicht gefragt worden war. Thema verfehlt.

Zwischen der Tante aus Shanghai und Mama scheint es einen unausgetragenen Überlebenszwist gegeben zu haben. Während Tante Senta der Schwester die bessere Schulbildung nachtrug, schien meine Mutter zu glauben, dass die ausgewanderte Schwester an ihrem Schicksal, das sie während der Verfolgung erlitten hatte, nicht oder nicht genügend empathischen Anteil nahm. »Überlebende« nannte sich keine der beiden Schwestern und auch nicht die Großeltern. Diese Bezeichnung hielten sie zurück ausschließlich für solche ihrer Leidensgenossinnen und -genossen, die in Konzentrationslagern gewesen waren. Mit dem Schiff nach Shanghai? Zusammen mit dem jungen Mann, in den sie sich verliebt hatte. Die hatte es gut gehabt!? Erst mit Ulrike Oettingers »Exil Shanghai« begriff ich, und es tat mir leid.

Meine Schwester und ich beneideten die anderen um ihre Tanten und Onkel, auch um die Querelen, die sie miteinander hatten, um ihre Samstagnachmittags-Kaffee-und-Kuchen-Veranstaltungen, weil schon wieder jemand Geburtstag hatte. Wir hatten das nicht. Wir hörten von jemandem aus Argentinien, mag sein, dass es auch einmal einen Brief von noch woanders gegeben hat. Die Schwester meiner Mutter hatte nach Kriegsende in die USA emigrieren können. Sie schmückte ihre Kartengrüße mit Abziehbildern unbekannter Puppenfiguren. Das Vorgedruckte half. Sie schrieb wenig, um Liebevolles bemüht. Immer stärker trat das Englische hervor, bis schließlich gar keine deutschen Satzfetzen mehr übrigblieben. Die Großeltern überstanden die Nazizeit als Untergetauchte und traten krank geworden schließlich die Emigration zu ihr an. Die Tante schrieb mir, der erwachsenen Nichte, noch immer diese Kinderkarten. Wir haben uns nicht gesehen. Die Großeltern sandten »kisses«.

Während ich in einer deutschen kleinen oder mittelgroßen Stadt einerseits im ideellen Weltenwissen lebte, beschränkte sich der Kosmos des täglich Realen auf wenige Quadratmeter mit Stockbetten – ich entwickelte ein Heimatgefühl von der Größe einer Briefmarke für die mit Spannung erwarteten Briefe, deren Zustellung manchmal länger als eine Woche dauerte.

Meine Geschwister haben sich viele Jahre in Ausländern aufgehalten, die älteste hat ihre Kinder in Italien geboren – einen Mann geheiratet, der American, Choktaw und überdies hier der wundervolle Sänger ist –, die andere hat es ihr nachgetan. In ihren Familien herrschen nicht nur babylonische Sprach-, sondern auch verwirrende Paßverhältnisse. Den Kindern werden in den ersten Lebensjahren Bücher in der unbekannten deutschen Sprache vorgelesen, und sie werden mit fremd schmeckenden Speisen erschreckt. Die abwesenden Kultur- und Sprachfragmente werden vergessen und gelegentlich gesucht. Manchmal regelrecht beschworen. Sie haben hier in Wien eine viel längere Tradition in diesen Dingen, wenn ich nur an die österreichische Fusionsküche denke. Was wir und andere aber nicht meistern können, sind die juristischen Barrieren. Kinder, die seit Jahrzehnten in Deutschland leben, sollen sich für die ein oder andere Staatsbürgerschaft entscheiden, und der eine in der Familie wird dem anderen ein Visumsproblem. Dieser Optionszwang ist nicht nur für Familien überholt, die aus Verfolgungsgründen mehrstaatlich sind, sondern auch für Menschen, die aus vielerlei anderen Gründen zwischen den Welten hin- und hergehen. Ganz anders stellt sich die Situation für jene 80.000 Menschen dar, die überhaupt nicht hin- und hergehen dürfen, die in der Bundesrepublik seit Jahren in Lagern und nicht in Freiheit leben, verdorbene Esspakete empfangen und sich nicht ausbilden oder eine Arbeit annehmen dürfen. Die 19jährige Nissrin Ali und Felleke Bahiru Kum, um den Betroffenen wenigstens zwei Namen zu geben, müssen so das Gefühl haben, Gefangene zu sein, also in Zustände zu geraten, denen sie möglicherweise gerade erst entronnen sind; als seien sie Stücke, die irgendwohin verbracht wurden.

Ich übrigens durfte als Deutsche einem österreichischen Verband beitreten, was ich bemerkenswert finde, dem Verband der Dramatischen Schriftstellerinnen und Schriftsteller Österreichs. Aus deutsch-deutschen Vereinigungsgründen wurde dieser mir lange Zeit der einzige Ort, dem ich zugehörte. Ich konnte mich den Zusammenschlüssen nach 1989 nicht anschließen, weil ich nicht als Autorin mit den ehemaligen Funktionären und Zensoren der DDR gemeinsame Sache machen wollte. Auch gehöre ich Amnesty International an, was wieder eine andere Sache ist und damit zu tun hat, dass ich dazu neige, einer Minderheit anzugehören, die eine Mehrheit verläßt – wobei die Mehrheiten dazu neigen, zu bleiben. Amnesty International begreife ich als Anwältin von Minderheiten, von jener oder jenem, den einzelnen, die für Menschenrechte unterwegs sind. Schreiben, wo andere Gewehre haben? Ich zeige meine leeren Hände. Ich habe ein Wort und ein anderes Wort und sonst nichts, und ich weiß, dass das nicht viel ist. Nicht viel angesichts des fortschreitenden Baus weiterer Siedlungen in von Israel besetzten Gebieten. Nicht viel angesichts der palästinensischen Katastrophe. Aber da taugt mein Stift nicht mehr oder weniger als der eines jeden anderen Citoyen. Das Politische kann ja im Gegenteil auch eine Unfreiheit sein, die das Schreiben verschnürt oder umwidmet, als müssten Grabsteininschriften weitererzählt werden. Niemand wusste das besser als Mahmud Darwisch, der große Dichter aus Ramallah, der die Stimme des Anderen hörte, der Paul Celan aufnahm und verstand, in der eigenen Arbeit auch diesem Anderen Atem gab, während er ihm selbst schwer wurde. Ich erinnere an Erich Fried, der bemerkte, dass ein Gedicht, das nur politisch sein will, Gefahr läuft, zu verarmen.

Mein Schreiben hat wenig von Kampf und Politik, auch wenn es gelegentlich deutliche politische Worte gibt; eher handelt es sich um Übungen zur Wahrnehmung von Stimmen und Gerüchen. Wie zum Beispiel und mit welchen Worten trete ich am kommenden Dienstag in die Gözleme-Bäckerei in Moabit in Berlin ein? Mein Gözleme kostet 1,90 Euro, dazu bestelle ich einen Tee für 1,20 Euro, den mir der Hausherr hin und wieder ganz und gar grundlos auf die Hälfte berechnet. Es wäre an diesem Vorgang nichts weiter mitteilenswert, wenn nicht die Frau des Gözleme-Bäckers, die eigentlich Zuständige für das Backen, immerfort ein Kopftuch trüge. In Deutschland hat unlängst ein ehemals politische Verantwortung tragender Sozialdemokrat, Herr Sarrazin, bevor auch er ins Finanzgeschäft überwechselte, sich abfällig gegen die Welt der – wie er sagte, – Kopftuchmädchen geäußert, die zu wenig mehr imstande seien als zur Arbeit an Gemüseständen und in Döner-Bistros.

Was kann eine aufgeklärte, geradezu fanatisch nicht religiöse Person dazu sagen, eine dermaßen unreligiöse Person, dass sie sich weder für die Maria-Bewegung in der katholischen Kirche noch dafür interessiert, dass feministisch orientierte jüdische Frauen die Kippa tragen? Mein erzählerisches Ich macht sich gemein mit jenen sozial Depravierten, die offensichtlich noch von Handarbeit leben. Sie*Er sitzt mitten im Sprachfremden und isst – hinter dem Herd die Schriftzeichen eines anderen Propheten. Wahrscheinlich hat die essende Figur einen hochqualifizierten Bildungsabschluß. Falls die Familie des Bäckers einen Sohn oder ein »Kopftuchmädchen« hätte, ist er* sie* angehalten zu vermuten, dass diese weniger gut Deutsch sprächen als sie* er* selbst. Alle diese Indizien sprechen dafür, dass hier eine Anfälligkeit gegenüber Kriminalität, politischem oder religiös motiviertem Terrorismus und eine eklatante Disposition zur Grundgesetzentwertung vermutet werden muss. Ist es nicht so? Dieses Problem stellt sich bei einer Currywurstbude im Berliner Bezirk Schöneweide schon deshalb nicht, weil meine Ich/Sie-Figur lieber Döner ißt. Wenn er/sie nun das Grundgesetz und die Verfassung der EU betrachtet, muss sie/er feststellen, hier herrscht ein Diskriminierungsverbot auf säkularer Basis, einschließlich des Gebots der Freiheit der Religionsausübung, weswegen meine Hauptperson, nachdem sie*er* die Frage, ob Gözleme mit Butter serviert werden soll, bejaht hat, zu dem Schluß kommt: Der Islam gehört nicht nur zum Grundgesetz, sondern auch zu Europa. Jahrhunderte zurück war ein Aufruf an die Juden ergangen, das »Mauscheln«, gemeint war die eigene Sprache, einzustellen, sich in Kleidung, Haar- und Barttracht anzupassen und zu konvertieren. In dieser Hinsicht könnte man sagen, es lägen also jahrhundertealte Erfahrungen mit Sarrazins vor.

»Gutmenschen« und »MultiKulti-Gestrige« stehen als Synonyme für blöd, alt und naiv bereits in der Arena der Wortkämpfer. Literat*innen und Journalist*innen sind dem Populisten Sarrazin sofort an die Seite gesprungen: wie überaus mutig der gewesen sei. Dabei unterscheidet den Akteur diesmal von Haider oder Berlusconi eben nur die sozialdemokratische Parteizugehörigkeit. Übrigens hat sich der Zentralrat der Juden in Deutschland sofort mit der Gemeinschaft der Muslime solidarisiert, als die abwertenden Äußerungen Sarrazins gegenüber Ausländer*innen, Einwander*innen und Muslim*innen fielen, was ich für einen bemerkenswerten und sehr richtigen Schritt halte.

Persönlich habe ich nichts gegen gute Menschen, ich habe sogar gelegentlich selbst versucht, gut zu sein. Eine Textilfirma stellt bereits »Mono-Kult«-Hosenträger her, die man sich am Bund befestigen kann – das beste seit dem Schlüsselband »Kein Sex mit Nazis«. Allerdings ist die Zielgruppe jetzt eine andere.

Die Sie*Er*Figur nimmt sich vor, einmal mit den Bäckersleuten und deren Nachbar*innen zu sprechen, damit sie ihre Kinder ordentlich erziehen. Immer öfter geht sie*er* Gözleme essen – es ist klar, die Figur bildet ein Helfer*innensyndrom aus. Trotz aller »richtigen« Positionierung kann auch sie es nicht lassen, an den Segnungen ihrer weißen Dominanz die Nicht-Weißen teilhaben zu lassen. Sie*er* ließ die Krümel liegen, als er*sie* den Laden verließ.

Wie könnten diese Zustände erzählt, zu Literatur werden? »Postkolonial« ist für die Poesie so verloren wie »diskriminierungssensibel«, wie »afro-deutsch« oder »jüdische Herkunft«, »Identität« – ist gar nicht auszudenken. Wie dieses Problem gelöst werden kann, bitte ich in dem Aufsatz »Ein Tag. Oder ein Tag« in Esther Dischereit, *Mit Eichmann an der Börse*, nachzulesen, weil er eine längere Passage über jüdische Fragen, Eisbein und Hackepeter enthält. Im vorigen Frühjahr bin ich in einer österreichischen Gaststätte beim Lesen des Angebots von billigem »Zigeuner«-Mops oder »Zigeuner«-Rollis darüber ins Grübeln gekommen, ob hier auch Judenbrot angeboten wird und ob das dann würzig oder fad sein würde.

Jetzt ist es natürlich nicht so, dass mir vor lauter Nachdenken über das politisch korrekte Sprechen nur noch wenige Wörter oder Texte einfallen, aber es ist doch eine Herausforderung, nachzuschauen, ob das, was ich für gewöhnlich rede, möglicherweise anstrengend weiß oder welten-ignorant ist, um nicht zu sagen, rassistisch. Es ist auch deshalb sehr bildend, an den Poesie-Festivals in anderen Teilen der Welt teilnehmen zu dürfen – da, wo ich selbst als Weiße und Europäer*in Minderheit bin. Ich gehöre also zu den Leuten, die durchaus möchten, dass statt von »Mohrenkopf« von Schokokuss geredet wird, und die nicht der Meinung sind, dass alles seine Richtigkeit habe, weil wir es im Herzen doch anders meinten.

Diese Empfindlichkeit hat mit der von Geburt an geübten Übung des Nachhörens zu tun – wie war das als jemand »Jude« sagte, bloß »Jude« – das reicht, um nachzuhören – Gefahr zu hören – Beleidigung zu hören – und weil ich nicht wissen kann, was gesagt ist, wenn das Wort »Jude« gesagt ist, höre ich »nach« – einmal, zweimal, mehrmals, oft, immer ... manchmal verselbständigt sich das Wort, es fliegt durch den Raum wie ein Geschoss ... und je weiter ich wegkam an Jahren von jenem Datum 1945, desto häufiger schien ich mich zu irren, und ich bekämpfte diese Manie des Nachhörens. Und höre nach.

Jetzt bleibt die Ankündigung uneingelöst, nämlich, dass hier von einem Marshmallow die Rede sein würde und davon, was das Marshmallow mit der Familie, der jüdischen Familie, zu tun haben könnte, beziehungsweise welche Problemstellung sich daraus ergeben könnte, dass diese weiße, sich knatschig ziehende, süß klebrige Masse im Haus eines sudetendeutschen Hauswartsehepaars verzehrt würde, ein Produkt, das von den Amerikanern stammte. Mit anderen Worten: es handelte sich um etwas ähnliches wie Hershey's, nämlich Befreiungsschaum.

In Memoriam Jürgen Fuchs

Ich meine mich zu erinnern, dass das, was Jürgen Fuchs als letztes vor seinem Tod veröffentlicht hatte, seine Stellungnahme zu Martin Walser war. Er hatte sich darüber geäußert, wie seltsam es ist, dass ein Friedenspreisträger seine Rede mit einem leidenschaftlichen Plädoyer für einen Stasi-Spitzel, Herrn Rupp, beendet. Dass sich Martin Walser also nicht für welche einsetzte, die von den Spitzeln geschädigt worden waren, sondern für einen Täter, hatte nicht nur kein Befremden ausgelöst, es schien moralisch so unbedeutend, dass darüber hinweggehört worden war. Im Mai 1999 erlag Jürgen Fuchs einer Krankheit, von der bis heute nicht geklärt ist, ob sie ihm während der Zeit im DDR-Gefängnis und durch auf ihn angesetzte Informelle Mitarbeiter des Ministeriums für Staatssicherheit zugefügt worden ist.

Jürgen Fuchs ist tot. Mir ist, als hätten sie es damals nicht geschafft, ihn kleinzukriegen, aber doch – schließlich doch – getötet. Sie, die Stasi, die Zersetzungskörper gegen den Mann. Isotope unter den Stuhl kleben, las ich neulich, sei ein Kampfmittel der russischen Mafia. Jürgen Fuchs war Schriftsteller und »Bürger«, sozusagen aus Passion geworden. Nachdem er einstmals Marxist gewesen, hatte er sich abgewendet. Die Nationale Volksarmee hatte dem »Gläubigen« die Augen geöffnet. Er traf dann eine Entscheidung, wollte das Menschliche, wie er manchmal sagte, und das Menschliche war für ihn das Politische. So verstand er sein Schreiben als Spiegel nach innen und außen, und das Außen war ihm die Gesellschaft, das Plurale – »Kann doch jeder sagen, was er denkt«. »Sprich doch«, sagte er häufig. Er hasste nichts mehr als Totschweigen, Zumauern, Strukturen folgen und Mechanismen einhalten, wenn ich mal solch ein Sammelsurium an diesen Machtwörtern zusammenstellen darf. Er verlangte von sich eine Übereinstimmung zwischen seinem Schreiben, Denken und Handeln. Er spaltete sich nicht in ein schreibendes Ich und ein sonstiges, was ihm zuletzt im Zusammenhang mit dem Roman *Magdalena* den Vorwurf einbrachte, er sei sein eigener psychiatrischer Fall. Mit solcherlei Geschmacklosigkeiten hatte er sich andauernd herumzuschlagen, er, der selbst Psychologe war. Hatte mit welchen studiert, die Stasi-Kumpels wurden und ihre berufliche Identität in der »Firma« fanden; und in der Skrupellosigkeit gegen ihn und andere. Jürgen Fuchs tat auch häufiger Dinge, die nicht opportun waren – spuckte in eigene Nester. Man kann nicht sagen, dass er das gerne tat, glaube ich nicht. Aber die Dinge quälten ihn so lange, dass er nicht anders konnte. Er war gewissermaßen mit einer fanatischen Zustandsehrlichkeit geschlagen. Das schuf ihm Feinde, manche fühlten sich genervt – diese ewig »authentische« Stimme … Ja, und jetzt fehlt sie, jetzt fehlt sie und hat uns in ihrer Unabhängigkeit oft angestoßen, aufmerksam gemacht, bewegt, und irgendwie fühlte man sich gut, sozusagen demokratisch gut, zu wissen, dass es ihn gab.

Sein politisches Engagement hat immer wieder Folgen gehabt auch für die Bewertung seiner Literatur, die nicht selten mit Häme überzogen wurde, wenn es doch eher um die politische Differenz gegangen wäre. Natürlich hat er das gewusst, aber seine anderen, seine politischen Leben nicht lassen können noch wollen. Wer hat die Wende in der DDR gemacht? Niemand, würde er sagen, hat sie »gemacht«, aber doch hat er mit seinem literarischen und politischen Schaffen zu jener kleinen Gruppe ostdeutscher Dissident*innen gehört, deren Existenz über Jahre hinweg eine große Ermutigung für die Menschen gewesen ist. Und noch was – er ist einer von denen gewesen, denen es mit dem (unfreiwilligen, nach Haft abgeschobenen) Eintritt in den Westen nicht die Sprache verschlagen hat. Auch hier blieb er rebellisch, aufmerksam. Es war kein Mann, der Systeme wechselte und dann »zu«gehörte. Er kannte eigentlich nur eine Instanz, das war sein Gewissen – und Freunde. Das klingt pathetisch. Ist es auch. Denn er war außerdem notorisch bescheiden. »Auf dem Weg zum Briefkasten / Sah ich zwei große Hunde / Auf den Rücksitz / Eines Autos springen / Sie bellten nicht / Sie saßen sofort still / Ich ging weiter / Als sei nichts geschehen«.

Wahrscheinlich hätte er auch lieber über einen Aschenbecher geschrieben als über die Staatssicherheit. Aber er fühlte sich verpflichtet, um seiner selbst willen und um der Opfer willen, für die er sich auch als Stimme verstand. Für die Namenlosen, für die, deren Geschichte nicht öffentlich wird und die darum ohne Anteilnahme bleiben. Und wie ist es, wenn man nicht stark ist, wenn man mutlos ist und verzweifelt, erniedrigt? Er war schonungslos auch gegen sich selbst. Und voller Respekt gegen die, denen gegenüber ihm seine eigenen Erlebnisse schon fast unbedeutend vorkommen wollten, wie ich ihn in einem Gespräch über die Leiden der Leute in Südafrika einmal habe sagen hören. Er schrieb politisch, ohne einen politischen Auftrag zu erfüllen. Er hätte auch keinen angenommen. Er war eben so. In gewissem Sinne waren seine Interventionen auch anmaßend, nicht wahr? Hielt er nicht seinen Finger hoch gegen die, die Vergessen predigten und die Seilschaften von gestern umarmten? Es war ihm egal, wie hochrangig der Vertreter geworden, und Partei und hin und her. Es wirkte manchmal penetrant, wie er so Recht haben musste. Und ich sage Ihnen, er hatte beschissen oft recht.

Unterwegs mit Freunden
In politischen, moralischen und literarischen Angelegenheiten

Eine erste Begegnung mit Jürgen Fuchs und Wolf Biermann hatte in Genf stattgefunden: bei Henry Jacoby alias Sebastian Franck – Gruppe Landau, Herausgeber der unter den Nationalsozialisten illegalen Zeitschrift »Der Funke«, später Mitarbeiter der FAO der UNO und Amnesty International-Aktivist. Jacoby war mit Rosi Wolfstein-Frölich befreundet, einer Frau, die an der Seite Rosa Luxemburgs Wahlkämpfe bestritten hatte. Ich las in der dünnen Schrift eines verblassenden Schreibmaschinenfarbbandes über Jürgen Fuchs und Wolf Biermann einen an Jacoby gerichteten Brief. Sie schrieb: »Unglaublich, wie diese beiden mutig sind und sich halten und nicht nachlassen.«

Wir gingen zusammen über einen Marktplatz, unaufhörlich redend. Die Aussteller*innen hatten ihre Auslagen mit Tannenzweigen und Weihnachtsschmuck dekoriert. Auf der gegenüberliegenden Seite gab es ein Café, in das wir gehen wollten. Bei einem Stand mit Geschirr hielt er unvermittelt an, sagte, einen Moment, das muss ich kaufen. Er ließ sich eine Schüssel einpacken aus Keramik mit einem kräftigen blauen, kleinflächigen, wie Schuppen wirkenden Grundmuster, in dessen Mitte eine Art helles Auge zu sehen war – zumindest wirkte dieser helle Eindruck inmitten des Blauen wie ein Auge, dunkelblaue Schuppen mit hellen Flecken. Nein, das muss sein, entschuldige, sagte er, das ist aus Thüringen, das ist für Lilo, meine Frau.

Aus einem Grund, den ich nicht mehr weiß, sagte er, dass er sich zur Treue entschlossen hätte, etwas anderes käme nicht infrage. Es muss an mir gelegen haben, dass er das sagen wollte.

Zu diesem Zeitpunkt hatte ich noch nicht verstanden, dass für ihn Thüringen so weit weg war wie das Ende der Welt. Dass die beiden aus Thüringen und aus der DDR Herausgeworfenen jetzt eine Thüringer Schüssel in ihrer Westberliner Wohnung haben würden, eine Art Gegenwartszeichen zwischen denen da drüben und ihnen hier – hier im Westen.

Aus einem Grund, den ich nicht mehr weiß, sprachen wir darüber, als wie uninteressant und überflüssig ich diese und jene Mode ansähe und wie schwer es ist auszuhalten, wenn ein Kind unbedingt dies oder das besitzen möchte. Er blieb stehen und erzählte von seiner ältesten Tochter und wie sie dringend einen sehr teuren Anorak habe haben wollen. Und wie er dann gesagt habe, dass sie ihn doch bekommen müsse, wenn ihr Herz so sehr daran hänge. Dann werde er etwas mehr arbeiten. Ich befand mich noch immer in einem seelischen Zustand aus evangelikaler Entsagung und West-Kommunismus, war gegen Konsum und hielt dagegen.

Wir setzten uns und redeten ohne Unterlass, bis der Schriftsteller-Kongreß, wegen dessen wir gekommen waren, weitergehen sollte. Er würde dort aufstehen, das Verbandsreden beiseite lassen und sich mit einer Frage an die Delegation der DDR wenden. Er habe gehört, dass Glasnost auch in der DDR begrüßt würde, und deshalb möchte er gerne wissen, wann sein Freund Wolf Biermann wieder in der Chausseestraße in Ost-Berlin einziehen könne. Die Scheinwerfer der Fernsehsender waren auf ihn gerichtet. Zuvor hatten Herta Müller und Richard Wagner die Verbandstreue der westdeutschen Schriftsteller*innen zu den Genossen bereits mehr als schwierig empfunden, und sie fühlten sich in dieser Atmosphäre unwohl. Herta Müller sah aus wie ein Punk mit roten Haaren, und die beiden rollten das R, wenn sie sprachen, langsam in ihrem Sprechen. Die Delegation aus der DDR hatte sich sofort erhoben und den Saal verlassen. Vielleicht war Richard Wagner auch schon gleich nicht mitgekommen. Anschließend verließen über 50 Mitglieder den Verband deutscher Schriftsteller (VS). Das war im Jahr 1988.

Anna Jonas, die Lyrikerin und Vorsitzende des Schriftstellerverbands, wunderte sich, wie ich so lange mit ihm hätte reden können. Sie unterstützte ihn, wie man einen aus dem Gefängnis Kommenden, Abgeschobenen nur unterstützen kann, aber sie verstand seine Sätze häufig nicht. Das Abgehackte, Abgebrochene, das zu Ergänzende ... Ich hatte keine Schwierigkeiten damit. Meine Sprachsozialisation hatte ich fast ein Jahrzehnt lang aus Schulungsbüchern, Karl Marx original, seinen Grundrissen und den ZK-Beschlüssen jener K-Organisation aus dem Westen bezogen, von der ich abtrünnig geworden war. Die militärisch anmutenden Andeutungen und selbstreferentiellen Bezugsgrößen waren mir vertraut. Wir sprachen sie noch beide. Am auffälligsten war der häufige Gebrauch des Infinitivs, gleichgesetzt einem Imperativ. Renegaten scheinen einander zu verstehen.

Aus keinem Grund, den ich wüsste, sollte dies unser längstes Gespräch bleiben, hastig geredet. Ab da verständigten wir uns überwiegend schriftlich – oft durch kopierte Zusendungen, unterschrieben »Dein J.« – oder »Gruß J.«. Ich denke, wir waren miteinander befreundet, so wie zwei miteinander befreundet sind, die in ihrem Handeln verbunden sind. Ist es ein Zufall, dass ich jetzt an Rahel Levin denke? Wie sie von Freundschaft und Liebe spricht auf jenem »Wahrheitsboden«, der es ermögliche, als Menschen miteinander zu sprechen, jenseits der allgegenwärtigen »Lüge«. Dem anderen ein Freund oder Freundin sein, den dieser oder diese »brauchen« könne, und Liebe und gewisse Freundschaften bildeten zusammen »die größte Idee für Menschen und ihre Verhältnisse«. »Wahrheit« und »Welt« erschließen wird bei ihr eins. Wie sind sie sich nahe – die Schriftstellerin des 18. Jahrhunderts, die von den Gedanken der Aufklärung bewegt war und ausgegrenzt blieb als Frau und wegen ihrer jüdischen Herkunft, und der, der hätte das 21. Jahrhundert erleben können, wenn er nicht gestorben wäre an einer Erkrankung, von der man bis zum heutigen Tage nicht weiß, ob sie ihn heimgesucht hat oder ob sie durch die Staatssicherheit ausgelöst wurde. »Ich kann jetzt gar nicht mehr schreiben«, heißt es in Rahel Levins letztem Brief an David Veit, »weil, sowie ich nur die Feder in der Hand habe, mir die tiefsten Meinungen des Geistes und Herzens entfahren und gar nichts anderes mir zu Gebote steht. Diese aber sind meist kritisch, oder lyrisch …«

Gestern hörte ich Lilo Fuchs auf meinem Anrufbeantworter. Sie wiederholte, was ich im Rundfunk gesagt hatte. Ich hatte über das laufende Verfahren vor dem Oberlandesgericht in München gesprochen, über die Opfer des NSU und darüber, dass die ganze Wahrheit auf den Tisch müsse. Unabhängig davon, ob mögliche Straftaten verjährt sind oder das Versagen von Ermittlungsbehörden und die Handlungen des Verfassungsschutzes in vormalige Legislaturperioden zurückreichten oder nicht. Die rassistische Mordserie, die Menschen türkischer und griechischer Herkunft und eine Polizistin betroffen hatte, war bis zum Jahr 2011 unaufgedeckt geblieben, Akten blieben verschwunden oder waren zerstört worden. Die betroffenen Familien waren selbst kriminalisiert worden. Ich hatte Akten und andere Dokumente studiert. In meine literarische Bearbeitung war die Sprache der Ermittler eingegangen. Meine vorausgegangene Beschäftigung mit der Shoah hatte mich dazu geführt. »Wie aus Menschen Karteikarten werden«, wiederholte Lilo Fuchs meine Worte.

Ich wusste, dass sie mich verstand, wie ich auch wusste, dass mich Jürgen Fuchs verstanden hätte. Er, der *Magdalena* geschrieben hatte, worin er anhaltend und gegen Widerstände und Schmähungen daran festgehalten hatte, wissen zu wollen, wissen zu müssen, wie Matthias Domaschk zu Tode gekommen war. Ein Jahr lang hatte er in der Stasi-Unterlagenbehörde gesessen, hatte die Vernehmersprache aus den Kellern hervorgeholt und im Schreiben bloßgestellt. Und immer wieder die dünnen Stimmen der Opfer in den öffentlichen Raum geschrieben.

Manchmal, während ich im Untersuchungsausschuß des Deutschen Bundestags saß, der sich mit der Aufklärung der durch rechtsextremistische Täter begangenen Morde befaßte, dachte ich an Jürgen Fuchs. Wie er nicht nachgelassen hatte, Aufarbeitung des DDR-Unrechts zu fordern, bis schließlich eine Enquete-Kommission des Deutschen Bundestags zustande gekommen war und ein Bürgerbüro zur Vertretung der Belange der Opfer. »Mach doch, schreib doch«, hätte er gesagt. »Du kannst doch sprechen.« Eine unabhängige Ermittlungskommission mit Sonderbefugnissen, die höher stünde als der Generalbundesanwalt; ein unabhängiger Aufklärungstisch, besetzt mit Menschen aus allen Bundesländern, deren Integrität, Kompetenz und Aufklärungswille gegeben sein müsste? Eine Art Wahrheitskommission, die auch die Jahre vor 2000 untersuchen würde und Straftaten aufdecken müsste, die möglicherweise nicht mehr würden geahndet werden können? Und auch einen Lagebericht abgeben würde über das Leben eingewanderter Familien, die auf unwillige, feindselige oder rassistische Polizei und andere Behörden trafen?

Er hat nie mit mir beraten wollen, wie und was ich sprechen könnte. Die übersandten Artikel waren kopiert und stumm. Was erwartete er? Einmal brach er das Telefonat ab, sagte, er müsse jetzt seinem Sohn die Schuhe zubinden und mit ihm spazieren gehen. Das ist es, was jetzt wichtig ist, sagte er. Als ich zu einem Gespräch mit Leuten, die in Südafrika gegen die Apartheid aufgestanden waren, hinzukam und für seinen Sohn eine gefütterte Hose dabeihatte, führten wir für einen Moment lang das Gespräch weiter: über Winterhose und Wahrheitskommission. Ich hörte auf zu fragen. Er wollte nichts und niemanden »anführen«. Er war sich selbst verantwortlich. Genügte das nicht? »Der größte Künstler, Philosoph, oder Dichter ist nicht über mir. Wir sind vom selben Element«, schrieb Rahel Levin.

Er hatte Jahrzehnte im Kommunismus gelebt, ihn geglaubt und ihn deshalb zurückführen wollen zum Eigentlichen, so als könnte der moralische Kern herausgeschält werden und würde damit wieder für die Gesellschaft lebbar und besser als jemals zuvor. Später muss er Zweifel bekommen haben an Absolutheitsansprüchen, an der Dominanz einer kollektiven Idee, und er vertrat die Abweichung, die Unordnung und dass jeder wertvoll ist, der verrückt ist, feministisch, wie besessen malt oder was anderes. Er konnte sich aufregen über den Ordnungssinn eines Hausmeisters, der Fahrräder und Kinderwagen von unerlaubten Plätzen entfernen wollte. Denn er fürchtete »Das-Ordnung-Machen«, »Das-Aufräumen« und »Gleichmachen«. Das »Ich« hatte in einer radikalen Weise von ihm Besitz ergriffen. Er mischte sich ein und sagte, das kannst du auch. Jeder kann sich einmischen. Er mischte sich ein, zuweilen fiel er Leuten damit auf die Nerven.

Als er Aung San Suu Kyi in Myanmar besuchte, stand sie seit mehr als einem Jahrzehnt unter Hausarrest, den die Militärregierung gegen die Politikerin verhängt hatte. Sie erhielt dann 1991 den Friedensnobelpreis. Die Macht der Militärs zerbrach, heute ist sie Oppositionsführerin und Präsidentschaftskandidatin. Ich erzähle das, weil der Eindruck entstanden sein könnte, Jürgen Fuchs sei vor allem nach dem Fall der Mauer ausschließlich in deutsch-deutschen Belangen beschäftigt, ja »gefangen« gewesen. Nein, nein – 1994 unterbrach er die Konferenz »Literatur und Diktatur« in Jena mit den Worten, es sei jetzt genug damit, dass sich die Beiträge ausschließlich mit deutsch-deutschen Zuständen befassten, und Hamid Skif aus Algerien und ein Schriftsteller aus dem Iran ergriffen das Wort.

Noch immer geht mir ein Anruf nach, den ich nicht beantwortete. Jürgen Fuchs betreute als Psychologe zusammen mit seiner Frau Lilo eine Gruppe Jugendlicher im Stadtteil Moabit in Berlin. Die anhaltend antisemitisch geprägte Stimmung machte ihm Sorgen, und er sann auf ein Gespräch zwischen jüdischen und muslimischen Menschen. Er glaubte an das Sprechen, an das Aussprechen und Zwischensprechen.

Einige Zeit nach dem Fall der Mauer hatte ich ihn nach Birkenbusch eingeladen, in ein ehemaliges Feriendomizil des FDGB nahe Wittenberg, in dem die Gewerkschaft ÖTV, später ver.di, Bildungsseminare für Beschäftigte des Öffentlichen Dienstes veranstaltete. Das Projekt »Aufbau Ost« führte im Gepäck das Grundgesetz der Bundesrepublik Deutschland mit sich, das Bürgerliche Gesetzbuch und kommentiertes Arbeits- und Sozialrecht. Dienst am Bürger und für die Bürgerin, Ansprüche, die zustehen und nicht »gewährt« werden, auch Fragen der Weiterbildung im Beruf standen auf der Tagesordnung: Kinder brauchen Freiheit.

Der Telefonkontakt war noch schwierig, im Wirtsraum hing der einzige Apparat. Er sollte Bescheid sagen, wann er in Berlin abfuhr. Sein Weg würde über die Autobahn führen. Sein Freund Wolf Biermann war vor einiger Zeit von der Autobahn abgedrängt worden. Zu DDR-Zeiten war einmal der Motor während der Fahrt explodiert. Im Briefkasten vor der West-Berliner Wohnung von Jürgen Fuchs war eine Bombe detoniert.

Hannah Arendt hatte in ihrer Reflexion über das Nach-Nazi-Deutschland geschrieben: »… der wohl hervorstechendste und für mich erschreckendste Aspekt der deutschen Realitätsflucht liegt jedoch in der Haltung, mit Tatsachen so umzugehen, als handelte es sich um bloße Meinungen.« Die Aufarbeitung der Nazi-Vergangenheit könne nicht gelingen, wenn »die Linie, die Verbrecher von normalen Menschen, Schuldige von Unschuldigen trennt, so effektiv verwischt worden ist, dass morgen niemand in Deutschland wissen wird, ob er es mit einem heimlichen Helden oder einem ehemaligen Massenmörder zu tun hat«. Sicher haben ihn diese Sätze bewegt, wenn er über Unrecht in der DDR sprach, und er hat die Verantwortung dafür übernommen, dass jemand diese Linie zieht. Er zog sie.

Ich achtete auf die Fahrzeit, er stellte das Auto gut sichtbar unter einer eingeschalteten Straßenlaterne ab. Lange blieben die Leute an diesem Abend zusammen und sprachen miteinander. Einmal sagte eine Frau: »Was ist es, das Ihnen die Fähigkeit gibt zu tun, was Sie tun.« »Ich bin Christ«, sagte er da. Ich sagte nichts. Später wiederholte ich sein damaliges Bekenntnis öffentlich. »Ich glaub's nicht«, sagte Wolf Biermann da über den verstorbenen Freund, »ich lass mir meinen Fuchs nicht erklären und kenne ihn doch am besten«. Und irrte sich. Über diesen Punkt, eben das Christsein, hatten die beiden Freunde offenbar niemals miteinander gesprochen.

Aus einem Grund würde ich mit Jürgen Fuchs über die Lage in Ungarn und in der Europäischen Union sprechen, darüber, dass es phobische Ängste vor dem Islam gibt, über die in Russland inhaftierten Band-Mitglieder von Pussy Riot und über Edward Snowdens Enthüllungen über die NSA-Affäre in den USA – oder ich würde nicht mit ihm darüber sprechen, sondern denken, dass ich bereits mit ihm darüber gesprochen hätte. Wir waren miteinander im Gespräch, und es genügte, dass wir es beide wussten.

Im blauweißen Kleidchen

»Jom haaz'maut?« Was ist das? Der Tag der Gründung Israels? 14. Mai 1948 wurde der Staat Israel ausgerufen. Nein, den feiere ich nicht. Ich erinnere mich, dass meine Tochter in einem blauweißen Kleidchen im jüdischen Kindergarten erscheinen und vor dem Konsul knicksen sollte. Das Problem wurde gelöst: sie wurde krank an diesem Tag. Übrigens meine Mutter feierte diesen Tag auch nicht. Ich glaube, sie hatte etwas gegen die Hebraisierung ihrer deutschen und jüdischen Seele, die sie gerade erst vor Herrn Hitler gerettet hatte. Diesen Tag feiern ... – ich würde mich in Grund und Boden schämen vor meinen palästinensischen Freunden. Der Tag ihrer Katastrophe (nakba) und meiner Freude ... Ich konnte mich auch nicht dazu verstehen, 10 Pfennig vor jedem Schabbes mitzugeben, der dann einem Siedlungsfonds zugute käme. Die Kindergärtnerin sagte: »Lassen Sie das Kind doch nicht immer so abseits stehen. Die anderen haben ihre Groschen alle dabei.« Ich konnte nicht, auch nicht 10 Pfennig. Seit dem Osloer Friedensabkommen haben sich die Siedlungen ausgedehnt, als ob auf den Orangen und Zitronen immer schon gestanden hätte »For Jews only«. Ich hatte einen Teller mit diesen wunderbaren, ineinanderführenden bunten Blüten und dem blauen Rand – das Geschirr aus Jerusalem. Bestimmt wird es in Hebron hergestellt. Da ich nicht achtgab, schlug der Teller einmal am Rand hart auf. Ein großes Stück war herausgebrochen. Trotzdem benutzte ich den Teller weiter, weil ich ihn mochte. Ich hatte ihn abends stehen lassen. Jemand muss ihn weggeworfen haben. Seither suche ich nach dem Teller. Ich kann mich nicht damit abfinden. Weiß auch nicht, ob der Töpfer ein Visum von den Grenzposten bekommen würde, um herüberzukommen. Meistens nicht. Fast immer nicht. Es nützt nichts, dass ich im

Regal diesen Schwan aus Messing stehen habe. Über eine Generation ist er bei uns geblieben. Mehr Generationen hatten wir nicht mehr. – Auf seiner Unterseite eingraviert MADE IN ISRAEL. Das müssen die Jeckes gewesen sein, denn die Figur entspricht ganz dem Nierentisch-Geschmack jener 50er Jahre, seitdem er in unserer Wohnung stand. Ein klandestines Band … Zwischen mir und denen, die der Herr an ihre Heimstätte geführt hatte? Ja, ja, meine Leuchter sind US-amerikanisch. Worum könnte es gehen? Dass ich einen Ort hätte, wenn ich weglaufen müsste? Könnte ich das? An welchen Platz? Zum Tempelberg, der mir angeblich schon gehörte, als ich klein war, oder zu einem Auto mit blauem Nummernschild auf einer der neuen Schnellstraßen, sorgfältig vermeidend, dass ich auf das bisschen Palästina treffe? Allerdings folge ich einer Einladung der Botschaft.

Vom Tempelberg aus gesehen

Woher weiß der Türsteher, dass ich keine Muslima bin – er läßt Frauen ein, mich nicht. Seit wann darf eine Moschee nur von Gläubigen betreten werden – einer hat seine Zweifel daran, ob ich eine Gläubige oder Ungläubige sein könnte, und sagt mir, dass ich dort, gegenüber der Reihe der Waschstellen, durch die Fenster sehen kann. In die Synagogen der Stadt werden die Ungläubigen eingelassen – meistens, die Stadt, die vom Besuch der Ungläubigen wie der Gläubigen lebt, vom Staunen der westlichen Welt über Pelzmützen in der Wüste, Frauen, deren Gesichter verhängt sind, und solche mit unvorteilhaften Perücken, an denen Adonai seine Freude hätte. Und natürlich lebt die Stadt auch von den zahllosen Kirchen.

Es war eine Enttäuschung, durch die Fenster gesehen zu haben.

Der Zugang ist eine hölzerne Hochtreppe, auf dem Weg aufgetürmte Schilde von Spezialeinheiten. Darunter ist die Klagemauer, da begeht jemand seine Bar Mizwa. Mutter und Großmutter und die Tante des Kindes, des Jungen, um dessen Zeremonie es hier geht und der aus seinem Thoraabschnitt vorträgt, steigen auf Stühle. Sie recken sich, stehen auf Zehenspitzen, damit sie über die Trennwand, mit der sie vor den Männern verborgen sind, Blicke auf den werdenden Mann werfen können, den sie lieben und versorgen und der eben jetzt ein Mann wird, sodass er sich von ihnen trennt – er, noch immer ein Kind –, und die Mutter, die sich kümmerte, ihm Essen gab und Milch, als er klein war, die steht jetzt da als Zaungast wie ein kleines Getier, das sich vor der Klagemauer findet, während die Männer die Telefonnummer Gottes gewählt haben.

Ich kleide mich in New European Culture. Das ist eine Marke und könnte eine Glaubensrichtung werden. New European Culture hat einen Makel: Um die Knie herum ist die Stofflage dünner, zu dünn, sagt der Felsendom-Wächter. Ich wickele meinen Schal um meinen Bauch. Wann kann ich eintreten? Heute nicht. Ging es denn gestern? Nein, es ging 2000 Jahre lang nicht. Wann kann ich eintreten – geht das morgen? Nein, es wird niemals gehen.

In blindem Vertrauen steigt einer ein in den Bus nach Jerusalem, hält ein lebendes Huhn im Karton unter dem Arm seines schwarzen Jacketts. Auch er noch ein Kind oder fast nicht mehr, und hat nicht genug Fahrgeld. Er steht vor der metallenen Geldzählmaschine des Busfahrers und fühlt in den Hosentaschen nach Münzen oder einem Schein, nimmt den Karton mit dem Huhn unter den anderen Arm, damit er auch an dieser Seite an die Hosentasche herankommt, in der er nach Geld sucht. Auch in den Jackentaschen fand sich nichts weiter. Der Junge, der bald kein Kind mehr ist, spricht einen in der ersten Sitzreihe an. Der nickt, holt sein Portemonnaie und gibt ihm das fehlende Geld – nichts weiter wird geredet. Der Junge sagt nicht, wie er in diese Lage gekommen ist, der Mann fragt nicht. Es bedarf keiner weiteren Rede zwischen den beiden. Mizwa. Der Glückliche – er konnte heute eine Mizwa tun, etwas zum Segen. Wer weiß, ob er das hätte tun können, wenn der Junge mit dem Karton nicht gerade in den Bus gestiegen wäre.

Wenn die Freitage ihr Abendgebet sprechen, laufen sie, rennen sie, drängen sie über die abgewetzten Stufen der Altstadt, damit sie nicht zu spät kommen – diese jungen Männer, die einen Kordon bilden aus Leibern in Uniform, jetzt zusammen mit denen, deren Uniform die Orthodoxie ist. Wie ein einziger Körper bewegen sie sich hierhin und dahin, tanzen die Hora, singen ihre Vaterlandslieder und heben einen der ihren auf die Schultern, tragen ihn unter stampfenden Gesängen herum – den jungen Mann, leuchtend wie eine Fahne –, sie zelebrieren ihre Körper, die keine

Furcht kennen … Helden tanzen hier. Vergangene Helden oder werdende Helden und Platz- und Landbesitzer. »Wie schön ist das«, sagt eine ältere Dame, die mit ihren Besucher*innen hierhergekommen ist, und sagt, es handle sich um einen erst jüngst entstandenen Brauch. Singende Gruppen von Männern begeistern mich nicht.

Hinter welchen Mauern könnte die Klage um Mordechai Vanunu aufgehoben sein? Hier sitzt einer, der schon bestraft ist und immer bestraft bleiben wird – ein Staatsgefangener. Einer, den niemand deportieren will, obwohl er es doch ist, der gehen und das Land verlassen will. Mordechai Vanunu sprach von der israelischen Atomkraft, laut und öffentlich. Nach Ablauf seiner Haftstrafe wegen Verrats hatte er Besuch von ausländischen Medien und sprach. Erneut in Haft wegen freier Meinungsäußerung – auch an der Universität soll man seine Zunge hüten, sonst kann man die Arbeit verlieren oder keine Anstellung bekommen oder in Haft kommen – wie Vanunu. Ich erinnere mich an Ost-Schriftsteller, die zu Zeiten der DDR mit ausländischen Medien sprachen und verschwanden. Für Vanunu intervenierten Amnesty International und viele andere.

Vom Tempelberg aus gesehen liegt der arabische Teil der Altstadt noch verlassen da. Bald wird sie sich anfüllen mit den Gerüchen von Kaffee und Gewürzen, den importierten verzierten Decken aus Indien, den Wasserpfeifen und den Tellern aus Hebron. Hier sitzen wieder zwei andere und warten auf ihren Deportationsbescheid. Ja, es heißt so: Die israelischen Behörden nennen die Abschiebung zweier palästinensischer Bewohner Ostjerusalems selbst Deportation. Bewohner der Stadt, seit jeher. Sie wurden in legal durchgeführten Wahlen Repräsentanten der Hamas. Die Hamas-Bällchen servierte eine israelische Staatsangestellte ihren Geburtstagsgästen und erklärte, Verschlucken sei das beste. Dann wies sie mit dem Finger auf ein Mohngebäck und sagte Zerriebene Türken. Der Mund der Gastgeberin war rot geschminkt und öffnete sich breit, wenn sie aß oder lachte. Die kleine Feierlichkeit fand am Arbeitsplatz statt.

Das alles hat mit der Zitrone zu tun – der Zitrone, die ich durch die Checkpoints brachte oder gebracht hätte, eine Zitrone jüdischer Herkunft. Diese Zitrone ist wie ein Maskottchen. Wie eine heilige Pflicht halte ich mich und die Zitrone oder die Zitrone mich. Die jüdischen Zitronenbesitzer*innen – die, die im Westen Jerusalems leben – sagten mir, sie würden die Zitronen mit den palästinensischen Studierenden teilen – wenn sie denn kämen. Die dürften ja »rüber«, nur sie, sie nicht, sie müßten bleiben, wo sie sind. Palästinensische junge Leute sollen eine Genehmigung in der Hand halten? Von der hat noch nicht einmal die UNO etwas gehört. Als wären es nicht die jüdischen Staatsbürger*innen, die eigene Straßen besitzen, die sie mit niemandem teilen. Sie sind es, die auf Siedlungsstraßen »hinüber« kommen. Sie gehen nicht wieder. Immer mehr werden es, die »hinüber« kommen und nicht gehen. Wieder andere, wie eben eine jüdische Zitronenbesitzerin, sagen, dass sie andere als die unteilbaren Straßen jüdischer Herkunft nicht benutzen dürften. Die palästinensischen Zitronenbesitzer*innen – dürfen ja eben auch nicht. Eine Zitronenbesitzer*in in Westjerusalem fand eine Lösung. Sie aß ihre Zitronen auf und hatte deshalb keine mehr zum Schmuggeln. Sie blieb, wo sie war.

Freitags könnte sie zu den Frauen in Schwarz gehen, die stehen an der Ecke von King George. Immer schon. »Hätte nicht gedacht, dass ich hier alt werden würde, als ich begann, hier zu stehen«, sagte Debbie, die Designerin ist und einen Laden hat. »Eine Zeit, dachten wir damals 1988, das machen wir eine Zeitlang, als wir anfingen und sagten, Schluß mit der Okkupation.« Jetzt ist sie grauhaarig geworden wie die meisten und eine Touristenattraktion. Die Zitrone würde gut aussehen auf der schwarzen Kleidung. In Tel Aviv ist alles anders. Da schwappen die Brüste aus den T-Shirts bei den Mädchen, wenn sie bedienen – wie feste Zitronen.

Ich fuhr mit einem gewöhnlichen Auto, auf dessen Rücksitz täglich zwei kleine Kinder zum Kindergarten transportiert werden, zusammen mit drei anderen Menschen, die ich nur wenig kannte, über die Grenze. Über die Grenze in das Land, von dem man mir sagte, es habe noch nie jemandem gehört – »höchstens Nomaden« – über allem schwebte ein Zustand, der den Namen »Jewish Law« trug. »Jewish Law« führte zu einer Art, den Kopf beim Passieren des Checkpoints gerade zu halten. Ich versuchte, wie ein Herrenmensch zu sitzen. Schließlich wollte ich eine von diesen unteilbaren, bequemen Siedlerstraßen benutzen. Hier in der West Bank.

Zu beiden Seiten erstreckten sich Hügel, mit weißen Steinen bedeckt, wenig Grasnarbe dazwischen. »Eine Landschaft wie der Mond«, hätte ich gesagt, wenn ich nicht wüsste, dass auch die Mondlandschaft schon erforscht ist. Ich achtete nicht sehr auf die Aussichtstürme, die sich auf den Hügelspitzen erhoben. Rehe, Hirsche, Wildwechsel – nein. Aussichten in weit entfernte, wunderbare Landschaften – nein. Zu viele Aussichtstürme, zu funktional ihre Bauart – keine einladende Treppe … Beobachtungsposten – Vopo-Posten – die nationale Volksarmee der DDR beschützte die Grenze und erschoss Flüchtende – das ist verkehrt, hier soll es ja zur Flucht kommen, am besten eine Massenflucht: nach »drüben«. Was ist nach »drüben«? »Jordanien«, sagen mir manchmal die Nachrichten. Als gäbe es eine Büchse für Menschen mit der postalischen Aufschrift »Jordanien«. Wie lange würde sich der Mensch in der Büchse halten, und was tut die Empfängerin oder der Empfänger? Im jordanischen Petra, einem der Wunder dieser Welt, waren in den fünfziger Jahren immer wieder junge jüdische Soldaten verschwunden, damals das Feindesland. Sie waren freiwillig und gegen den Befehl gegangen, wie magisch angezogen. Die Palästinenser*innen gehen nicht freiwillig.

Einer Akademie-Kollegin sagten die Busbegleiter*innen auf einer Tour, dass diese Aussichtsplätze von Jüd*innen besetzt seien und dass die Palästinenser*innen die Angewohnheit angenommen hätten, lieber im Tal zu siedeln. Auf diese Weise sind die jüdischen Siedler*innen in die Lage geraten, von der Höhe aus das Treiben im Tal anzusehen. Manchmal gehen die von der Höhe zur Jagd in die Ebene. Letzte Woche ist eine Zeltfrau geschlagen worden. Der Hausbau ist verboten, und deshalb haben sich die Talbewohner*innen mit Nicht-Häusern zu begnügen. Sie lassen ihr Land nicht los und leben mit der blanken Erde in Hitze und Kälte. Wenn es einen Siedlungsreport gäbe »Der neue Mensch« oder »Die Plantage«, würde darin stehen, dass sich der vor Jahrzehnten als zionistischer Pionier Eingewanderte wehrte, immerzu wehrte. Die nachfolgenden Generationen: geboren zur Wehrhaftigkeit. Auch stünde da, wie der »neue Mensch«, eben der wehrhafte Jude, den Angriff auf das tief in den Berg eingegrabene Örtchen – ja, eine Toilette – unternommen hatte. Raphael Eitan war Generalstabschef der israelischen Armee, als er am 14. 4. 1983 in der »New York Times« sagte: »Wenn wir das Land besiedelt haben, werden die Araber nur noch wie betäubte Kakerlaken in einer Flasche herumhuschen können« … Shamir sprach als israelischer Premier von den palästinensischen Menschen als »Grashüpfern« (»New York Times«, 1. 4. 1988) … es gibt hier keinen Baum und keinen Strauch unter der sengenden Sonne, wohin sich jemand mit seiner Notdurft zurückziehen könnte. Krieg gegen Menschen und Toilettenhäuschen, dazwischen liegen Zitronen.

Die als Siedlungsgebiete bezeichneten Olivenbaumfelder machten einen guten Eindruck. Die Bäume standen in großer Zahl in Reihen, streckten starke Arme und Zweige in den heißblauen Himmel, die grünen Blätter und die satt braun geharkte Erde ließen vermuten, dass sich die Besitzer um das Wässern der Pflanzen kümmerten.

»Da ist ein neuer Posten«, murmelte mein Begleiter, der sechs Wochen nicht hier vorbeigefahren war. Ein »Posten«, was ist ein Posten, ein Militärposten, eine Baumaßnahme, ein Siedlungs- oder Ansiedlungspunkt, bestehend aus in den Himmel gerichteter Stahlmaterie – auf der ein Mensch sitzen wird, mindestens einer, mit einem Maschinengewehr bei sich. Hier haben die jüdischen Menschen ein Gewehr bei sich wie ich ein Taschentuch. Ich brauche mein Taschentuch.

Ich konnte keinen Weg erkennen oder den Grund, warum die Räder einschlugen – den Steinen entgegen, die plötzlich hervorragten, und in den Sand, sodass wir besser ausstiegen und der Wagen leichter wurde.

Der Wagen wird neben einem zweiten geparkt, der unerwartet hier anzutreffen ist. So unerwartet, wie es eine Imbissbude gewesen wäre, ein H&M-Laden oder ein Magnum-Eis-Verkäufer. Die Autos stellen sich zusammen wie Brüder auf einer Anhöhe und sind gut zu sehen. Ein Trutz-Paar, wenn die Siedler kämen.

Ich laufe den anderen nach. Sie wissen, wohin sie wollen – ohne Zeichen oder Markierung in der glühenden Hitze des Tages. Ich fühle, wie sich mein Rock um mich legt. Er wippt beim Gehen leicht: ein dünner, dunkelblauer, geraffter Rock, wie eine Gardine vor hohen Fenstern zu Zeiten, als sich an den Wänden grüngelbgestickte Gobelins entlangzogen. »European Culture«, hatte die Frau im Laden gesagt und bedeutungsvoll jemanden weggeschickt, der sie hatte abholen wollen. »Der Kundin gefällt European Culture«, sagte sie wieder. Sie trug die Mode, die sie verkaufte. European Culture verhieß ein selbstbewusstes Label zu werden, keine Produktion in Massen, wenige ausgesuchte Stücke wurden auf den Markt gebracht. Der Rock sprang ein wenig auf, während ich in einiger Entfernung abwärts den anderen nachstieg. Wenige schwarze Zelte standen da, eigentlich nur zwei, und ich hörte das Gemecker von Ziegen.

Auf der verlassenen Asphaltstrasse joggen vier Männer vorbei – Sport-Shorts, Hemden, einer trägt das Maschinengewehr – »Siedler«, sage ich. »Nein«, sagt der Fahrer, »das ist Militär«. Jedenfalls hat das Militär Verwendung für die breiten, verlassenen Straßen, wenn es joggt. Nur die Autos mit den gelben Nummernschildern dürfen hier fahren, und wenn Palästinenser hier joggen würden, müssten gelbe Nummernschilder für ihre Trikots ausgegeben werden. Ein Irrsinn, in dieser Hitze zu joggen. Andererseits ist es nicht weniger verrückt, als in der Wüste Blumen anzubauen.

Die anderen Mitfahrenden aus dem Auto, das von Nirgendwo gekommen zu sein schien, begrüßten diejenigen, mit denen ich gekommen war. Sie kannten einander schon lange, noch von damals, als sie noch keine Kinder gehabt hatten, noch nicht verheiratet waren. Sie sind während der Intifada oder danach – wahrscheinlich danach, denn sie sind jünger als die Frauen in Schwarz – zusammengekommen. Wir sind etwa acht, neun Menschen und ein Kind, die weiter vorangehen auf die Zelte zu, so als sei da etwas zum Einkehren.

In einem der Zelte verschwindet der Arzt mit dem Wehenschreiber. Eine Frau ist schwanger. Donnerstags kommt der Mann aus der Stadt hierher. Das Zelt ist am Boden wie mit einer Banderole von Beton eingefasst. Der Putz wirkt neu und ist sorgfältig aufgebracht. In geschwungener Steinschrift steht hier Susya. Welcome. Was hier ist, wird in Abständen zerstört. Es ist billiger, ein Zelt wieder aufzubauen als ein Haus. »Deshalb haben wir auch für das Community Center ein Zelt gewählt, aber wir wollten trotzdem, dass es schön sein sollte. Ein kreativer Platz – ein Platz zum Lernen und zur Inspiration«, sagt David. Hier: das sind die Ziegen, die Bewohner*innen, die Steine, die Hitze, die Siedler*innen als Nachbarn. Und David aus Tel Aviv und die Leute, die heute gekommen sind. Sie bieten sich an als jüdische Andere, jüdische Gegenwart, wie ein Schutzschild. Sie tragen merkwürdige Waffen bei sich: Material für Plastiken, die sie hier gestalten oder vollenden werden; eine Videokamera, einen Make-up-Koffer. Die Beauty-Klasse hat sich verselbständigt und ist eine Bildungsmaßnahme geworden, an der junge Mädchen teilnehmen, zuallererst die Bräute. Wöchentlich in der Stadt unten. Hier ist sonst nichts zum Teilnehmen oder zum Arbeiten, nichts zum Einkaufen und nichts zum Teetrinken – nichts als der Besuch der Ziegen. Am Zelteingang haben einige Bewohner*innen und Älteste Platz genommen; zwei Kinder springen herum. Es wird süßer Tee gereicht. Drinnen im Zelt spricht David, manchmal lächelt jemand herüber zu uns. Es ist eine Art Patenschaftsidee. Die Juden sind die Paten, die anderen sind die Partner*innen. Niemand mag Patenkinder sagen.

»Artist in residence program«, sagt David, und David sagt, dass die Partner ihr Wissen teilen könnten. Sie könnten Leute beherbergen, die für zwei Wochen zum Beispiel mit ihnen leben und denen sie Arabisch beibringen.

Wie die Cochin-Jews, dachte ich, sie beginnen jetzt ihre Wohnzimmer für Tourist*innen herzurichten, geben ihnen eine ordentliche indische, koschere Mahlzeit, und die Leute zahlen dann Eintritt, um einen Tribe aus der Nähe zu sehen. Sie sind nicht länger aus Indien, jetzt sind sie aus dem Negev, aber ihr Überlebenskapital ist ihre indische Herkunft, und ihr Tempel ist der Fake ihrer wunderbaren Synagogen, die sie einstmals auf fruchtbarerem Land erbauten. Allerdings erhielten die Cochin-Jews Unterstützung vom israelischen Staat, gerieten dann unter Generalverdacht, Filariasis, eine ansteckende Krankheit, ins Land geschleppt zu haben, und mussten sich in »trockenem Gebiet« ansiedeln. Ihre Realität sei fern von dem, was sie sich bei der Einwanderung vorgestellt hätten, sagte Reuben Raymond im New Statesman 10. 9. 2004. »In Indien hatten wir niemals um unsere Rechte kämpfen müssen, aber in Israel mussten wir das. Und das war neu für uns. In den frühen 50er Jahren hatten unsere Leute Probleme wegen ihrer Hautfarbe. In allem wurden sie anders behandelt, bei der Arbeitsplatzsuche, sie hatten schlechte Jobs und verdienten weniger.« In allem anders behandelt. Anders als andere israelische Staatsbürger*innen.

Die Zeltmenschen sind nicht israelisch, nicht Staat, nicht Bürger*innen. Hier fehlt sogar die Andersheit. Sie sind welche, die eigentlich gar nicht da sind, oder welche, von denen anzunehmen ist, sie seien nicht da, oder es würde ihnen ein Zustand bereitet, in dem sie endlich und endgültig Nichtdaseiende wären.

»Wenn jemand herkommt, dann wird man ihr oder ihm Lesen und Schreiben beibringen – es gibt Privatunterricht, das kostet pro Übernachtung 25 Dollar. Das Kulturkommitee entwickelt sich, und in dem Film, den wir drehen, kommen alle von hier selbst vor«, sagt David. Im Berg eingegraben liegt die einzige Toilette, eine von ehemals zwei. Die Besucher-Dusche soll mit der Sonnenwärme funktionieren, wenn sie denn ginge. Ich wage nicht zu fragen, ob wer herkommt. »Ein Symbol«, sagt David. Ich lächele unbestimmt in die Richtung des Zelteingangs.

Ein Mann in einem ockergelben Oberhemd und dazupassender Stoffhose, deren scharfe Bügelfalten mich an Albert Camus erinnern, kommt herein, geschlossene, glänzend geputzte Lederschuhe. Der Mann nimmt Platz an einem kleinen, viereckigen Tisch, der am Kopfende des länglichen Zeltbaus steht. Auf dem einzigen Stuhl. Unter dem Arm hält er einen Aktenordner, den er nun hervorzieht und aufschlägt. Er blättert die Seiten um. Noch bis zu den 80er Jahren gab es hier keine Siedlungen – ich kann mir nicht helfen und denke an Zitronen – die Leute wurden dreimal vertrieben – das Gebiet wurde zur militärischen Zone erklärt, zu einem archäologisch bedeutsamen Areal undsoweiter. Das Gebiet wurde unter israelische Hoheit gestellt und annektiert. Die Leute sollten zurückgedrängt werden bis zur Stadt Yatta. Dann gab es ein Urteil durch den Obersten Gerichtshof, danach konnten die Leute zurückkommen, aber sie durften nichts bauen. Ein paar Familien trauten sich hier wieder heraus, teilen das Land mit Schafen und Ziegen, den Zelten, Allah und den Außenposten; die Siedler sind die Exekutive eines anderen Gottes.

»… die Leute fallen zwischen die Stühle.« Undeutlich höre ich den Aktivisten David weitersprechen. Er kommt für ein paar Tage von Tel Aviv hier heraus, jede Woche. Er ist Künstler. Den Mann am Zelteingang verhörten vor zwei Wochen israelische Behörden: sie wollten wissen, was die Juden bei ihnen machen. Er sagte, sie machen einen Film und Skulpturen. Letzte Woche wurde er von palästinensischen Behörden verhört. Wieder sagte er, sie machen einen Film und Skulpturen.

Bei der letzten Committee-Sitzung fehlte einer, der war von Siedlern geschlagen worden. Hier hat keiner mehr eine Arbeitserlaubnis für Israel. Ich frage mich, woher das Essen der Leute kommt. Sie erhalten internationale Hilfe. David erzählt, dass die anderen und er seit fünf Jahren hierherkommen und dass die Freundschaft stabil ist. Ich lächele wieder in die Richtung, in der die Freunde sitzen. Jemand lächelt zurück. Es ist eine seltsame Sache, in jemandes Zelt zu Besuch zu sein, der nicht persönlich gesagt hat, treten Sie ein. Während David über Hassan spricht, spricht Hassan wenige Meter von mir entfernt – vielleicht über David oder über mich, die Besucherin. Vielleicht reden die Frauen später über European Culture. European Culture ist selbst in Europa neu.

Die Straße entlang werden die Strommasten geführt, mit denen die Siedlungen mit Elektrizität versorgt werden. Die Leute in den Zelten haben keinen elektrischen Strom. Kann man aus Freundschaft und Skulptur Strom herstellen?

Ich halte meine Zitrone bei mir, nicht dass ich eine von den Siedlungsbäumen genommen hätte. Die Zitronen der Siedlungsbäume sehen aus wie Handgranaten. Dunkel und satt von Wasser, das sonst niemand hat.

Mein Rock bauscht sich, so als würde ein Wind wehen. Weiterfahrt in einem Konvoi von zwei Autos. Sicherlich sind wir längst gesehen worden. Die Fahrer wissen, wie sie Krater und Löcher umfahren, schließlich halten sie an. Wir stolpern einen Pfad hinunter, der für einen Esel gut gewesen wäre. Ein einziges Zelt – wir gehen nicht dorthin. Wir – eine Ansammlung von acht Personen – betreten eine Höhle. Sie ist feucht, schwarz und kühl, schützend vor der Sonne. Fernseher, eine Feuerstelle, zwei Frauen, ungefähr neun Kinder verschiedenen Alters – es ist kein Kleinkind mehr darunter. Unsere Autofahrer, von denen einer aussieht wie ein Alt-Hippie, sprechen Arabisch. Wir anderen lächeln. Es wird zurückgelächelt. Ein dreizehnjähriges Mädchen reicht heißen, süßen Tee. Ihr breites weißes Haarband ist schmutzig, ihre Haare sind filzig, ein Paar wunderschöne schwarze Augen. Die Kinder gehen während der Schulzeit bis 13 Uhr in die Schule in der Stadt. Die ältere Frau trifft die Anordnungen: uns Kissen geben, uns in Ruhe lassen. Ich habe eine Süßigkeit mitgebracht. Sofort holen die Gastgeber eine Kiste mit Gebäck und reichen sie ebenfalls herum. Eine zweite, jüngere Frau sitzt ein wenig abseits. Zwei der Kinder hier sind ihre. Sie lächelt nicht. Sie wird uns nicht vorgestellt. Das hier ist keine »stabile Freundschaft«. Der Mann weiß nicht, warum die Israelis, die keine Siedler sind, zu ihm kommen. Er wird auch nicht sagen, ob er ein Haus in Yatta hat. Wer ein Haus in der Stadt hat, soll nicht das Recht haben, auf das Land der Familie zurückzukehren. Der Mann ist in der Höhle geboren. Die Höhle ist niedrig und flach, nicht weit in den Stein getrieben. Hier kann die Familie nur Seite an Seite liegen, um zu schlafen. Bald ohne die Dreizehnjährige, die verheiratet werden wird.

Ein Umgehungspfad wurde von den Siedlern gesperrt, jetzt liegt die Schule für die Kinder in unerreichbarer Ferne. Wenn der Schulweg nicht zu bewältigen ist, müssen die Familien gehen, nicht wahr? Die Leute, mit denen ich hier unterwegs bin, haben Geld gesammelt, ein Auto gekauft, einen Fahrer bezahlt, sodass die Kinder zur Schule gefahren werden können. Jeden Monat geben sie einen Teil ihres Gehalts. Weil die erste Frau nach einem Unfall keine Kinder mehr bekommen kann, wird der Mann eine dritte Frau heiraten. Die erste Frau hatte mit Baby auf dem unbeleuchtet fahrenden Wagen gesessen, als ein anderer dagegen fuhr. Der Autofahrer hält diese Hochzeit für falsch. Der Mann hatte noch immer eine Arbeitserlaubnis für Israel – eine Seltenheit, aber er konnte keinen Gebrauch davon machen. Er war Bauarbeiter, wahrscheinlich konnte er seine Unterkunft auf israelischem Gebiet nicht regeln. Über seine Finger laufen die Perlen der Gebetskette, während er spricht. Die Aktivisten sagen, er möge aus seinem

Leben erzählen. Er sagt, er lebe, das sei alles, mehr sei nicht zu sagen. »Aufzeichnungen aus einem Erdloch« heißt die Geschichte eines Überlebenden der Shoah. Das hier ist ein Lebensort, kein Fluchtloch. Ein zäh verteidigter Clan-Platz. Mit einem schweren Steindeckel auf einem Brunnen ein paar Meter abseits. Er führt nur noch wenig Wasser. Dann wird das Wasser per Auto aus der Stadt geholt werden müssen.

Der Mann, der aussieht wie ein Alt-Hippie, geht noch weiter hinüber zu einer anderen Familie, die ebenfalls in einer Höhle lebt. Sie verstehen sich nicht als »Community« hier draußen. Dazu ist das Leben zu hart, sagt der Aktivist. Den Besuchern bietet die erste Frau ihre Stickereien an, traditionelle palästinensische Muster, in Handarbeit auf Decken aufgenäht oder als Stickbilder des Felsendoms. Mit 25 Schekel ist das kleine Handy-Täschchen viel zu teuer. Eine Besucherin kauft. Sie hat sozusagen für uns alle gekauft. Beim Verlassen zeigt uns der Mann seinen Besitz: In einer kleineren Höhle, mit einem Eisengitter verschlossen, liegen die Schafe. Einem ist das Vorderbein gebrochen. Der Mann sagt, die Kinder haben einen Unsinn mit dem Tier gemacht. Eine amerikanische Besucherin spricht auf der Rückfahrt von den Rechten für Tiere. Wir schweigen. Die Kinder hatten unsere Hände umfaßt; besonders das dreizehnjährige Mädchen war uns nicht von der Seite gewichen.

Wir Frauen banden uns die Tücher mit verknoteten Enden auf dem Scheitel des Kopfes zusammen. Die Aktivisten saßen da in ihren T-Shirts und Jeans und den sportlichen Sandalen. Ich zog den European Culture-Rock, bis er unterhalb der Hüfte saß und die Beine bis zum Knöchel bedeckte; die weiße Bluse langgezogen darüber. Dann sah ich geradeaus und richtete den Blick uninteressiert auf den Asphalt. Wenn wir angehalten würden, würden wir sagen: Wir hatten niemand anderen besucht als unseresgleichen, will sagen jüdische Siedler*innen, oder wären selbst von da, wo die Olivenbäume satt ihre Zweige gen Himmel strecken.

Wir passierten, ohne angehalten zu werden. Erst in der Stadt hielten wir wieder an – nachdem wir vorbeigefahren waren an dem in einer Ferne stehenden Kamel und wieder an Zelten, die aber Beduinen gehörten, auch sie in Gegenden, die es offiziell nicht gab. Also gab es auch sie nicht, und auch sie hatten diese Uneigentlichkeit ihrer Existenz mit dem Verlust von Wasser und Elektrizität zu begleichen, obgleich sie Passbürger waren – will sagen, sie wählten als Israelis. Ich besuchte sie nicht. Ich habe die Zitrone bei mir behalten. Sie war wie ein Maskottchen, und ich trug sie hinauf, die drei Stockwerke hoch bis unter das Flachdach, unter dem es unerträglich heiß werden konnte. Dort legte ich sie in den Kühlschrank.

Die Stühle waren zumeist in den letzten Jahren leer geblieben, wenn Professor*innen oder Intellektuelle aus Westbank oder Gaza eingeladen waren; meistens, weil es keine behördliche Erlaubnis gab oder weil sie nach dem Ereignis erteilt wurde, wenn überhaupt. Die Juden – hier in Gestalt der israelischen Behörden – hatten immer schon diese seltsame Angewohnheit zu glauben, sie könnten ein Unrecht als Recht auslegen, und das möglichst auf Dauer, so als hätte der Legalitätsbruch durch die sinnlos und unnütz erteilte Erlaubnis gar nicht stattgefunden oder wäre nicht zu sehen. Als wäre der Gott blind, wenn es in der Thora heißt: Bestelle die Felder Jahr um Jahr, im siebten sollst du sie brach liegen lassen. Dann verpachtet der Besitzer das Land an jemand anderen, der es bestellt. Als könnte der Gott von einem Kind oder dem Bürger von Schilda getäuscht werden.

Ich wollte nicht hingehen. Ich ging nicht hin 1988. Ich ging nicht hin 2002. Ich ging nicht hin 2004. Ich ging hin 2010. Ein Ort des Gedenkens an die Ermordeten der Shoah – es ist ein schöner, ein erhabener Ort, ein Ort, an dem ich mich mit meinem Gott verbinden könnte. Was wollte ich anderes, als mich mit meinem Gott verbinden, wenn ich die Hallen der Verbrechen durchschritten habe und die gequälten Leiber in meinem Körper schreien. Eisenbahnschienen zum darauf Gehen, Schuhe zum Ansehen, ein Film mit einem nackten, über den rauhen Boden geschleiften Toten, ein Gemarterter, dessen vergangene Qual überlebensgroß auf dieser Leinwand erlitten ist, Täter-Kästen, Interviews mit welchen wie von nebenan, die überlebt haben und von Erlebnissen berichten, deren Spuren wir meinen in ihren Gesichtern zu sehen. Sieht man nicht: Rosa F. ist geschminkt mit ihren 75 Jahren, die Haare sind onduliert. Video läuft. Die Worte der Überlebenden sind schmucklos, sachlich, berichten von Hunden und Säuglingen, und die Zuhörende mag wollen, dass die Worte wieder zurückgingen dahin, woher sie kamen. Und dass diese Frau, diese Dame zum Beispiel hier von nebenan, die Worte bei sich behielte. Damit sich die ins Freie gekommenen Worte nicht mir auf das Atmen setzten. Ich werde jetzt bedürftig, nicht sie.

Israelische Soldaten – wo haben sie ihre Gewehre – sonst haben sie stets ihre Gewehre dabei – sind die Gewehre an der Garderobe abgegeben? Ich würde kein Gewehr an der Garderobe abgeben. Sie sind in Ausbildung – sie lernen. Sie lernen, wie der Tod aussieht für Jüd*innen – viele orthodoxe jüdische Menschen sind auch hier; auch sie sind jung – amerikanische orthodoxe, junge Menschen. Heute hat Hanna Szenes Geburtstag; hätte Hanna Szenes Geburtstag, die hinter den feindlichen Linien in Europa absprang, in Titos Jugoslawien drei Monate lebte und beim Grenzübertritt nach Ungarn gefangen genommen wurde – 23 Jahre alt, gefoltert, getötet, eine Dichterin mit den Zeilen »Gesegnet das Streichholz«. Szenes ist eine Heldin, die israelischen Kinder lernen ihre Gedichte und Lieder auswendig. Wir Besucher*innen sind nicht heldenhaft, wir schauen die Held*innen an und die Märtyrer*innen, so als wären die jüdischen Menschen für etwas gestorben. Wie einst die Kämpfer von Massada. Als ich dreizehn Jahre alt war, stiegen wir weit vor der ersten Morgensonne hinauf und hielten dort meine Bar Mizwa ab. Damals, an diesem von der Erzählung geweihten Ort, war auch ich für einen Moment in die Nähe des Gottes gerückt. Aber eben auch wieder nicht. Wie soll ich in New York in die Nähe des Gottes rücken – zwischen Bleecker Street und Avenue of the Americas?

Alijah. Wir leben ewig. Hier, auf dieser Erde, mit dem Trotz von einer wie Hanna, die auch unter der Folter nichts sagte. Der Feind lebt ewig und zur Zeit ein paar Steinwürfe entfernt zwischen den Hügeln und Höhlen. Yad Vashem war einstmals palästinensischer Boden. Wie vieles hier.

Ich bin kein Seismograph, ich künde nicht von einer Bewegung, bevor sie vielleicht noch gar nicht ihre Vollendung erreicht hat. Ich spreche nicht von noch Verborgenem. Es liegt offen zutage: »... 1.500 israelische Polizisten ... in der Frühe ... um 5:30 Uhr – Tränengas und Wasserwerfer dabei, wurden jedoch nicht eingesetzt. In drei Stunden war das Beduinendorf Al-Araqib kein Dorf mehr.« 2010. Israelische Aktivisten waren am Abend zuvor gekommen, gingen mit den Bewohner*innen schlafen. Am Morgen waren sie als Renegaten unter dem johlenden Beifall von in Bussen mitgereisten anderen Israelis verprügelt worden. Später, sicherlich viel später, reisten die Israelis zurück. Wohin die Beduinen gingen, ist nicht bekannt. Wahrscheinlich haben entfernt wohnende Familienmitglieder sie aufgenommen und den heulenden Kindern Wasser und Tee und ein Bonbon gegeben.

Es ist nichts Unsichtbares an diesem Vorgang. Die israelischen Polizeibehörden geben sich keine Mühe, etwas unsichtbar zu machen, sonst hätten sie nicht die johlenden Antreiber mitgebracht. Übrigens sind die Beduinen nicht die Palästinenser. Beduinen dürfen den israelischen Ministerpräsidenten wählen. Eine von den Frauen eines Mannes aus Al-Araqib studierte sogar – oder war es die Tochter? »Jedenfalls bis zu ihrer Verheiratung«, sagt einer.

Gegenüber dem Gaza-Streifen herrscht eine Blockade, gegenüber den politischen Repräsentanten, der Hamas, Kontaktverbot. Verschiedene Gründe werden angeführt, warum dies nötig sei. Für einen Augenblick schienen die Namen der während des Gaza Flottilla-Einsatzes durch die israelische Armee getöteten Menschen herauszuragen aus der Gewöhnung an die während der letzten Jahrzehnte, seit 1948, Getöteten. Sie – die neun türkischen Getöteten – teilten sich für den Augenblick mit als Menschenleben, nicht als Realitäten, in denen der Tod ein Kollateralschaden oder ein Aufrechnungsfeld ist: deine Tode, unsere Tode, eure Tode.

Weiß und Gelb sind Schale und Fleisch der Zitronen, sauer und gesund ihr Saft. Niemand würde sagen, man bräuchte sie nicht. Sie werden gebraucht, und die Haine voller Früchte sind weithin zu sehen. Palästinensische Menschen sind von dieser Seite des Checkpoints aus nicht oder kaum zu sehen. Sie sind von »drüben«. Sie sind dunkel. W. E. B. Du Bois sagte einmal, es ist die Color Line, die uns trennt, und es ist das wichtigste Problem im zwanzigsten Jahrhundert, das wir überwinden müssen. Nachdem Du Bois das Warschauer Ghetto 1949 besucht hatte, korrigierte er sich und sagte, dass diese Color Line weit mehr bedeute, als die Segregation in Schwarz und Weiß. Sie verliefe nach kulturellen Mustern, Klassen, Religion, Körperlichkeit, falscher Lehre, Haß und Vorurteil. »Sie erreicht alle möglichen Menschen und ist eine Geißel der Menschheit.«

Selbst-Interview

SONJA FRITZSCHE / JENNIFER GOOD: Sie haben gesagt, Ihr Schreiben kann als »jüdisch« bezeichnet werden? Eigentlich wollten wir das nicht glauben.

ESTHER DISCHEREIT: Warum?

FRITZSCHE / GOOD: Denken Sie nicht, es handelt sich um eine jener stereotypen Zuweisungen, gegen die Sie doch eigentlich anschreiben?

DISCHEREIT: Ich schreibe gegen gar nichts an. Ich denke bloß – in die eine und in die andere Richtung. Ich bin nicht geeignet für endliche Aussagen – ich werde darum ringen, eine Aussage zu treffen, dann wird es darum gehen, diese Aussage zu demontieren, zu dekonstruieren, ad absurdum zu führen. Es handelt sich um eine Form des Denkens, um ein fortwährendes Hadern und um ein fast destruktives Vergnügen daran, Wahrheiten zu suchen – um sogleich ihre Beschränktheit darzulegen – eine Beschränktheit, die in der Unmöglichkeit liegt, Totalität zu schreiben, zu erfassen. Ich bin also der Auffassung, mein Schreiben nähert sich in dem gleichen Maß der »Wahrheit«, wie es sich davon entfernt.

FRITZSCHE / GOOD: Was hat das mit den jüdischen Fragen zu tun?

DISCHEREIT: Fast alles. Allein schon die Unmöglichkeit, Jüdin zu sein. Stellen Sie sich vor, ich wäre von Kopf bis Fuß Jüdin. Es stimmt, und es ist genauso gut unwahr. Erstens war mein Vater Nicht-Jude, und zweitens könnte mir das auch mit einem makellosen Vater geschehen sein. Die Judentümer kommen einem abhanden oder laufen mir zu, gleichgültig, ob man sie jeden Tag lebt – in einem feststehenden, ruhigen Ritual – oder ob sie bei Gelegenheit auftauchen, sozusagen aus Versehen, zum Beispiel, wenn Rechtsradikale vorbeikommen.

FRITZSCHE / GOOD: Ist Ihr Schreiben nun jüdisch oder nicht?

DISCHEREIT: Oft.

FRITZSCHE / GOOD: Warum?

DISCHEREIT: Weil es sich auf Jüdisches bezieht, auf Dinge, die mit jüdischen Augen gesehen wurden – als ich sah, hatte ich jüdische Augen. Und schrieb.

FRITZSCHE / GOOD: Ist es der jüdische Charakter Ihrer Figuren, und wo könnten wir den finden?

DISCHEREIT: Von wessen Literatur reden Sie? Kommen bei mir arme Schneider vom Prenzlauer Berg vor, obwohl sie wirklich vorkommen, die mit wunderschönen Frauen Liebesblicke austauschen, sodass wir am Ende eine jiddische Mamme bekommen?

FRITZSCHE / GOOD: Nein. Aber Frauen, bei Ihnen kommen viele Frauen vor.

DISCHEREIT: Natürlich.

FRITZSCHE / GOOD: Sind Sie Feministin?

DISCHEREIT: Ja.

FRITZSCHE / GOOD: Es gibt Opfer in Ihren Werken, oft sind die Frauen leidende Frauen.

DISCHEREIT: Ja. Griechische Tragödien – Opfer und weinende Frauen – ich führe die Klage an. Jemand muss die Klage führen. Ich kann über Jahrhunderte weg klagen. Ich bin Tradition. Die stolzen, emanzipativen Frauen interessieren mich nicht. Über die kann Oprah Winfrey berichten. Das ist gut. In den Jahren und Jahrhunderten stehen meine Frauen zwischen den Steinen. Sie stecken weiße Papiere in die Ritzen, die sie nicht abschicken.

FRITZSCHE / GOOD: Ihre Literatur hat einen anklagenden, beißenden, unversöhnlichen Ton.

DISCHEREIT: Das ist gut, ich finde das richtig. Auch wenn ich gerne manchmal netter klingen würde. Es ist mir in Deutschland besonders merkwürdig mit meinem eigenen Ton. Als würde ich in ein Vakuum schreien. Am Ende gibt es dann immer wieder diese Untersuchungen darüber, warum doch alle in der NSDAP waren oder in der SS – und wahrscheinlich hatten es die Betroffenen noch nicht einmal bemerkt, und keiner hat oder doch – es ist langweilig. Ich stehe da als Jüdin herum, wie eine von Gestern, eine, die immer noch meckert – obwohl Deutschland längst keine Täter mehr hat – sondern nur noch die Kinder von denen, die es alle nach Aufklärung und Toleranz gelüstet!? Die Hände der Speer- und Himmlerkinder werden angefasst wie eine kollektive erotische Selbstvergewisserung.

FRITZSCHE / GOOD: Ist das in den USA für Sie anders?

DISCHEREIT: Ja – am 6. Juni 1944 landeten die alliierten Soldaten in der Normandie.

FRITZSCHE / GOOD: Sie waren noch nicht geboren.

DISCHEREIT: Nein, ich war noch nicht geboren. Meine Mutter war geboren und meine älteste Schwester. Sie wurden von amerikanischen Truppen nicht weit von Fulda befreit.

FRITZSCHE / GOOD: So ist es für Sie anders, hier in den USA zu lesen als in Deutschland?

DISCHEREIT: Ja. In Deutschland gibt es Leute, die mögen keine Hershey-Schokolade, weil sie von den Amerikanern stammt und von den Befreiungstruppen verteilt wurde. Die essen immer noch keine Hershey. In USA wird Hershey hergestellt. Butterfinger auch. Beides schmeckt scheußlich. Aber ich lese eben deswegen in den USA lieber. Mir ist hier so, als fände ich bei den Zuhörer*innen ein Mitfühlen. In Deutschland werde ich den Eindruck nicht los, dass es korrekt ist, mir zuzuhören. Da bin ich sozusagen Schulbuch, so als sei ich auch schon tot.

Bekanntlich sind Schulbücher dazu da, geschlossen zu werden. Ich kenne niemanden, der nachher noch einmal hineinliest.

FRITZSCHE / GOOD: Versteht Sie jemand in Deutschland?

DISCHEREIT: Weiß nicht. Wahrscheinlich, nach dem Pensum der Universitäten zu schließen, welche deutsch-jüdische Bindestrich-Literatur unterrichten. Juden in Deutschland – wir sind das Abschlußkapitel. Wir sind die abzuschließenden, wie die abgelaufenen Fristen der Restitution.

FRITZSCHE / GOOD: Beginnen Sie sich literarisch aus diesem Thema herauszuschreiben? Deshalb?

DISCHEREIT: Vielleicht. Die Anstrengung besteht darin, als

Jüdin einen Love-Song zu schreiben. Es geht um mein Recht, über einen Toaster zu schreiben, oder wie mein zu Tode gebrachter Freund Jürgen Fuchs einmal sagte, ich kann auch über einen Aschenbecher schreiben.

FRITZSCHE / GOOD: Schrieben Sie über einen Aschenbecher?

DISCHEREIT: Nein. Er auch nicht.

FRITZSCHE / GOOD: Mit diesen merkwürdigen Gedichtzeilen wie »Mellie hatte die Butter im Kühlschrank vergessen« gehen Sie einen Weg hinein in den Alltag der Frauen.

DISCHEREIT: Nein. Es geht hier um etwas anderes: um die Reduktion des Gewöhnlichen zu Lyrik – zu Klang und Text. Und es geht um die Möglichkeit der Aufladung der Gegenstände. Wie geschieht es, dass sich die Dinge behauchen – hinter unserem Rücken – ein Dorf, eine Straße, der Regen – Geschichte dringt ein, ohne dass sie darum gebeten worden wäre. Auch hier wieder das Passivische als Gegenstand meines Interesses – nicht die bewusste Setzung oder Entscheidung. Animismus inmitten der hochindustrialisierten, zivilisierten Welten.

FRITZSCHE / GOOD: Meinen Sie Ihren Gedichtband »Im Toaster steckt eine Scheibe Brot«?

DISCHEREIT: Ja, aber auch in *Rauhreifiger Mund oder andere Nachrichten* hat sich dieses Interesse schon angedeutet.

FRITZSCHE / GOOD: Ich möchte noch einmal zurückkommen auf die Frage des »jüdischen Schreibens«. Sie sagten einmal, dieses Schreiben vor einem deutsch-deutschen Publikum hätte etwas mit Prostitution zu tun.

DISCHEREIT: Ja.

FRITZSCHE / GOOD: Wollen Sie noch mehr dazu sagen?

DISCHEREIT: Nein. … Über jüdische Themen zu schreiben, damit meine ich überwiegend den Holocaust, über Israel auch – obwohl das ganz und gar undankbar ist – weil ich mich besonders in diesem Zusammenhang ständig rechtfertigen muss – warum ich Palästinenser für Menschen halte, über die ich sprechen müsste – nur Antisemiten sprechen ständig über Palästinenser*innen, warum spreche ich nicht genauso viel über Darfur – tatsächlich spreche ich nicht genauso viel über Darfur. Warum ist das so? Noch nie hat jemand angenommen, ich könnte als Jüdin in Darfur mein Auskommen und meinen Ort finden oder im Sudan – das hat noch nie jemand geglaubt. Dass ich aber in Israel richtig sei, besonders weil es ein demokratischer Staat ist – im Gegensatz zu den umgebenden undemokratischen Staaten –, wird seit langem als natürlich angesehen. Jedenfalls spreche ich manchmal über Palästinenser*innen, einige sind meine Freunde.

FRITZSCHE / GOOD: In Ihren Texten gibt es Stimmen. Die Auslassungen, die …

DISCHEREIT: Es sind die Stimmen der Abwesenden, es sind abwesende Anwesende.

FRITZSCHE / GOOD: Wollen Sie das Wissen darum weitergeben?

DISCHEREIT: Ich will nichts weitergeben. Es ist furchtbar, dieses Wissen weiterzugeben. Ich halte fest – vielleicht arbeite ich wie eine Chronist*in, aber eben auch als eine Lyriker*in. Ich schreibe auf, Dinge, Menschen, Töne – bevor ich schreibe, nahm ich sie auf: in den Körper der Schreiber*in. Die geschriebenen Worte haben den Körper verlassen. Sie floaten – Sie können sie hören oder lesen oder nicht.

Mama, darf ich das Deutschlandlied singen

Eines Tages bemerkte ich, dass ich mein fünftes oder sechstes Buch über jüdische Personen und Zustände geschrieben hatte, viele Hörstücke, ein Theaterstück, Gedichte … Es existierten auch andere Stücke, andere Bücher zu anderen Themen, aber deutlich weniger.

In den USA stellte ich *Übungen jüdisch zu sein* und *Joëmis Tisch. Eine jüdische Geschichte* vor. Egon Schwarz, der Nestor der amerikanischen Germanistik und unter anderem Autor des Buchs *Keine Zeit für Eichendorff*, in dem er seinen Weg von Wien ins Exil beschreibt, spricht mit mir: »Warum bewegt Sie das so?« Ich: »Wie kommen Sie darauf?«

Nach dem Erscheinen von *Mit Eichmann an der Börse. In jüdischen und anderen Angelegenheiten*, meint ein Freund: »Ich wusste nicht, dass dich diese Dinge derart beschäftigen.« Die Lektorin ist anwesend. Zu ihr gewendet, sage ich: »Diese Dinge beschäftigen mich gar nicht dermaßen.« »Dann spielen Sie alles«, antwortet sie und glaubt mir nicht.

Ich gab mich geschlagen und wollte keine Betrügerin gewesen sein. Warum schrieb ich diese Dinge?

Manchmal benötigt man lange Wege, um eine einfache Sache zu klären. Sie steht mir vielleicht am nächsten; auch was die Kompetenz betrifft.

Mit dem Judentum lebe ich immerhin schon, seit ich geboren bin. Das ist eine lange Zeit, um sich Kenntnisse anzueignen oder zumindest eine Vertrautheit zu erwerben. Unsere Beziehungen sind mal enger, mal weiter. Eine Weile lang schien es, als wäre die Beziehung abgebrochen. Wie sich herausstellte, stimmte es nicht.

Immer wieder machte ich den Versuch, das Thema zu verlassen.

Mit wechselndem Erfolg. Das jüdische Thema verließ *mich* nicht. Ich schreibe es, solange es bei mir ist.

Ich »pflege« mein Jüdisch-Sein nicht. Es bedarf keiner besonderen Sorge. Es ist. Und ist dabei weder so noch so. Es ist; so wie der Stein ist, der Mensch oder der Geist.

Ich spreche vom Jüdisch-Sein im Sinne einer echten oder gewissermaßen »anständigen« Identität nicht. Meine Darstellung geht eher von Vielgestalt(igkeit)en aus, bei denen es darum geht, die Persönlichkeiten in eine zusammenzuführen und gleichzeitig damit auszukommen, dass sie separate Leben führen. Es geht um die Wahrnehmung verschiedener Stimmen und Zustände der Gegenwart, Stimmen aus der Geschichte; Stimmen derer, die ermordet wurden.

Zugrunde liegt dem eine Auffassung von Identität, die es unmöglich macht, sie ein für allemal zu haben wie ein Beutestück oder ein gleichsam natürliches Gut. Es ist nicht von Belang, dass eine Kongruenz zwischen der Person und der Identität erreicht werde; zumindest nicht als ständiger oder zuverlässiger Zustand. Ich gebe zu, diese Konstruktion trägt auch absurde Züge.

Person: ein Mädchen, 17 Jahre alt, deutsch, 2000:

»Sagen Sie« – sie spricht leise – »sagen Sie, müssen Sie immer jüdisch sein?«

Dieser Satz hängt im Versammlungsraum, an dessen Eingangsseite ein Christusbild angebracht ist. Golden barocke Engel bewegen ein Deckenbild; marmorne Säulen an den Seitenwänden. Das Mädchen sitzt inmitten ihrer Klassenkamerad*innen. In dieser Gegend sind die meisten katholisch erzogen. Zwei sitzen in der ersten Reihe nebeneinander. Sie tragen kleine Kreuze um den Hals. Ich sehe mich um nach dem Klassenlehrer. Später wird er sagen, es sei alles ein bißchen traurig, was ich schreibe. Der Satz wiederholt sich in meinem Mund. »Müssen Sie immer jüdisch sein?« Der Zeiger an der Wanduhr bewegt sich. Das Mädchen wartet. Ich sage: »Beim Frühstücken läßt das allmählich nach.«

Person: ein Mädchen, 10 Jahre alt, jüdisch, 2001:

In der Schule gibt es die Hausaufgabe: Auswendiglernen der Nationalhymne. Sie stellt ihre Schultasche ab und sieht nach, ob ihre Mutter zuhause ist. »Mama, darf ich das Deutschlandlied singen?« Die Mutter denkt nach. Auch die ältere Schwester war in einer der Grundschulklassen mit dieser Aufgabe eines Tages nach Hause gekommen. Sie steht im Lehrplan. Wenn das Kind nicht mitsingen möchte, wird es einen Brief mitbekommen.

Das Mädchen hat den Verdacht, dass sich das Absingen des Deutschlandlieds mit seinem Jüdisch-Sein nicht vertrage; dass es als Jüdin vielleicht beleidigt werde. Es ist bereit, die Position des Kollektivs, der Mehrheit, sofort zu verlassen, wenn sich sein Verdacht bestätigen sollte. Das Kind ist davon befremdet, dass es ein Lied in der Schule lernen soll, von dessen zunehmendem Gebrauch in einem nationalistischen und rechtsradikalen Milieu es weiß und dessen Bedrohlichkeit es bereits kennt.

Es kann hier nicht darum gehen, den ursprünglichen, historischen Gehalt dieses Textes von Heinrich August Hoffmann (von Fallersleben), der das »Lied der Deutschen«, auch »Deutschlandlied« genannt, 1841 verfasste, zu besprechen. Das Lied wurde zur Zeit der Weimarer Republik auf Vorschlag des Sozialdemokraten Friedrich Ebert zur Nationalhymne erklärt. Es wurde von 1933 bis 1945 weitergesungen, nun obligatorisch in der Verbindung mit dem Horst-Wessel-Lied. Dessen Text besteht aus dem Gedicht des Bezirksleiters und Führers des SA Sturm 5, Berlin, Horst Wessel und wurde in *Der unbekannte SA-Mann*, Beiblatt zu *Der Angriff*, Parteiorgan der SA, 1929 veröffentlicht. Als Lied gewann es nach dem Tod Wessels, 1930, jene Popularität, die es zur inoffiziellen Nazi-Hymne werden ließ. Nach 1945 wurde das Absingen im Rahmen des Verbotes von Kennzeichen und Symbolen der NSDAP untersagt.

Seit 1952 wird in der Bundesrepublik die dritte Strophe des Deutschlandlieds als Nationalhymne erlernt; die Intonation des »dabeigewesenen« Horst-Wessel-Lieds gelingt jedoch ohne weiteres erneut, wie sich beispielsweise anlässlich der Vorführung des

Films »Triumph des Willens« von Leni Riefenstahl in der Urania, Berlin, im Jahr 2002, unter den annähernd tausend Besucher*innen zeigte. Nicht wenige summten spontan mit. Die einstigen ideologischen Anbindungen gehen wegen der Veränderung der Staatsform im musikalischen Gedächtnis nicht verloren. Auch die erste Strophe des Deutschlandlieds dürfte noch immer geläufiger sein als die dritte.

Wie weit ist die Frage des jüdischen Mädchens, das im Alter von 10 Jahren seine Mutter fragt, ob es das Deutschlandlied singen dürfe, von gesellschaftlichen Zuständen entfernt, in denen es darum ging, dass Juden in Deutschland die Nationalhymne singen und mitsingen dürfen …, und sie sangen sie mit Inbrunst und lauter als die anderen. Dann änderten sich die Zeiten, und es wurde dem Kind und vielleicht noch einem in der Klasse verwehrt, mitzusingen, bis keine jüdischen Kinder mehr sangen.

Die Frage des Mädchens, gestellt nach 1989, dem Fall der Mauer, bringt nach Meinung von Frank Stern auch einen anderen Zustand zum Ausdruck: »Die Juden in Deutschland sind da, wo sie seit der Aufklärung sein wollen, in einer demokratisch geordneten Zivilgesellschaft, wo eben jeder nach seiner Façon selig werden kann – wenn man ihn denn läßt. Es ist wohl auch etwas Wesentliches in dieser Zivilgesellschaft, dass sie sich nicht von selbst ergibt. […] Sie ist, wie jede Bewegung gegen Rassismus und Ausländerfeindlichkeit, gegen Antisemitismus und Geschichtslügen beweist, ständig aktiv zu gestalten, insofern geistiges Kind der Aufklärung.«

Nicht nur »der Aufklärung«, füge ich an, sondern auch der Studentenrevolte, der 68er Bewegung, die am nachhaltigsten die Autorität des Staates, hier der Schule, infragestellte. Das Kind nimmt selbstverständlich an, dass sich seine Jüdischkeit mit dem deutschen »Kollektiv« nicht vertragen könnte und setzt sich selbst als Subjekt; sicher, dass es sich hierin in Übereinstimmung mit der Mutter befinden, und gewiß darin, dass auch diese sich möglicherweise hier in Abweichung gegenüber der durch die Schule repräsentierten Mehrheitsposition bewegen werde. Eine deutliche

Distanz zur Identifikation im (Mehrheits-)Deutschen schwingt mit. Das Mädchen weiß sich als das Andere, folgt seiner anderen Selbstverständlichkeit des gesellschaftlichen Orts. Seine Identifikation mit der Mutter als Jüdin – und der Familie – steht außer Frage gegenüber den Instanzen des gesellschaftlichen »Außen«. In *Übungen jüdisch zu sein* formulierte ich:

Die Roma und Sinti sind mir andere Andere. Was uns verbindet, sind unsere Mehrfach-Identitäten, die in einem Umfeld gelebt werden, das sich mehrheitlich monokulturell verstanden wissen möchte. Und es verbindet uns die Tatsache, in Deutschland zu leben. Der Anstand einer »normalen« Identität als »Jüdin im Nationalen« geht mir ab. »Etwas anderes« – aber was? Leider kann ich da seit Martin Buber nicht weiterhelfen und bleibe gewissermaßen »unsichtbar«.

Diese »Setzung« des Kindes geschieht jedoch nicht nur, weil es sich als Jüdin bewegt, sondern ebenso, indem es sich als civis, Bürger*in, setzt; eben mit der gebotenen Distanz zu den Instanzen der Staatsmacht.

Die Frage nach der jüdischen Identität könnte hiernach ebenso gut oder ebenso schlecht als Frage nach dem Spezifischen jüdischer Musik, jüdischen Schreibens, jüdischen Atmens oder Lebens gestellt werden, womit ich nicht meine, dass diese Fragen zu stellen absurd oder blöde sei, obwohl sich absurde und blöde darunter befinden. Nur ist ihre Beantwortung eben eine komplexe und nicht-eindeutige Sache, wie Astrid Deuber-Mankowsky in *Fragen zur jüdischen Philosophie heute* zeigt.

Es stellt sich die Frage, ob eine Suche nach Identität überhaupt wünschenswert ist oder weniger Identität ihre Vorteile hätte. Jedenfalls handelt es sich offensichtlich um einen anstrengenden Zustand.

Das Genre der Identitätssuche wird in der Generation, die nach 1945 und später geboren ist, deutlich heftiger gepflegt als in der älteren Generation. »Sie ist ein Closet-Jew«, pflegt ein fünfunddreißigjähriger Mann über seine Mutter zu sagen, die die Nazi-Zeit als Kind im Versteck überlebt hat. Er wiederholt das – er tut es nicht selten –, und mir wollte es so vorkommen, als würde er seinen Körper jedesmal, wenn er das sagte, ein wenig strecken, und dabei etwas größer werden. Er bringt mehr religiöse Riten nach Hause, als seine Mutter jemals kennengelernt oder ausgeübt hat.

Lebt seine Mutter als *child survivor* weiterhin »versteckt« und wird sie empathisch von ihrem Sohn dabei im Stich gelassen – was ein eigenes Thema wäre – oder nimmt sie die Jüdischkeit der assimilierten (Frank Stern hätte Einwände gegen diese Ausdrucksweise) Verhältnisse vor 1933 für sich in Anspruch, in der es gestattet war, weniger oder anders jüdisch zu sein, was schließlich auch möglich sein sollte.

Sie heißt auch nicht Deborah, sondern Hannelore.

Die *children of survivors*, *second* oder *third generation* erringen sich diese Mehrgestaltigkeit legitimer jüdischer Zustände über den Weg anstrengender Selbstklärungen, die auch nicht dadurch weniger anstrengend werden, dass es sie vor 1933 schon einmal gegeben hat.

Möglicherweise auch ein Schlüssel zu meinem Schreiben. Und ein Versuch zu erklären, warum es so lange dauert, eine einfache Sache zu besprechen.

An dieser Stelle muss ich die Normalität einführen, Normalität im Sinne einer Gewöhnlichkeit, einer gesellschaftlich allgemein wahrgenommenen Gewöhnlichkeit. Vom Jüdisch-Sein kann ich in Deutschland keine Gewöhnlichkeit bekommen, außer, ich würde es leugnen, vergessen, nicht beachten – auch das würde wenig nützen. Es würde sich schon wer finden, der einem die entgangene Jüdischkeit beachtete. In diesem Sinne existiert Identität hier immer schon als Zuschreibung. In *Übungen jüdisch zu sein* heißt es in dem Aufsatz »Kein Ausgang aus diesem Judentum«:

Der Mehrheitsdeutsche, der Heiler, der Heiland – und der Kranke – dem jüdischen Kranken wird die Krankheit gar verziehen. Diese Pose nehmen die Deutschen qua Definition überhaupt gegenüber allem nicht Mehrheitsdeutschen ein. Der Andere ist das Nicht-Deutsche, defizitär gegenüber dem Deutschen. Ganz so wie der Mann den Menschen schlechthin darzustellen hat, demgegenüber die Frau nichts ist als sein Defizit.

Und weiter heißt es:

Meines Erachtens kann sich kein Jude einbilden, »sicher« – sofern es das geben könnte – als Bürger unter Bürgern leben zu können, solange sich am Status der bürgerrechtlich ausgeschlossenen Anderen nichts ändert.

Inzwischen gibt es weitere bürgerrechtliche Schritte, ein Zustand, der allerdings von *Égalité* unverändert weit entfernt ist.

Ich bin knalldeutsch und so erschreckend gewöhnlich, könnte ich sagen, wissend, dass es stimmt und dass es niemanden gibt, der das wirklich sein will – nur manchesmal eben, manchesmal, dann, wenn man irgendwo in Brandenburg alleine unterwegs ist zum Beispiel.

Ich vernachlässige die Frage, inwiefern ich selbst mit dem jüdischen Nicht-Gewöhnlichen zur Koketterie neige, es also eine Ambivalenz gäbe zwischen der Suche nach dem Gewöhnlichen und dem eigenen Goutieren des Ungewöhnlichen, trotz und obwohl die Gefährdung stets »mitläuft«. Alain Finkielkraut hat darüber geschrieben.

Sein und werden zu wollen wie der Mehrheitsdeutsche – falls man das klären kann, wie der heute ist – scheidet aus historischen Gründen identifikatorisch aus. Es bliebe, sich zu jenen Anderen zu rechnen, von denen hier die Rede ist. Dies geschieht in Deutschland in den Vertretungen des Judentums nicht; wahrscheinlich vor allem deshalb nicht, weil die öffentliche Wahrnehmung der jüdischen Angelegenheiten die Befassung mit denen jener Anderen bei weitem übersteigt und mit deutlicher Freundlichkeit begleitet wird, auch wenn diese Freundlichkeit keine zufriedenstellende Entsprechung in politisch relevanten Handlungen etwa bei der Frage der Zwangsarbeiterentschädigung, Restitution etc. findet. Diese Haltung wird in nicht durchschaubarer Regelmäßigkeit durch antisemitisch begleitete Ausfälle verschiedener in der Öffentlichkeit stehender Personen durchbrochen.

Wer wenig Lust hat, Identität »ungebunden« – um nicht zu

sagen, vagabundierend – zu leben, hätte demnach nur die religiöse oder Israel-angebundene Option, sich selbst zu definieren. Es tritt dabei ein Phänomen auf, das Michael A. Meyer in *Jüdische Identität in der Moderne* bei einer jüdischen Gemeinde aus dem 17. Jahrhundert beschrieb:

Die sefardischen Juden von Amsterdam hatten etwas von dem streng autoritären religiösen System der iberisch-katholischen Umgebung angenommen, vor dem sie geflohen waren. Sie waren wie die Inquisition wenig tolerant gegenüber Abweichungen. Doch ihre eigene Identität war nicht stabil. Einige waren Marranen gewesen, die sich heimlich als Juden bekannten, aber nur ein unvollkommenes Wissen über das Judentum besaßen und unfähig waren, es richtig zu leben.

So kann die Aussage eines amtierenden Rabbiners in Berlin, der im Jahre 2001 während einer religiösen Zeremonie ausrief »Der Tempelberg ist unser« und »Wehret unseren Feinden«, nicht beanspruchen, den originären Standpunkt des Judentums zu formulieren, auch wenn die Einbindung in die Liturgie diese Interpretation nahelegen sollte.

Wenn es dieses Judentum nicht ist, dem ich den Pachtvertrag über »Identität« zugestehe, welches ist es dann?

In *Mit Eichmann an der Börse*, in der Geschichte »Ein Tag. Oder ein Tag« sagt jemand:

Ich überlege, ob es heißen soll: ein jüdischer Tag. Eigentlich kann es das nicht geben. Die Zeit »Tag« ist weder feminin noch jüdisch, auch nicht afrodeutsch. Andererseits gibt es Tage, die jüdischer sind als andere. Das hat mit allen möglichen Umständen zu tun. Tage, die sozusagen hinter dem Rücken der Akteure so und so werden. Wie es auch Tage gibt, an denen man wahrscheinlich überwiegend als Mutter gelebt hat. Um solch einen unpassenden Vergleich zu wählen.

Wie es kam, dass der Tag jüdische Gestalt annahm? Mir hat an diesem Tag wieder jemand am Telefon gesagt, er wolle jetzt das Positive am Judentum vermitteln. Der Schrecken müsse aufhören.

Eine Frau in dem Hörstück *Ich ziehe mir die Farben aus der Haut* versucht es. »Hab ich eine Geschichte?«, sagt sie. »Nein. Ohne, wenn's geht. Nicht. Bei uns nicht. Leider geht es nicht. Es geht nicht.« In dem Stück *Anschriften* fragt eine deutsche Frau: »Kommst du mit ins Museum?«. Ihre jüdische Freundin antwortet: »Nein, ich bin schon drin.«

Offenbar gibt es Schwierigkeiten bei der Platzierung in der Zeit. Mit medizinischem Terminus wird das Post-Traumatic Stress Disorder oder Second / Third Generation Children of Survivors Syndrome genannt.

In *Als mir mein Golem öffnete* heißt es:

> Jahrgang 52
> Das Zimmer ist mein Land
> Ich spreche Deutsch
> mit meiner Schreibmaschine
> Einen Fetzen an den Rand
> Das Zimmer ist mein Land.

Die gesprochene Sprache bleibt im privaten Raum stehen. Es gibt kein Gegenüber, das antworten oder hören würde.

Und schließlich in *Rauhreifiger Mund oder andere Nachrichten*, vier Jahre später:

> In den Steinen der Synagoge
> stecken weiße Papiere,
> die ich nicht abgeschickt
> habe. Ein junger Mensch tritt ein.
> Die Stimme der
> Sängerin klingt
> in den Räumen.
> Orgelmusik
> treibt Inn und Donau herauf.
> Worauf warte ich eigentlich?

Wer sind sie, die Sänger*innen, Nachbar*innen, Weber*innen und Trinker*innen?

Dieses Oszillieren um den einen Punkt, die Jüdischkeit, könnte zusammengefaßt werden in dem Satz: »Eigentlich weiß ich nur, dass ich es bin. Jüdisch eben.« Darüberhinausgehend teilt Mr. Boe aus dem Hörstück *Ein Huhn für Mr. Boe* mit:

> Mr. Boe: »Ich werde mich doch von den Deutschen nicht zum Juden machen lassen.«
> Ich: »Sie wollten kein Jude sein?«
> Mr. Boe: »Ich bin immer noch keiner.«
> Ich: »Wenn Sie meinen.«

Andererseits verbindet Mr. Boe, den älteren jüdischen Mann, etwas mit jener jüngeren jüdischen Frau, wovon zwischen den beiden nicht gesprochen und was von beiden jedoch gleichermaßen gewusst wird. »Ich«, eine nach der Shoah geborene jüngere Frau, sagt:

> »Er weiß, dass wir jetzt keine deutsche Frau an unserem Tisch gebrauchen können. Wir haben etwas vor zusammen – das kann man mit Deutschen nicht bereden, was wir bereden werden. Ich weiß, ich wusste es immer und er – ich gucke ihn an – er weiß es auch, natürlich weiß er es auch ... würde er sagen ›deutsch‹ – ich würde das gar nicht so sagen, aber ... es gibt kein Wort für diesen Zustand des Deutsch-Seins, mit dem wir nicht Miteinander-Deutsch sind ...«

An anderer Stelle fährt »Ich« fort:

> »Das ist ja übrigens die Schwierigkeit, das zittrige Alte und das Deutsche und die Güte zusammenzubringen ... ich meine, das Deutsche als Ort, als Ort, wo ich eben wohne ... hab ich mir ja nicht ausgesucht, dass ich hier wohne ...«

Mr. Boe, der den Nationalsozialismus in der »Illegalität« in Deutschland überlebte, redet dann weiter in einer Tirade gegen die Philosemiten. Auch er fragt seine Gesprächspartnerin zuletzt:

> Mr. Boe: »Aber sagen Sie mal, warum beschäftigt Sie das so?«
> Ich: »Er hatte doch keinen Zweifel – er wusste doch, wer er war. Da brauchte er nichts ablegen oder bekennen oder

was … Ich muss doch Jude sein, ich muss doch, oder? Ich meine, ich übe. Ich übe es eben.«

Was das Schreiben in diesen Zusammenhängen betrifft, so gibt es ein sehr grundsätzliches Problem. In *Übungen jüdisch zu sein* schrieb ich unter dem Titel »Vom Verschwinden der Worte«: »Ich bin, also rede ich. Ich kann nicht reden, also schreibe ich. Hätte ich Worte, ich würde nicht schreiben.« Unsere Eltern oder auch Großeltern sprechen wenig oder gar nicht über die Shoah, über ihre Verletzungen, erlittenen Demütigungen und Kränkungen. In *Tu mir eine Liebe – Meine Mamme*, werden verschiedene Personen des jüdischen Lebens nach ihren Müttern und dem Verhältnis zu ihnen befragt. Unter den Interviewten sprechen einige davon, dass sie es als zweite Generation der nach der Shoah Geborenen nicht wagten, über die Shoah zu sprechen oder darüber Fragen zu stellen, weil sie fürchteten, die Mutter würde schon bei der Erwähnung krank werden und sterben. Savyon Liebrecht, israelische Autorin, 1948 in München als Tochter polnisch-jüdischer Shoah-Überlebender geboren, formuliert als Motiv ihres Schreibens: »Mein Schreiben ist das Ergebnis des Schweigens zwischen mir und meinen Eltern.« Der Film *Ima*, auch gezeigt unter dem ursprünglichen Titel *Matrilineal* von Caterina Klusemann handelt von dem zähen Ringen einer jungen Jüdin der *third generation* mit ihrer Großmutter, damit sie sprechen möge.

Folgt man Léon Wurmser, so beruht »aller menschliche Diskurs […] auf dem Vertrauen zum Wort«.

Das Schreiben tritt an die Stelle des Wortes, das nicht gesprochen wurde. Das geschriebene Wort hätte nicht gesprochen oder besprochen werden können, es hätte nicht geteilt oder mitgeteilt werden können.

»Dann nehme ich Bleistift und Heft und schreibe, was ich niemandem zu sagen vermöchte«, schrieb Primo Levi in *Ist das ein Mensch?*. Dass er zu niemandem wird sprechen können, sieht er im Traum bereits voraus. Sodass er, obwohl er sich »zuhause« befindet, »mitten unter befreundeten Leuten« nicht gehört werden würde. Im Konzentrationslager eingesperrt, sich die Freiheit vorstellend, sieht er voraus, »meine Zuhörer folgen mir nicht, ja sie sind überhaupt nicht bei der Sache. Sie unterhalten sich undeutlich über andere Dinge, als sei ich gar nicht vorhanden. Meine Schwester schaut mich an, steht auf und geht, ohne ein Wort zu sagen«. Während Primo Levi die Verwandlung der Menschen in Gespenster, in Gliederpuppen beschreibt, verschwinden seine Worte: »Da merken wir zum ersten Mal, dass unsere Sprache keine Worte hat, diese Schmach zu äußern, dies Vernichten eines Menschen.« Und wie die Sprache verschwindet, so fürchtet er um das Verschwinden des Namens: »… müssen dafür Sorge tragen, dass über den Namen hinaus etwas von uns verbleibe, von dem, wie wir einmal gewesen.« »Damals, in der Stunde der Entscheidung, sagten wir uns Dinge, die man unter Lebenden nicht sagt.« Die, die unter Lebende zurückkehrten, erstickten gleichsam an der Nicht-Mitteilbarkeit.

Die Worte selbst blieben nicht die Worte, die sie vordem gewesen waren. Paul Celan spricht das in dem Gedicht »Ein Blatt«, 1971, an, wenn er einen Gedanken von Bertolt Brecht aufnimmt. Bertolt Brecht hatte geschrieben:

Was sind das für Zeiten, wo
Ein Gespräch über Bäume fast ein Verbrechen ist
Weil es ein Schweigen über so viele Untaten einschließt!
Der dort ruhig über die Straße geht
Ist wohl nicht mehr erreichbar für seine Freunde
Die in Not sind?

Paul Celan:

Was sind das für Zeiten,
wo ein Gespräch
beinah ein Verbrechen ist,
weil es soviel Gesagtes
mit einschließt?

Im Schreiben wird es für die nachfolgende Generation möglich, mit den angehörenden Anderen verbunden zu sein; auch wenn im Schreiben hin und wieder ein geradezu zwanghaftes Bedürfnis nach Leichtigkeit zu erkennen ist.

In *Ein Huhn für Mr. Boe* spricht »Ich« am Ende:

»Ich führe die Klage wieder ein. Irgendjemand muss das tun. Ich klage an seiner Statt und weiß nicht, an wessen noch. Vielleicht hört mich der alte Mann dann, oder sehen, wenigstens sehen könnte er mich.«

Das Schreiben tritt an die Stelle des privaten und persönlichen Sprechens. Es bleibt generalisierend, um die Distanz zu wahren, und wird öffentlich, bevor es privat gewesen wäre.

Mit dieser Veröffentlichung des im Privaten Verborgenen und in Schach gehaltenen Traumatischen geht gleichzeitig etwas Unanständiges einher. Vor einem nicht-jüdischen deutschen Publikum erhält dieses Schreiben einen prostitutiven Zug. Wie das Ausziehen einer Frau vor den Augen der Männer.

Ich weiß es, aber ich sehe keine Alternative.

Für die zweite und dritte Generation hat dieses Schreiben auch einen trotzigen Zug angenommen. Wer sich öffentlich äußert, ist immerhin da.

Noch immer kann Hannahs Tochter, die literarische Ich-Erzählerin aus *Joëmis Tisch. Eine jüdische Geschichte* nicht selbstverständlich passieren:

Wieder dieses blöde Aufmerken: ein Händler in Pitigliano offeriert ihr Sederwein. Was hat ein Händler in Pitigliano Sederwein zu offerieren? Im Wein schimmert dann unverhofft ein Rest von Leben – wo notfalls ein Zuhause sei.

In *Ein Huhn für Mr. Boe* mißlingt am Ende die Transaktion. Die jüngere Frau wollte doch unbedingt ein koscheres Huhn für ihn mitbringen, für den Juden, der keiner war und als Jude Deutschland überlebte. Widrige Umstände verhindern das seltene Geschenk. Mr. Boe hätte sich vermutlich nicht viel daraus gemacht. Aber das tut nichts zur Sache.

Aus einer jüdisch-deutschen Sicht ist es von Belang, ob und wo es ein koscheres Huhn gibt – oder eben jenen Sederwein, der vielleicht nicht gekauft wird. Im Angebot der koscheren Waren wird die Möglichkeit der Polyphonie jüdischen Lebens symbolisiert; auch in der Verneinung, deren Konsequenz lautet:

Es müßte doch für einen Juden möglich sein, nicht Jude zu sein.

Als Jüdin in Deutschland schreiben

ALEXANDRA PRZYREMBEL: In Ihren Romanen – *Joëmis Tisch* und *Merryn* – konkurrieren zwei Stimmen miteinander: die politische, die den Dialog mit der deutschen Öffentlichkeit fordert, und die poetische, die an der Möglichkeit dieses Dialogs zweifelt. Welche Stimme bevorzugen Sie?

ESTHER DISCHEREIT: Ehrlich gesagt, glaube ich weder an die Kraft der politischen noch an die der poetischen Stimme. Ich zweifle an der Macht des Dialogs, an der Macht des Wortes. Es fällt mir nur nichts anderes ein. Im Laufe der Zeit hat sich meine Vorstellung darüber geändert, wie wichtig das politisch-rationale Wort ist. Heute glaube ich nicht mehr an den unmittelbaren Aufklärungswert von Worten. Dies hat auch seinen Niederschlag in der Literatur gefunden, die ich mache. Lyrik konnte ich überhaupt erst schreiben, nachdem ich meine Meinung über die Bedeutung der politisch-rationalen Sprache änderte. Das Schreiben von Lyrik war für mich wie eine Befreiung und führte mich weg von dem Glauben, ich müsse anständige Geschichten erzählen. Also: Subjekt, Prädikat, Objekt; Held*in – Anfang und Ende. Die Beschäftigung mit Lyrik hat mir eine andere Dimension eröffnet.

Den ganzen Menschen berühren, nicht nur seinen Kopf, das möchte ich literarisch erreichen. In meiner Literatur gibt es Momente, die Farbe oder Ton sind; niemand kann unmittelbar sagen, was er* oder sie* empfindet, wenn er eine Kreuzung von blau oder grün liest, einen schrillen Ton hört oder etwas Merkwürdiges riecht. Der Zugang zu einer Person, die Berührbarkeit eines Menschen erschließt sich nicht ausschließlich rational – es geht eben nicht allein um die Berührung oder Aktivierung des Intellekts, sondern es geht um alles – darum, wie sich seine Haut anfühlt, ob er fröstelt und was er sieht. Diese Auffassung von der Person als einer in ihrer Ganzheit ständig präsenten hat dazu geführt, dass ich versuche, alle diese Ebenen zu berühren, mit allen Ebenen zu »spielen«. Es ist mir nicht wichtig, ob alle Passagen z. B. aus *Merryn*, rational verstanden werden oder verstanden werden können; ich stelle der Leser*in das frei. Er* sie* kann über Interpretationsräume verfügen, sie mit der ganzen Person ausfüllen. Welchen Geschmack er* sie* auf die Zunge bekommt, bleibt ihm/ihr überlassen. Ich kann nachher als Autor*in nicht sagen: Das ist aber falsch. – Ich habe meine Literatur weggegeben.

PRZYREMBEL: Das ist ein veränderter Dialog und gleichzeitig der Verzicht auf den politischen Dialog. Haben Sie Ihre Position seit einem Interview mit der Wochenzeitung »Jüdische Allgemeine« vor einigen Jahren, in dem Sie noch eindeutig für den politischen Dialog eingetreten sind, revidiert?

DISCHEREIT: Mein Schreiben überhaupt fasse ich als Teil eines Dialogs auf. Wenn ich an gar nichts mehr glaubte, würde ich vielleicht nur noch meine Türen schließen und ein eremitenhaftes Dasein führen. In dem angesprochenen Interview bezog ich mich besonders auf eine Szene in *Joëmis Tisch*, und zwar auf die Reminiszenzen von Frau Steder, einer Kriegerwitwe. Deren Erwähnung überhaupt war für mich der Dialog. Lange Jahre hindurch war für mich die Situation der anderen Deutschen, deren Erfahrung mit Leid – mit Tod, mit Soldatentod –, das es ja auch millionenfach gab, einfach nicht existent. Das hat mich nicht interessiert, darüber habe ich auch nichts wissen wollen. Ähnlich wie die Situation hinter dem »Eisernen Vorhang« – auch die hat mich nicht interessiert. Ich hatte eher den Eindruck, ein Teil der Deutschen würde bestraft. Ich habe längere Zeit gebraucht, um festzustellen, dass es sich um Menschen handelt.

PRZYREMBEL: *Joëmis Tisch* operiert oft mit authentisch anmutenden Passagen. Versuchen Sie hierdurch, die Absurdität der Wirklichkeit der deutsch-jüdischen Koexistenz einzufangen?

DISCHEREIT: Die Literatur liegt in der Wirklichkeit, wenn man so will. Die Realität ist so grausam, so absurd, dass der literarische Vorgang der ist, sie zu minimieren, damit sie überhaupt wahrgenommen werden kann. Wenn man sie in voller Breite aufschriebe, würde der Text an Wirksamkeit verlieren. Das wird zuviel und zu dicht, um noch begreifbar zu sein.

PRZYREMBEL: In *Joëmis Tisch* spielt nicht nur die Absurdität dieser Wirklichkeit eine ganz entscheidende Rolle, sondern auch der Konflikt zwischen der Überlebenden Hannah und ihrer Tochter. Transportieren Sie hier auch Ihre »Wut« – über das Schweigen beispielsweise?

DISCHEREIT: Ich weiß es nicht. Wut macht nur Sinn, wenn sie ausgelebt werden kann – wenn man auch wütend sein darf. Wut ist vielleicht nicht das richtige Wort. Eine eher sinnlose Wut, eine gleichsam im Raum stehenbleibende Wut, die kein Ziel findet, kann sich natürlich nur gegen einen selbst richten – und Ohnmacht verbreiten. Sinn von Wut ist ja eigentlich, dass man wieder mächtig wird, dass man Ohnmacht überwindet. Um diese im Raum stehenbleibende »Wut« geht es eher. Auch in *Merryn* gibt es eine in dieser Beziehung ganz deutliche Stelle, was das Mutter-Tochter-Verhältnis angeht. Merryn beschreibt, dass sie ständig in den Armen der Mutter liegen muss. Also – Gewalt gegen das Kind mit fließenden Übergängen zum Mißbrauch. Warum das so ist, weiß oder ahnt man zumindest in diesem Buch durchaus, aber das ändert den Vorgang selbst nicht. Es kann keine Wut entwickelt werden. Wie denn auch? Die Umstände, wie es zu diesem Gewaltverhältnis gekommen ist, liegen auf der Hand. Wut ist da unmöglich. Gegen meinen Vater hingegen kann ich Wut entwickeln; der hat stinknormal geschlagen, so wie militarisierte deutsche Männer schlagen.

PRZYREMBEL: An anderer Stelle haben Sie gesagt, dass in *Merryn* die Identität einer Jüdin in ihrer Ganzheit beschrieben wird. Was meinen Sie damit?

DISCHEREIT: Ich denke, dass die Tatsache, als Jüdin der zweiten Generation geboren worden zu sein, großen Einfluß auf die Fähigkeit hat, ein Mensch mit all seinen Leidenschaften werden zu können, ein Mensch zu werden, der berührbar ist, auch im körperlichen Sinn, für den Sexualität möglich ist. Mir geht es eigentlich darum zu zeigen, wie die Shoah dieses Menschsein mit zerstört, ja tötet – es findet eine innere Tötung statt. Die Problematik der Kinder von Überlebenden liegt in der lebensgeschichtlichen Zuweisung, die Nähe zum Leben und gleichzeitig Nähe zum Tod bedeutet. Natürlich hat der Überlebende überlebt, im existentiellen Sinn. Der Mensch ist, aber mit ihm, in ihm gibt es diese innere Tötung; um diese Dimension geht es mir in *Merryn*. Das wird von nichtjüdischen Leuten schwer gesehen – es ist auch schwer auszusprechen. Natürlich gibt es andere Frauen, deren Liebesfähigkeit destruiert ist – aus anderen Gründen.

PRZYREMBEL: Geht es um die Chancen einer positiven Selbstbestimmung?

DISCHEREIT: Es geht um Liebesfähigkeit; um die Fähigkeit zur körperlichen Liebe zwischen Mann und Frau zum Beispiel, um die Fähigkeit einer Mutter, ihre Kinder zu lieben.

PRZYREMBEL: In *Merryn* zeichnen Sie die gleichnamige Protagonistin dem Stereotyp der jüdischen »femme fatale« nach. Inwieweit ist sie Objekt ihrer Außenwelt?

DISCHEREIT: Bei Merryn ist das sehr auffällig: Sie ist festgelegt worden. Ein vollkommen passiv agierender Mensch; unfähig sich zu wehren, weil sie unfähig ist, ihr eigenes Wollen zu erkennen. Sie ist sich selber ein Nichts. Es gibt nur eine Szene in dem Buch, in der sie sich wehrt: als sie ihren Liebhaber bedroht. Aber auch das ist nur ein flüchtiger Moment – unklar, ob real vorgekommen oder nur imaginiert. Hier spielt die Erfahrung des Minorität-Seins, des ewigen Minorität-Seins eine entscheidende Rolle.

PRZYREMBEL: Wird die Gewalt, deren Opfer Merryn ist, vor allem von der christlichen Außenwelt ausgeübt?

DISCHEREIT: Nein, ich denke nicht. Ich habe ein Hörspiel geschrieben *Ich ziehe mir die Farben aus der Haut*, in dem die Frau als Opfer eine jüdische Frau ist. In einer Szene ist die Frau selbst gewalttätig gegenüber ihrem Kind. Das ist mir wichtig: Die Opfer können auch Gewalttäter*innen sein und tragen auch die faschistische, militaristische Prägung der Gesellschaft mit. Sie können sich ja nur beschränkt entziehen. Es gibt keine Garantie dafür, dass der Opferstatus zum besseren Menschen führt. Die besondere Verletzbarkeit der Merryn hat natürlich mit ihrem Jüdischsein zu tun. Das ist eine Sensibilisierung, die durch den Körper geht. Insofern hat ihre Gewalterfahrung natürlich mit der Umwelt als christlicher Mehrheit zu tun, aber sicherlich nicht in dem Sinne, dass sie die christliche Umwelt als kollektiven Täter begreifen würde qua Christentum – etwa im Unterschied zum Judentum. Merryn hat ja im Grunde gar keine jüdische Umwelt – sie trifft keine Juden.

PRZYREMBEL: Wirft die Thematisierung eines gebrochenen Opferstatus nicht auch die Gefahr auf, einen Voyeurismus, letztlich auch einen latenten Antisemitismus in der deutschen Öffentlichkeit zu bedienen?

DISCHEREIT: Dieses Schreiben hat einen Zug von Prostitution – jüdischer Prostitution –, das weiß ich, aber die Alternative wäre Schweigen. Insofern sehe ich keine andere Möglichkeit, als das in Kauf zu nehmen. Natürlich gibt es auch andere Mitnahmeeffekte: Man muss immer damit rechnen, dass die Darlegung komplizierter jüdischer Verhältnisse in einer nicht-jüdischen Öffentlichkeit bestimmte antisemitische Erwartungen bedient. Aber es gibt keinen anderen Weg – entweder Prostitution oder Selbstzensur. Das Schreiben überhaupt hat für mich mit der etwas kitschigen Suche nach Wahrheit zu tun, nach jeweils neueren Wahrheiten oder dichteren Wahrheiten, bestimmten Erkenntnissen, die ich in Kauf nehmen muss, ob sie mir gefallen oder nicht.

PRZYREMBEL: Ihr Stück *Ich ziehe mir die Farben aus der Haut* ist mittlerweile in einigen Radio-Sendern gelaufen. Aber die Realisierung, die Produktion ist zunächst auf große Widerstände getroffen. Können Sie jene Argumente noch einmal rekonstruieren?

DISCHEREIT: Ein Stück kann natürlich auch immer literarisch abgelehnt werden. Aber in diesem Fall, denke ich, begründete sich die Ablehnung in der Tabu-Überschreitung: der Wahrnehmung des Juden als Menschen: einer jüdischen Frau mit

Kantigkeiten, mit abstoßenden Seiten. Ich habe eine Frau dargestellt – ein Opfer, eine Überlebende – wie immer sie aufgefaßt werden mag –, die in einer sehr groben, brutalen sexuellen Beziehung zu einem nicht-jüdischen Mann steht. Sie bleibt in dieser Beziehung, obwohl sie an ihr leidet, an ihr schier zerbricht. Sie ist Opfer niedriger Begierden, sexueller Abnormitäten – falls es das überhaupt gibt – und von Obsessionen, die das männliche Bild von Unterwerfung widerspiegeln – mit dem ganzen Spektrum des Verhältnisses zwischen einem Kolonisator zu seinem Kolonisierten: eines Weißen Herrn zu einem Schwarzen Sklaven, eines dominanten Mannes zu einer Frau. Im Grunde erinnert die Beziehung auch an die Beziehungen eines Nazis oder KZ-Kommandanten zu einer jüdischen Frau. Das Stück aber spielt in der Nach-Nazi-Zeit: in der Gegenwart. Das war, denke ich, für die Rezipienten schwierig. Die Frau war im Grunde schamlos, ehrlos, vielleicht war sie eine Hure.

PRZYREMBEL: War sie abhängig?

DISCHEREIT: Ja – ein Opfer. Es war für sie unmöglich, sich aus eigener Kraft zu befreien, wobei es keine äußeren Gründe für diese Abhängigkeit gab. In dem Stück wird nicht geschildert, ob sie möglicherweise ökonomisch an den Mann gebunden war. Es geht ausschließlich um die emotionale Gebundenheit durch die Gewalt, die Ambiguität der sexuellen Beziehung. Dadurch wird das Hörspiel schwer erträglich. Wenn sie nicht Jüdin gewesen wäre, dann wäre dies mit Sicherheit akzeptabel gewesen. Dann hätte es sich um ein »normales« Gewaltverhältnis zwischen Frau und Mann gehandelt, in dem die Frau eine bekannte Rolle innehat. Aber es ist eben eine jüdische Frau. Dadurch kommt es zu einer Vermischung der Assoziation der Unterwerfung dieser Frau durch den Mann als Nazi, als nazigeprägten Mann, als Täterkind. Im übrigen bleibt es offen, ob der Mann ein Täter oder Täterkind ist: wieviel er überhaupt mit der Vergangenheit zu tu hat – nicht im Sinne von greifbarer Schuld. Wie schon, in *Joëmis Tisch*, lege ich keinen Wert darauf zu klären, in welcher Generation sich dieser Mann befindet, auch bei der Frau bleibt das hin und wieder offen.

Im Diskurs zwischen Juden und Nicht-Juden wird es nur schwer ertragen, dass diese Zwischentöne auf den Tisch kommen – das geht nah, zu nah und wird auch unanständig. Ich habe das Stück einer Freundin aus Israel gezeigt, die es auf ihre Weise sofort verstand. Sie sagte: Du thematisierst die Hurerei der Juden mit den Nicht-Juden. Die nicht-jüdische Öffentlichkeit möchte diesen Dialog doch sehr integer haben und nimmt, bis in die Fußspitzen und in die Sexualität hinein, Anteil an allen jüdischen Fragen.

PRZYREMBEL: Findet nicht der Diskurs nicht nur »integer«, sondern auch sehr reglementiert statt?

DISCHEREIT: Ja – deshalb habe ich manchmal gesagt, der Jude in Deutschland muss hundertprozentig Jude sein. Dass der jüdische Mensch auch eine Frau sein kann, mit Begierden und Nicht-Begierden – mit Sozialhilfeproblemen, mit einem sozialen Status als Arbeiter*in, was weiß ich –, das bleibt immer vollkommen uninteressant. Es gibt nur einen wahrzunehmenden Teil dieses jüdischen Menschen, und das ist diese ganz besondere Jüdischkeit. Der Jude in Deutschland aber, häufig der Religiosität verlustig – das ist ja auch so ein Problem –, wird reduziert auf die Shoah, das bleibt als seine Jüdischkeit, als irgendwie anrührende Geschichte.

PRZYREMBEL: An diese Konstruktion der »Jüdischkeit« sind offenbar bestimmte ästhetische Erwartungen gebunden!?

DISCHEREIT: Akzeptabel ist folgendes – ich will es einmal plakativ machen: die Stimme eines KZ-Kommandanten – da fallen Schüsse, mit ziemlich kalter Stimme wird berichtet, ein Report verlesen. Ja, so darf man es machen. Aber die Komplexität der Beziehungen zwischen den Menschen, die da beteiligt waren, das auf den Tisch zu bringen, ist einfach noch nicht möglich. Man muss es sich einmal vorstellen, was zum Beispiel in den jüdisch / nicht-jüdischen Familien stattgefunden hat. Auch mitten durch die Familien verlief die Trennlinie zwischen denen, die Sympathien für die Nazis hatten, und denen, die sie ablehnten.

Im Grunde wird die Geschichte immer wieder und nach wie vor in ziemlich unfasslich weite Fernen als soziologisches, politisches Phänomen transportiert. Es gibt nicht nur eine Wahrheit darüber. Geschichte findet eben statt, mit dir und mir, mit allen diesen akuten und aktuellen Verhältnissen jeden Tag und beeinflusst jede Beziehung – auch im Bett. Es gibt zwar keinen Automatismus, dass ein Nazi auch ein gewalttätiger Mensch ist – nicht unbedingt. Aber natürlich kann man von dessen ideologischer Disposition her sagen, dass Gewalt da eher angesiedelt ist. Eine unmittelbar lineare Entwicklung konstruieren zu wollen, wäre aber in der Wahrnehmung zu primitiv. Das Gegenstück dazu – wie der jüdische Mensch sein soll – pur bitte, in seiner Beschreibung wird er um die Ganzheit gebracht, um seine Leidenschaften und Obsessionen – da aber ist für mich eher der Zugang.

PRZYREMBEL: Ich würde gerne noch einmal auf den politischen Diskurs zurückkommen. Gibt es eine »linke« Auseinandersetzung mit Ihren Texten? Insbesondere *Joëmis Tisch* bricht mit einem weiteren Tabu, dem linken Antisemitismus.

DISCHEREIT: Ich denke, diese Diskussion hat es ohne *Joëmis Tisch* schon gegeben. Sie ist ungefähr gleichzeitig mit dem Erscheinen des Buches gelaufen – meiner Ansicht nach in einer überschwappenden Selbstkritik. Das führte dann zu einer Abwendung von den Palästinensern. Damit kann ich auch nicht dienen, da wende ich mich auch immer noch zu. Die ganze Debatte wird dadurch erschwert, dass die jüdische »Frage« einfach insgesamt immer noch so behandelt wird, als ob sie in erster Linie durch pro und contra Israel definiert wäre. Deswegen ist es offensichtlich für die meisten Deutschen entscheidend, sich sofort dazu zu äußern und sich zu bekennen. In den USA ist dieses Bedürfnis nicht so stark, weil es dort mehr, auch jüdische Leute gibt, die selbst Abstand haben wollen zu dieser Art, in der Israel sich selbst als Hort der Jüdischkeit heilig spricht. Es ist dort selbstverständlicher, dass es ein eigenständiges Judentum gibt. In Deutschland ist Israel ein gleichsam sakrosanktes Gebilde. Kritik darf man eigentlich kaum aussprechen, die fällt einem dann auf die Füße wie Gotteslästerung. Es ist auch nicht gerade angenehm, dass es auf der anderen Seite immer um Israel geht. Sehr schnell, zu schnell, wenn man doch eigentlich begonnen hatte, über das Verhältnis von deutschen Juden und nicht-jüdischen Deutschen zu sprechen. Es mag einfacher sein, über »Nationen« zu sprechen.

PRZYREMBEL: Geht es dabei nicht auch um die Projektion von unverarbeiteten Schuldgefühlen?

DISCHEREIT: Für mich gibt es verschiedene Aspekte: Wenn nicht-jüdische Leute in anderthalb Sekunden auf Israel zu sprechen kommen, obwohl das Gespräch mit einer Frage das Jüdische betreffend begann, dann hat das eigentlich immer den gleichen Hintergrund: Nicht-jüdische Leute begreifen nicht, was die Shoah mit ihnen zu tun hat. Sie können sehr wohl begreifen, was die Shoah mit den Juden zu tun hat. Aber was es mit ihnen als deutschen Personen, als möglichen Wiedertäter*innen zu tun hat, wird einfach nicht behandelt. Das macht das große Defizit in der Diskussion aus, zum Beispiel nach Rostock, Hünxte und Hoyerswerda wurde ich geradezu notorisch von aufgeschlossenen Menschen – jung oder alt – gefragt, wie ich mich fühle. Die Leute können sich selbst fragen, wie sie sich fühlen. Es wird einfach nicht begriffen, dass es niemanden gibt, der von der aktuellen Verantwortlichkeit ausgeschlossen werden kann. Überhaupt niemanden. Die Frage: wann habe ich meine Augen geschlossen, stellt sich prinzipiell. Die Geschichte funktioniert auch nicht so, dass man sagen kann, Schlag '33 hätten es alle gemerkt haben müssen oder spätestens '36, wo es dann bereits diese und jene Gesetze gab. Auch unser Dasein jetzt, denke ich, muss von dieser Aufmerksamkeit bestimmt sein. Und von der Frage, wann habe ich welche Vorgänge überhaupt bemerkt und bemerke ich sie? Ist das Geschichte für mich? Wie funktioniert das Etablieren von Diktatur und Repression? Eine Demokratie, die hat man eben nicht mal, die muss belebt werden, sie ist – prinzipiell – immer bedroht. Das würde ich als Bestandteil historischer Verantwortung begreifen. Das geht bis in die Berufe: Wenn ich zum Beispiel Sozialarbeiter*in bin, muss ich mich fragen, ob die Klient*in, die vor mir sitzt, Almosen bekommt oder ob sie etwas empfängt, das ihr zusteht, und ich bin nur Sachwalter*in dieses Vorgangs. In dieser Weise eine ständige

Verantwortung zu spüren, wäre mir ein Anliegen. Ich erlebe es aber als vollkommen getrennte Diskussion. Man trifft sich abends und redet über die jüdischen Fragen. Und was ich mache, wie ich den Beruf ausübe – wie lieb ich die kleine Macht habe –, das lässt diese Diskussionen ziemlich unberührt. Das ist mein Problem mit dem Wert oder Unwert dieses sehr gepflegten Dialogs. Es gibt da eine geradezu institutionalisierte Betroffenheit.

Nachwort

»Ich habe ein Wort und ein anderes Wort und sonst nichts«

Esther Dischereits politische Texte umspannen drei Jahrzehnte. Sie vermitteln in ihren unterschiedlichen Gattungen und Formaten persönliche Einblicke in ein ebenso künstlerisches wie politisches Leben und dringen dabei in die Tiefe der deutschen Nachkriegs- und Nachwendegeschichte ein. Die Erlebnisse, Empörungen, Erfahrungen und Forderungen der Autorin, die sie in ihren Texten aufgefangen hat, addieren sich in dieser Sammlung zu einem praktischen Lehrbuch der Demokratie. Der konsequente Blick aus der Minderheitenperspektive gibt diesem Lehrbuch seinen Nachdruck, wobei es durchaus nicht nur der eigene Blick ist, sondern auch der Blick anderer, die in der Gesellschaft an den Rand gedrängt, unsichtbar geblieben sind, nicht gehört werden und an die man sich nicht erinnert.

Beginnen wir mit ihrem eigenen Blick. Die Autorin ist Tochter von Hella Dischereit, in erster Ehe verheiratete Zacharias, die in der NS-Zeit, als die Deportationsbefehle kamen, mit ihrer Tochter Hannelore in Berlin untertauchte und dafür sorgte, dass ihre Eltern, das Ehepaar Freundlich, ebenfalls »illegal« überlebten. Auch ihrem damaligen Ehemann gelang das Überleben. Während eine Verwandte knapp ins Exil Shanghai entkommen ist, versteckten sich die Familienmitglieder, voneinander getrennt, an verschiedenen Adressen, in Kellern und Parks. Mutter und Kind wurden schließlich in Heringen an der Werra durch den Einmarsch der Amerikaner befreit. Dieses Überleben verdankte die Familie mehr als 40 Helfer*innen, wie die Tochter Esther später registriert. Sie ist erst nach dem Krieg geboren, sie gehört der zweiten Generation an, zu der seit den 1980er Jahren akademisch geforscht wird. Im Fokus steht dabei, dass die Kinder der Überlebenden anders aufwuchsen als andere Kinder, weil sie zu Zeugen der Traumata ihrer Eltern wurden. Es sind »die, die das Seufzen und Schreien ihrer Eltern des Nachts mitanhörten, dann, wenn die Träume zurückkamen«. (*Breads Bakery*, 26) Obwohl ihr Verhältnis zur Shoah nicht auf persönlichem Erleben beruht, haben sie eine ›lebendige Verbindung‹ zu der traumatischen Geschichte, weil ihr Körpergedächtnis von Anfang an unbewusst die Ängste und Schmerzen der Eltern aufgenommen hat. Man spricht in diesem Fall auch von ›stellvertretender Zeugenschaft‹, ›Erinnerung aus zweiter Hand‹ oder von ›Postmemory‹.

Marianne Hirsch, die selbst der Zweiten Generation angehört, hat das Verhältnis von überlebenden Eltern und ihren Kindern genauer untersucht und kommentiert. »Mit solchen überwältigenden geerbten Erinnerungen aufzuwachsen, im Schatten einer Geschichte zu leben, die der eigenen Geburt und dem eigenen Bewusstwerden vorausging, kann dazu führen, dass die eigenen Erzählungen und Erfahrungen durch die der vorangehenden Generation marginalisiert und entwertet werden. Diese traumatischen Ereignisse verschließen sich einer nachträglichen Erzählung und übersteigen das Auffassungsvermögen. Sie ereigneten sich in der Vergangenheit, aber ihre Wirkungen reichen in die Gegenwart. So verstehe ich die Erfahrung von ›Postmemory‹ und den Prozess seiner Entstehung.«

Es könnte sein, dass Esther Dischereits Position in der Zweiten, der Postmemory-Generation ihr Leben und Schreiben nachhaltig geprägt hat. Das behäbige Auserzählen ist ihre Sache nicht, aber umso mehr das scharfe Anleuchten von Situationen, das Fokussieren auf Details und prägnante Formulierungen. Erfahrungen und Geschichte lassen sich eben nicht 1:1 in Lebensgeschichten übersetzen, und schon gar nicht, wenn sie von der NS-Gewalt getroffen und durch das Raster der Bürokratie gepresst wurden. Für die Worte, die diese Geschichten eher verdecken als beschreiben, hat Dischereit ein besonderes Gespür. Im Beantragungsbogen für die sog. ›Wiedergutmachungsleistung‹ zum Beispiel war die Rubrik ›Beschädigung an Leib und Leben‹ vorgesehen. »Hinter den Worten Leib und Leben liegen die Worte Zwangsarbeit und IG Farben, Ausbildungsverbot, Cortisontropfen, Gallenversagen, Gelderpressung, sexuelle Erpressung, aufgescheuerte Kinderfüße, Schulbuch im Versteck, fehlende Lebensmittelkarten, Winterhilfswerk, bei Nacht durch den Tiergarten gerannt, Bett für zwei Tage und weiter – und – Rainer Maria Rilke. Hier gebraucht als Synonym für das Wort: Sehnsucht.« (*Von der Familie, vom unbeschriebenen Marshmallow und über das Gutsein im Leben*, 156)

Für die häusliche Atmosphäre ihrer Kindheit und die lebendige Verbindung zum Trauma der Mutter hat Esther Dischereit eindrucksvolle Worte gefunden. »Die Zeit davor war als ein schwarzes Vakuum mitgekommen. Ich wusste nicht, war drin war. Meine Mutter, mit der wir später alleine lebten, war mit ihm beschäftigt, sie hatte Mühe, nicht hineinzustürzen. Immer wieder zeigte es sich, und schleuderte ungebetene Informationen wie Partikel heraus.« (*Von der Familie, vom unbeschriebenen Marshmallow und über das Gutsein im Leben*, 157) Was in der ›Zeit davor‹ geschehen war, wirkte in der ›Zeit danach‹ weiter und konnte offensichtlich nicht als eine zusammenhängende Geschichte erzählt werden. Vieles erfuhr die Tochter erst sehr viel später. Sie war konfrontiert mit Löchern, Abbrüchen und Lücken, die nicht gefüllt werden konnten.

Zur ›Zweiten Generation‹ gehört auch das Thema Jüdischsein. Dischereit schreibt: »Als ich sah, hatte ich jüdische Augen. Und schrieb.« (*Selbst-Interview*, 196) Der Blick der Jüdin ist dabei mehrfach gebrochen, das hängt mit den Problemen der Identität und Fragen der Zugehörigkeit zusammen. Sie spricht auch von der »Unmöglichkeit, Jüdin zu sein« und denkt dabei vor allem an ihr Aufwachsen im Nachkriegsdeutschland. Die wenigen jüdischen Remigranten hielten sich damals bedeckt, Judentum öffentlich ausgestellt als Bekenntnis und Identität gab es noch kaum. Als irgendwie anders auffallen durfte man damals nicht. So ist es denn das Ausland und viele Jahre später, wenn wir der Autorin nach Manhattan folgen, an einen Ort, an dem ein Jüdischsein ohne Inkognito als offen dargebotene Selbstverständlichkeit des Alltags und Festtags gelebt werden kann. Deshalb hießen im deutschen Bäckerladen die Challah-Brote für Freitagabend ›Zöpfe‹. Die »Mutter hatte es vermieden, Ausdrücke zu benutzen, die wir als junge Kinder vielleicht unvermutet in der Öffentlichkeit wiederholt und die uns kenntlich gemacht hätten«. (*Breads Bakery*, 21)

Ein weiteres Wunder ist für die New York-Besucherin die Statue eines Schneiders mit Kippa als öffentliches Denkmal. Nicht als Erinnerung an die Shoah, sondern als Teil einer allgemein geteilten Welt und Geschichte, als eine Form von Jüdischkeit, die aus der Unsichtbarkeit ihres »religiösen oder herkunftsmäßigen Zustands herausgehoben« ist. (*Breads Bakery*, 23) Wenn sie durch das ultraorthodoxe Milieu in Brooklyn flaniert und die Perücken der verheirateten Frauen sieht, macht sie sich aber auch Sorgen: »Was soll eine Frau machen, die hier nicht mehr sein will?« (*Breads Bakery*, 30) Und mit Blick auf die Männer: »Wohin wollen sie alle? Wo werden sie den Messias suchen? Es würde schrecklich werden für Israel, wenn diese Einwanderer auch noch kämen.« (*Breads Bakery*, 30)

In einem ihrer Texte zitiert Dischereit die israelische Autorin Savyon Liebrecht, die 1948 als Tochter polnisch-jüdischer Überlebender geboren wurde: »Mein Schreiben ist das Ergebnis des Schweigens zwischen mir und meinen Eltern.« (*Mama, darf ich das Deutschlandlied singen*, 210) Schweigen und Schreiben stehen auch bei Dischereit in einem engen Verhältnis: »Das Schreiben tritt an die Stelle des Wortes, das nicht gesprochen wurde.« (*Mama, darf ich das Deutschlandlied singen*, 210) Esther Dischereit hat eine besondere Begabung dafür, das, was nicht zur Sprache kam, aufzuschreiben. Dabei ist es ihr, wie sie im *Selbst-Interview* sagt, in Deutschland besonders merkwürdig mit ihrem eigenen Ton. Er findet keine Resonanz, »als würde ich in ein Vakuum schreien«. (*Selbst-Interview*, 196) »Auch wenn es gelegentlich deutliche politische Worte gibt«, handelt es sich bei ihren Texten eher »um Übungen zur Wahrnehmung von Stimmen und Gerüchen«. So wie die Geschichten zerschnitten sind, vervielfältigen sich die Stimmen in ihrem Ohr: »Es geht um die Wahrnehmung verschiedener Stimmen und Zustände der Gegenwart, Stimmen aus der Geschichte; Stimmen derer, die ermordet sind.« (*Mama, darf ich das Deutschlandlied singen*, 201)

»Wo andere weitergehen, bleibe ich stehen.« Diesen Satz des Philosophen Ludwig Wittgenstein möchte ich auf Esther Dischereit ummünzen, dann könnte er heißen: Worüber andere schweigen, darüber schreibe ich. Gewissen und Gedächtnis gehen dabei ineinander über. Sie ist Mitglied von Amnesty International wie viele andere auch, aber Esther Dischereit verkörpert diese Institution geradezu, indem sie sich, wo immer es geht, für Gerechtigkeit einsetzt, als Anwältin von Minderheiten auftritt und für Menschenrechte unterwegs ist. Jenseits des Ultrakurzzeitgedächtnisses der Medien kultiviert sie ein Langzeitgedächtnis für die Mutigen und Einsatzbereiten wie die ermordete Historikerin und Menschenrechtsaktivistin Natalja Estemirova oder den palästinensischen Dichter Mahmud Darwisch. Sie vergisst auch nicht den hin- und her geschobenen Flüchtling Felleke Bahiru Kum oder die Nebenklagevertreterin im NSU-Verfahren Seda Başay-Yıldız. Ihr Gedächtnis enthält nicht nur die Namen der NSU-Opfer und ihrer Angehörigen – sie hat den Prozess gegen die Täter*in und Unterstützer*innen fünf Jahre lang verfolgt –, es enthält auch die Zieldatenliste des NSU mit 233 Zielen, auf der mögliche Anschläge auf jüdisches Leben markiert waren, sowie eine um ein vielfaches höhere Zahl an Anschlagszielen gegen die Einwanderer*innen-Communities und Politiker*innen. Sie klagt »die Politik der Straffreiheit rechtsextremistischer Taten und die konsequente Unterschätzung rechtsextremistischer Gewaltbereitschaft« an, die mit der Justiz und der Rechtsstaatlichkeit auch die Demokratie aushöhlen.

In dieser Situation klagt Dischereit aber nicht nur an, sondern wirbt für Solidarität unter den Minderheiten und plädiert für eine »Gemeinschaft derer, die sich als Protagonist*innen der Vielen, einer Gesellschaft der Vielen, Unteilbaren oder ähnlicher Initiativen sehen«. (*Tödlicher Antisemitismus. Was geschah in Halle*, 54) In einer Zeit, in der sich rechtsradikales Gedankengut nicht nur durch Sammlungsbewegungen in den Kommunen, sondern auch im Internet mit viraler Geschwindigkeit ausbreitet, gilt es, Diskurse um unterschiedliche Identitäten und Befindlichkeiten zurückzustellen. Dischereit wünscht sich eine Koalition der Vielen, »eine neue Bürgerbewegung, die das Recht aller *zu sein* einfordert. Bei der Akzeptanz aller Unterschiedlichkeit käme es eben jetzt darauf an, die Gemeinschaft – der Vielen – zu stärken«. Denn, so fährt sie fort, »im Grunde geht es doch darum, dass der Bürgersteig allen gehört. Das ist voraussetzungslos und nicht verhandelbar«. (*Tödlicher Antisemitismus. Was geschah in Halle*, 55)

Esther Dischereits Texte addieren sich zu einem praktischen Lehrbuch der Demokratie. Aus der Perspektive der jüdischen, der muslimischen, der migrantischen Minderheiten können wir lernen, das ABC der Demokratie neu zu buchstabieren. Sie hat ein besonders wachsames Auge auf unsere Gesellschaft und macht uns vor, was es heißen kann, einen Dialog zu führen »zwischen welchen, die nicht gleich sind, die einander fremd sind und sich doch hören«. (*Von der Familie, vom unbeschriebenen Marshmallow und über das Gutsein im Leben*, zit. Rede-Ms.)

Aleida Assmann

Anmerkungen

Ich wollte unbedingt zu James Agee
leicht bearbeitet; geschrieben 2020
veröffentlicht in *Danachgedanken* online, Goethe-Institut, 2020

Breads Bakery
Erstveröffentlichung, geschrieben 2019

Tödlicher Antisemitismus. Was geschah in Halle
leicht bearbeitet; geschrieben 2019
Die ursprüngliche Fassung erschien zunächst unter dem Titel: *Rechtsextremismus. Was geschah in Halle?* in *Der Standard*, Wien, 19.10.2019. Siehe auch: Esther Dischereit *Tödlicher Antisemitismus: Das Sprechen über die Opfer von Halle.* In *Newsletter* Nr. 56 Winterausgabe 2019 *Informationen der Mobilen Beratung für Opfer rechter Gewalt*
Nach einem Telefonat mit Sandor Frankel, New York, am 19.11.2019 möchte ich Folgendes nachtragen: Im Jahre 2015 hatte sich die jüdische Gemeinde von Halle an die Jewish Agency in Jerusalem gewandt und um Unterstützung gebeten. Sie bekam eine Zuwendung in Höhe von 13.000 Euro aus dem Fonds der US-Amerikanerin Leona M. Helmsley, die ihr Vermögen nach ihrem Tod in eine Wohltätigkeitsstiftung überführen ließ. Erst im Jahr 2019 waren in Halle alle Maßnahmen, die mit der Sicherheit zu tun haben, zuendegebracht worden. Der Nachlassverwalter Sandor Frankel meldete sich aus New York bei der Gemeinde. Es war ihm wichtig zu zeigen, dass die Stiftung ein Gesicht hat, dass hier Menschen sind. Er sagte: »Ich wünschte, dass ein solches Verbrechen nie wieder irgendwo in der Welt geschehen könnte.« Nach dem Anschlag auf die jüdische Gemeinde von Pittsburgh/USA am 27.10.2018, bei dem elf Menschen starben und sechs weitere Personen verletzt wurden, wurden in den USA in vielen jüdischen Gemeinden die Sicherheitsmaßnahmen erhöht. An manchen Orten können Besucher*innen besonders an Feiertagen nurmehr nach Voranmeldung an den Gottesdiensten teilnehmen.

Zitat auf Seite 52 aus: *Hintergrundpapier – 04. 04. 2020, Jahresbilanz der Mobilen Opferberatung 2019*, (Hg.) Mobile Opferberatung, Unterstützung für Betroffene rechter, rassistischer und antisemitischer Gewalt Sachsen-Anhalt, Online-Veröffentlichung.
Unter Berufung auf den Verfassungsschutzbericht 2019 wird die Zahl der dem rechtsextremen Spektrum zuzurechnenden Personen mit 30.000 angegeben. Die Zahl der »Gefährder« wird auf 65 Rechtsextremisten geschätzt. Siehe *Süddeutsche Zeitung* vom 5. 6. 2020, S. 6.

Frankfurter Erklärung oder andere Belange
Erstveröffentlichung, geschrieben 2019
Zuerst leicht verändert gehalten als Rede unter dem Titel *Jewish Lives and the Situation in Germany* auf Einladung des Center for Judaic Studies and Contemporary Jewish Life an der University of Connecticut, USA, am 25. 3. 2019 in englischer Sprache; übersetzt von Maria Reger. Dank an Sebastian Wogenstein.
»Die Verbrechen des NSU« bis »Ja, ich führe alle Namen auf« zitiert nach: Esther Dischereit, *Blumen für Otello. Über die Verbrechen von Jena*, Zürich, 2014. S. 82–83, S. 130–131. Die auf der Liste der Opfer rechter Gewalt in der Bundesrepublik Deutschland seit 1990 angegebene Zahl von betroffenen Menschen wurde fortgeschrieben, um die Opfer der Anschläge vor dem OEZ, München, 2016, in Halle 2019 und Hanau 2020 mitaufzunehmen. Siehe auch Frank Jansen, Heike Kleffner, Johannes Radke und Toralf Staud, *Todesopfer rechter Gewalt in Deutschland seit der Wiedervereinigung* in: *Der Tagesspiegel*, 27. 9. 2018.

Geflüchtet Zugereist Eingewandert
Erstveröffentlichung, geschrieben 2017
Zuerst leicht verändert gehalten als Vortrag auf der Konferenz *Flight and Refuge: The European Crisis in Global Perspective*, University of Virginia, USA, 12.–13. April 2016, Titel: *Refuge – Migrant – Immigrant* in englischer Sprache, übersetzt von Peter Thompson. Dank an Kizer Walker.

Whats App Golem
geschrieben 2016
Auszug erschienen in Emily D. Bilski und Martina Lüdecke (Hg.), *Golem*, Katalog zur gleichnamigen Ausstellung des Jüdischen Museums Berlin, Berlin,

2016; vollständig in Micha Brumlik, Marina Chernivsky, Max Czollek, Hannah Peaceman, Anna Schapiro, Lea Wohl von Haselberg (Hg.), *Jalta* 3/2018. Berlin, S. 67–73 und Stefan Vogt, Hans Otto Horch, Vivian Liska, Malgorzata Maksymiak (Hg.), *Wegweiser und Grenzgänger. Studien zur deutsch-jüdischen Kultur- und Literaturgeschichte. Festschrift für Mark H. Gelber*, Wien, 2018
»Von Rabbi Löw in Prag heißt es, er habe den geheimen Namen (Gottes, d. Verf.) gekannt und angewendet. Wie erzählt wird, wollte er seinerzeit seiner Gemeinde Erleichterung vor den Anwürfen des Missbrauchs christlicher Kinder verschaffen. Dazu brauchte er einen heimlichen Wächter. Der hatte zu verhindern, dass Kinderleichen heimlich ins Ghetto getragen und abgelegt würden. Dafür besorgte der Rabbi einen Lehmklumpen und machte daraus … einen Golem. Dieser namenlose Golem kam letzlich so zu Stande, dass der Rabbi der Lehmfigur einen Zettel mit dem geheimen Namen Gottes unter die Zunge legte. Mit der Macht dieses Namens erweckte er nach kabbalistischem Ritus den Lehmklumpen zum Golem. Der so Geschaffene tat danach, was immer man ihm auftrug; automatisch, präzise und unreflektiert.« (Karl Rihaczek, *Der Golem.* In: *DuD, Datenschutz und Datensicherheit,* Heft 2/2015. S. 69) Was aber ist zu tun, wenn der Golem außer Kontrolle gerät, seine Funktion erfüllt hat oder sich anschickt sie überzuerfüllen? In der Legende heißt es, er wurde zurückverwandelt in die Materie, aus der er erschaffen war: Lehm. Karl Rihaczek führt weiter aus: »Wir geben ihm heute, im Gegensatz zu damals, eine säkulare Bedeutung. Wir beladen ihn bis an den Rand seiner Kapazität mit distinktiven Funktionen. … Man befürchtete, der Computer würde ein Golem sein. … da der Computer wie der Golem vom Menschen geschaffen war, verließ man sich darauf, dass man nur den Zettel mit dem Namen Gottes unter der Zunge zu entfernen brauche (an anderer Stelle wird hier das Ausstreichen der Buchstaben auf der Stirn genannt, d. Verf.), um die Gefahr zu bannen.« (ebenda) Diese roboterhafte Gestalt wurde im 19. und 20. Jahrhundert in Literatur und Film zu einer populären Figur, auf die das Destruktive des Maschinenzeitalters projiziert wurde. Siehe Gustav Meyrink, *Der Golem*, 1915, oder Paul Wegener, *Der Golem*, Stummfilm, 1915, u. a.; siehe auch Esther Dischereit, *Als mir mein Golem öffnete*, Gedichte, Passau, 1996

»Sie hatten keine Empathie« – Rassismus in Ostdeutschland
Zuerst erschienen unter dem Titel *Rassismus in Ostdeutschland: Sie hatten keine Empathie*. Interview, in *ZEIT ONLINE*, 19. 11. 2015 Das Gespräch führte Johanna Roth.

»Man trägt es wie eine Handtasche« – Interview
Zuerst erschienen in der Zeitschrift *wespennest* Nr. 167, Wien, 5. 11. 2014. Das Gespräch führte Eszter Gantner.
»Im Jahr 1996 veröffentlichte die Historikerin Diana Pinto den seither oft zitierten Artikel *A New Jewish Identity for Post-1989 Europe* (in: *JPR Policy Paper*, 1/1996). Hier reflektierte sie als Erste die Konsequenzen, die die politischen Veränderungen der Wende nach 1989 für die jüdische Gemeinschaft in Europa haben könnten. Dabei beschäftigte sie sich vor allem mit den erinnerungspolitischen Praxen und Produktionen. Nach 1989 entwickelte sich, was Pinto als ›Jewish space‹ bezeichnete, eine Art ›Neuentdeckung und Inszenierung von jüdischer Kultur‹. Im Rahmen des Interviews ist ›Jewish space‹ als ein soziokultureller Raum verstanden, in dem neue (nicht-jüdische) Akteur*innengruppen und Institutionen mit eigenen Netzwerken, Nutzungsvorstellungen und Interessen die ›jüdische Kultur‹ im urbanen Raum neu konstruieren, inszenieren und vermarkten.« (Anm. von Eszter Gantner in *wespennest* Nr. 167, 5. 11. 2014) Zur Installation *Eichengrün-Platz* in Dülmen – siehe: Esther Dischereit, *Vor den Hohen Feiertagen gab es ein Flüstern und Rascheln im Haus*, Berlin, 2009. *www.eichengruen-platz.de.*

Blumen für Otello – Über die Verbrechen von Jena. Ein Werkstattbericht
Zuerst erschienen in der Zeitschrift *wespennest* Nr. 167, Wien, 5. 11. 2014.
Auf der Basis von Fragen, die Johanna Roth stellte.
Esther Dischereit: *Blumen für Otello. Über die Verbrechen von Jena*, Zürich, Berlin, 2014. (Zweisprachige Ausgabe deutsch und türkisch, übers. von Saliha Yeniyol). Die Klagelieder *Ich kaufe ein in diesem Laden*, die in diesem Buch veröffentlicht sind, wurden ab September 2013 von Deutschlandradio Kultur, ORF, SR und BR in deutscher und türkischer Sprache ausgestrahlt; als Hörstück wurde das Gesamtwerk in der Regie von Giuseppe Maio in Deutschlandradio Kultur 2014 gesendet, zuletzt 2019. Es wurde für den Deutschen Hörspielpreis der ARD 2014 nominiert.

Esther Dischereit, *Der NSU-Komplex. Porträtreihe zum Auftakt des NSU-Prozesses*; Teil 1 Mario Melzer, Fragwürdige Praktiken; Teil 2 Eike Sanders, Engagement gegen Nazis; Teil 3 Thomas Grund, Weggefährten der NSU-Täter; Teil 4 Kutlu Yurtseven, NSU-Opfer unter Verdacht; Katharina König, Entsetzen über Verfassungsschutz, Deutschlandradio, 15. 4.–19. 4. 2013
Esther Dischereit (Hg.), *NSU Kein Schlussstrich Son Söz söylenmedi*, in *INAMO*, Heft Nr. 94, Jahrgang 24, Sommer 2018, 114 Seiten. Hier sind Dokumente im Zusammenhang des NSU-Prozesses und anderer rassistischer Verbrechen veröffentlicht. Die Stellungnahmen von Angehörigen und Rechtsanwält*innen sind hier nachzulesen. Außerdem Texte von Ibrahim Arslan, Melek Bektaş, Meral Şahin u. a.

Vorwärts und Vergessen – Reminiszenzen an Aufbau Ost, 1991/1992
Erstveröffentlichung der vollständigen Fassung, geschrieben 2012
Auszug unter dem Titel *Vorwärts und Vergessen* im Rahmen der Hörspielreihe *Transitraum*, Deutschlandradio Kultur, 24. 10. 2012

Von der Familie, vom unbeschriebenen Marshmallow und über das Gutsein im Leben
Erstdruck der vollständigen Fassung, geschrieben 2009
Dieser Text wurde in leicht veränderter Form als Rede zur Verleihung des Erich-Fried-Preises gehalten, Wien, 2009. Auszug unter dem Titel *Was haben die Überlebensprobleme jüdischer Leute mit Thilo Sarrazin, dem Islam oder dem Nationalgefühl einer deutschen Autorin zu tun?* In: Michal Bodemann / Micha Brumlik (Hg.) *Juden in Deutschland – Deutschland in den Juden*, Göttingen, 2010
»Die Heiligkeit unseres Friedens wird kommen / den rauhe Gewalt uns fortgenommen …« Gedicht aus dem Nachlass von Hella Freundlich, verh. Zacharias, verh. Dischereit, veröffentlicht in Esther Dischereit, *Joëmis Tisch. Eine jüdische Geschichte*, Frankfurt am Main, 1988. S. 32; Esther Dischereit, *Mit Eichmann an der Börse. In jüdischen und anderen Angelegenheiten*, Berlin, 2001

In Memoriam Jürgen Fuchs, geschrieben 1999
Unter dem Titel: *Mit Ehrlichkeit geschlagen – zum Tode von Jürgen Fuchs*, in *Frankfurter Rundschau*, 11. 5. 1999, und unter dem Titel *In Memoriam* in Esther Dischereit, *Mit Eichmann an der Börse. In jüdischen und anderen Angelegenheiten* Berlin, 2001, S. 131–134

Unterwegs mit Freunden. In politischen, moralischen und literarischen Angelegenheiten
geschrieben 2013
In Ernest Kuczyński (Hg.), *Im Dialog mit der Wirklichkeit. Annäherungen an Leben und Werk von Jürgen Fuchs*, Halle, 2014
Anm.: Aung San Suu Kyi bezeichnete als regierende Staatsrätin des Landes Myanmar vor dem Internationalen Gerichtshof in Den Haag im Dezember 2019 das Vorgehen der Militärs gegen die muslimische Minderheit der Rohinga als »interne bewaffnete Konflikte« und bestritt den Vorwurf des Völkermords. Der Internationale Gerichtshof in Den Haag hat dagegen angeordnet, dass das Land Schritte zum Schutz der muslimischen Rohinga-Minderheit ergreifen müsse. Aung San Suu Kyi stellt sich inzwischen vor die Militärs, die in bedeutendem Umfang über die politische Macht verfügen. Der Gerichtshof entsprach einer Klage von 57 Mitgliedsstaaten der Organisation für Islamische Zusammenarbeit, die sich auf die Verletzung der Völkermord-Konvention von 1948 bezog. (*Süddeutsche Zeitung* Nr. 19 vom 24. 1. 2020 u. a.)
Dank an Gesa Frömming für die Überlassung des Manuskripts *Freunde, Freundessachen, Zum Briefwechsel von Rahel Levin und David Veit*, Vortrag, Brecht-Haus, Berlin, 19. 6. 2013

Im blauweißen Kleidchen
geschrieben 1998
Erschienen in: *Jüdische Allgemeine*, Mai 1998

Vom Tempelberg aus gesehen
geschrieben 2010
Leicht bearbeitet. Der Essay erschien unter dem Titel *Zitrone, Citoyen II* in Monika Anselment / Magda Perpinyà (Hg.), *Blindes Vertrauen. Bilder als Seismographen des Unsichtbaren*, Berlin, 2010.
Die Aufnahme der »Zitrone« in den Text bezieht sich auf die Künstlerin Jumana Emil Abboud, die in der Ausstellung *Blindes Vertrauen. Bilder als Seismographen des Unsichtbaren* (Galerie Nord, Kunstverein Tiergarten, Berlin, 2010) eine Arbeit mit dem Titel *Smuggling Lemons* zeigte.
Siehe auch: W. E. B. Du Bois, *The Souls of Black Folk*, Aufsatzsammlung, 1903 (deutsch: *Die Seelen der Schwarzen*, Freiburg, 2003)

Selbst-Interview
geschrieben 2006
Zuerst unter dem Titel *Self-Interview by Esther Dischereit – Based on a Conversation with Sonja Fritzsche and Jennifer Good* in *Women in German Yearbook*, Vol. 23, 2007, S. 1–9, University of Nebraska Press in englischer Sprache.
Das *Selbst-Interview* entstand aus Anlass einer Diskussion, die Sonja Fritzsche und Jennifer Good im Jahr 2006 in den USA mit mir führten. Weil ich die Fragen der beiden Interviewer*innen oft nicht verstand, schlug ich schließlich vor, dass ich auf Basis der Fragen, die die beiden gestellt hatten, abgeänderte Fragen vorlegen dürfe. Deshalb nannte ich den Text *Selbst-Interview*, der dennoch ohne die Frager*innen nicht zustande gekommen wäre.
Hinweise zur Literatur, auf die sich die Sprecher*innen im *Selbst-Interview* beziehen: Esther Dischereit, *Im Toaster steckt eine Scheibe Brot*, Berlin, 2006; *Rauhreifiger Mund oder andere Nachrichten*, Berlin, 2001; *Aschenbecher und Radio 101,9* in Esther Dischereit, *Mit Eichmann an der Börse. In jüdischen und anderen Angelegenheiten*, Berlin, 2001; Esther Dischereit, *Kein Ausgang aus diesem Judentum* in *Übungen jüdisch zu sein*, Frankfurt am Main, 1998; Esther Dischereit, *Joëmis Tisch. Eine jüdische Geschichte*, Frankfurt am Main, 1988; *Merryn*, Frankfurt am Main, 1992; *Der Morgen an dem der Zeitungsträger*, Frankfurt am Main, 2007; *Nachwort* in Gertrud Kolmar, *Die jüdische Mutter*, Frankfurt am Main, 2003

Mama darf ich das Deutschlandlied singen
geschrieben 2002
zuerst erschienen in Béatrice Roschanzamir (Hg.) *Ambivalenzen – Die Frau in der jüdischen Kultur in Deutschland heute*, Bonn, 2002, S. 33–40; in Katharina Hall (Hg.), *Esther Dischereit*, Cardiff, 2007, S. 1–13
Literaturhinweise zum Essay: Esther Dischereit, *Übungen jüdisch zu sein*, Frankfurt am Main, 1988; Esther Dischereit, *Joëmis Tisch. Eine jüdische Geschichte*, Frankfurt am Main, 1992; Esther Dischereit, *Mit Eichmann an der Börse. In jüdischen und anderen Angelegenheiten*, Berlin, 2001; Egon Schwarz, *Keine Zeit für Eichendorff: Chronik unfreiwilliger Wanderjahre*, Frankfurt am Main, 1992; Frank Stern, *Dann bin ich um den Schlaf gebracht. Ein Jahrtausend jüdischdeutsche Kulturgeschichte*, Berlin, 2002, S. 214; Astrid Deuber-Mankowsky, *Wer ist z. B. Heidegger? Zur Konjunktion von deutscher Philosophie und religiöser Tradition*, in *Widerspruch. Münchner Zeitschrift für Philosophie*, 2001, S. 37; Michael A. Meyer,

Jüdische Identität in der Moderne, Frankfurt am Main, 1996; Elmar Balstar, Viola Roggenkamp (Hg.), *Tu mir eine Liebe. Meine Mamme*, Berlin, 2002; Caterina Klusemann, *Ima*, ARTE, 2002; Léon Wurmser, *Die zerbrochene Wirklichkeit. Psychoanalyse als das Studium von Konflikt und Komplementarität*, Berlin, 1993; Primo Levi, *Ist das ein Mensch?* München, Wien, 1988, S. 34–35, 68; Bertolt Brecht, *An die Nachgeborenen*, in *Gedichte II: Sammlungen 1938–1956*, Frankfurt am Main, Berlin, Weimar, 1988, S. 85–86; Beda Allemann und Stefan Reichert (Hg.), *Paul Celan, Ein Blatt*, in *Gesammelte Werke: Gedichte II*, Frankfurt am Main, 1983, S. 385.

Als Jüdin in Deutschland schreiben
zuerst erschienen in *Frankfurter Hefte*, 42, 1995, H. 4, S. 365–368
Das Gespräch führte Alexandra Przyrembel.

Nachtrag
Die Beiträge in diesem Band sind entsprechend dem Zeitpunkt ihrer Entstehung zusammengestellt. Die Schreibweise wurde manchmal nicht oder nicht ganz angeglichen. Geschlechterzuweisungen im Sinne eines Gebrauchs von femininen oder maskulinen Sprachfomen sind nach Möglichkeit korrigiert; in Texten eines früheren Entstehungsdatums wurde die Schreibweise manchmal nicht angeglichen. Der Begriff »Roma« wird als Oberbegriff verwendet, der unterschiedliche verwandte sesshafte und nicht sesshafte Bevölkerungsgruppen in ganz Europa bezeichnet, etwa Roma, Traveller, Sinti, Manouches, Kalós, Romanichels, Bojasch, Aschkali, Ägypter, Jenischen, Doms und Loms, die sich in Bezug auf Kultur und Lebensweise unterscheiden können; vgl. https://www.europarl.europa.eu/doceo/document/TA-8-2019-0075_DE.html

Dank
an Sonja Fritzsche, Jennifer Good, Familie Eszter Gantner, Johanna Roth und Alexandra Przyrembel für die Abdruckgenehmigung der Interviews, die sie mit mir führten.